法律监督法首议

FALV
JIANDUFA
SHOUYI

首议

陈云龙／主　编
张雪樵／副主编

中国检察出版社

图书在版编目（CIP）数据

"法律监督法"首议/陈云龙主编. —北京：中国检察出版社，2012.7

ISBN 978 - 7 - 5102 - 0706 - 8

Ⅰ.①法…　Ⅱ.①陈…　Ⅲ.①法律监督 - 立法 - 研究 - 中国

Ⅳ.①D926.341

中国版本图书馆 CIP 数据核字（2012）第 148093 号

"法律监督法"首议

主编　陈云龙　　副主编　张雪樵

出版发行：中国检察出版社	
社　　址：北京市石景山区鲁谷东街 5 号（100040）	
网　　址：中国检察出版社（www.zgjccbs.com）	
电　　话：(010)68682164(编辑)　68650015(发行)　68636518(门市)	
经　　销：新华书店	
印　　刷：三河市西华印务有限公司	
开　　本：720mm×960mm　16 开	
印　　张：14.25 印张	
字　　数：221 千字	
版　　次：2012 年 10 月第一版　　2012 年 10 月第一次印刷	
书　　号：ISBN 978 - 7 - 5102 - 0706 - 8	
定　　价：30.00 元	

前　　言

　　检察机关是国家的法律监督机关，依法独立行使法律监督权。这是中国特色社会主义政治制度、司法制度的重要组成部分。新中国成立以来特别是改革开放三十多年来的实践证明，检察机关的法律监督无论是维护社会和谐稳定、保障社会公平正义、促进经济社会发展，还是规范国家权力运行、推进依法治国都发挥着十分重要的作用。但是囿于法律监督权运行的体制性、机制性问题的局限，其监督功效尚未充分发挥，与人民群众的期待和法治进步的需要还有不小差距，亟须从国家立法层面予以解决。

　　马克思有句名言："问题就是公开的、无畏的、左右一切个人的时代声音。问题就是时代的口号，是它自己表现自己精神状态的最实际的呼声。"十一届全国人大代表、浙江省人民检察院检察长陈云龙同志出于一种肩负的责任，出于对检察工作思索的习惯，在 2009 年年初萌发了一个大胆的设想——国家是否可以修订一部关于检察工作的专门立法？因为古今中外没有一部关于检察工作的专门法律，无疑，这一立法设想无论是对中国的立法体系建设，还是对世界检察制度的发展，都具有历史性的创新价值。

　　事业需要理论的先行。2009 年 5 月，浙江省人民检察院副检察长张雪樵同志开始进行检察工作专门立法问题的理论研究，基于我国已于

1979 年制定通过了《人民检察院组织法》，而现有立法尚未将宪法赋予检察机关的法律监督职责通过系统性的制度设计加以完善和保障，探索性地提出"法律监督立法研究"的新概念，并向最高人民检察院理论研究所申请重点课题。虽然"法律监督立法"还是一个全新的领域，但这一检察理论研究课题得到了最高人民检察院副检察长朱孝清、孙谦以及理论研究所张智辉等同志的指导与支持，被破例作为唯一的招标外重点课题，有力地推动了该项理论研究。因为法律监督立法研究几乎覆盖检察监督业务的所有领域，为保证研究的质量与进度，除依托浙江省人民检察院张雪樵、傅国云、黄曙、曹呈宏、王晓霞 5 位同志组成的课题组外，又决定将课题拆分为"检察监督立法基础理论问题研究"、"刑事审判法律监督的立法完善"、"民事、行政执行检察监督程序设计研究"、"行政权检察监督制度研究"、"刑事救济法律监督制度研究"、"法律监督权的制约机制研究"、"检察监督公信力建设研究"等子课题向全省检察机关进行招标分发。全省九个市、县（区）检察院组织专家学者、精兵强将投入了这一新课题的研究方阵中。焚膏继晷，磨杵成针，在大家的共同努力下，2009 年年底，"法律监督立法研究"课题完成研究初稿，及时保证了研究成果的转化。

2010 年 3 月，全国人大代表陈云龙检察长正式向十一届全国人民代表大会第三次会议提交了议案，即《关于制定〈中华人民共和国法律监督法〉的立法议案》。《检察日报》《代表声音》专栏整版报道了议案的缘起与内容。一石激起千层浪，"法律监督法"的立法议案受到了空前的舆论关注，3 月 7 日，中国国际在线对陈云龙同志进行了专访，人民网、中国网、中华网、新民网、新浪网、搜狐网、凤凰网、正义网等及时进行了转载，《人民日报》、《法制日报》、《新京报》、香港《大公报》相继进行醒目报道，据不完全统计，各类媒体转载达 2000 多次，成为"两会"期间政法类最为关注的议题之一。社会各界对"法律监督立法议案"的强烈关注和共鸣，有力地促进了法律监督立法工作的推进。3 月 18 日，最高人民检察院曹建明检察长在学习贯彻全国"两会"精神电视电话会议上明确提出了"加强立法研究，完善法律监督的手段和程序"的新任务。2011 年全国"两会"前夕，最高人民检察院充分吸收我们以全国人大议案的形式反映检察呼声、推动检察权的配置与完善的做法和经验，统一部署相关主题的议案、提案，并将《制定法律监督法议案》列为检察机关提交十一届全国人大第四次会议的一号重点议案。基于法律监督立法的严肃性、科学性、完备性和阶段性，2011 年 3 月，在前一议案的基础上，全国人大代表、浙江省人大常委会副主任王永明联名陈云龙检察长等代表向全国人大提交了《探索〈法律监督法〉，制定〈关于加强人民检察院法律监督的决议〉的议案》。至 2011 年年底，全国 31 个省、自治区、直辖市人大常委会出台了加强检察机关法律监督工作的决议、决定等形式的地方立法，经进一步的调研、思考和论证，2012 年 3 月，陈云龙检察长又向十一届全国人大第五次会议提议《制定〈关于加强人民检察院法律监督工作的决议〉》，以推动国家层面的法律监督立法工作。

2011 年 3 月，全国人大常委会吴邦国委员长庄严宣告中国特色的社会主义法律体系已经初步建立。但是，中国的法治道路依旧是一个前景光明而曲折漫长的过程，中国特色社会主义检察制度的完善也是一部需要几代人不懈奋斗来谱就的宏伟篇章。今天，法律监督立法还仅仅是美好的蓝图，这项伟大事业的成就需要国运之昌盛、民族之复兴、政治之进步、社会之发展，更需要各界对检察事业的支持与奉献。今集结出版《"法律监督法"首议》一书，收录立法议案三则及其主要媒体报道，和课题研究的主要成果，包括 9 篇已经发表在国家核心期刊的文章，虽然水平有限，难免疏漏，但整理这一阶段的过程反映和资料记录，希望对法律监督立法的后续研究以及工作推动发挥其应有的借鉴作用。

编　者

2012 年 3 月 14 日

目　　录

法律监督立法议案

关于制定《中华人民共和国法律监督法》的立法议案

浙江省人民检察院检察长　陈云龙

【案由】

建议制定《中华人民共和国法律监督法》。

【案据】

我国宪法和人民检察院组织法明确规定：人民检察院是国家的法律监督机关。法律监督是中国检察制度的根本性质和理论基础，检察机关以法律监督为职责。

改革开放以来，我国检察机关适应经济社会发展的需要，认真履行法律监督职责，对维护公正执法、公正司法，保障全社会实现公平正义发挥了积极的作用。然而不能回避的是，由于长期以来立法层面并未就检察机关法律监督作出统一的立法，有关检察机关法律监督的具体规定主要散见于三大诉讼法，而且规定比较原则，实践中缺乏可操作性的具体监督程序，严重制约和削弱了检察机关法律监督职能的有效发挥，导致宪法对检察监督的宏观定位和基本赋权在实践中难以充分实现。

一、核心法律概念缺位，导致实践中一些基本认识模糊

我国有关法律监督的所有立法都未对"法律监督"作出明确界定，核心法律概念的缺位，导致理论界对法律监督概念的纷争，也导致实践中人们对检察机关具体监督行为性质理解上的争议，进而影响法律监督功能的有效发挥。

二、有关法律后果规定的缺位，严重削弱了实践中法律监督的权威性和实际效果

一个完整的法律规范应当包括适用条件、行为模式和法律后果三部分，这是"良法"的形式要件之一，否则会影响法律规范的有效执行。但从我国关于法律监督的法律规范来看，许多条文并未遵循上述必要的逻辑结构，仅有行为模式的内容，而无法律后果的设定。如《刑事诉讼法》第87条有关立案监督的规定："……人民检察院应当要求公安机关说明不立案的理由。人民检察院认为公安机关不立案理由不能成立的，应当通知公安机关立案，公安机关接到通知后应当立案。"又如《刑事诉讼法》第169条关于审判监督的规定："人民检察院发现人民法院审理案件违反法律规定的诉讼程序，有权向人民法院提出纠正意见。"这些条文虽然具备适用条件和行为模式的规定，但却没有关于被监督者不履行义务时的法律后果的规定。类似的法律规范还见于《刑事诉讼法》第224条关于检察机关对刑罚执行监督的规定。法律后果规定的缺位使法律监督在实践中丧失必要的权威和效力。在立案监督中，检察机关在发出通知立案书后，有的公安机关不立案，检察机关往往束手无策；在审判监督和执行监督中，检察机关向被监督机关发出纠正违法意见书或通知书时，被监督机关既不提出异议，也不执行，检察机关同样无可奈何。这些都严重影响了法律监督效果的正常发挥。

三、现有法律规定缺乏全面性、系统性和协调性，导致法律监督的立法远不能满足实践的需要

虽然宪法赋予检察机关法律监督权，检察机关是国家的法律监督机关，其基本定位和授权的规定较为明确。但就监督的法律体系而言，关于检察机关法律监督的现行法律规范总体上是比较薄弱和散乱的，除宪法、人民检察院组织法和检察官法外，赋予检察机关法律监督权的法律规定主要散落在三大诉讼法中，无法满足纷繁复杂的实践需要。

一方面，三大诉讼法中有关法律监督的规定不仅过于原则，缺乏可操作性，而且存在法律规定缺位，缺乏完整性、系统性的状况。比如《民事诉讼法》总条款共达 268 条之多，关于检察监督的规定仅有 5 条；《行政诉讼法》75 条法律条款中，关于检察监督的规定仅有 2 条。在目前各种民事、海事、行政纠纷不断上升的情况下，如此简单而抽象的监督条款已经不能与民事、行政审判的公正要求相适应。再如刑事诉讼法仅仅把立案监督、侦查监督的对象规定为公安机关，而没有把同样具有刑事立案、侦查职能的国家安全机关、检察机关、监狱、海关规定在内，而且对自诉案件的法律监督规定也是空白。在监督方式上多为静态的、事后的监督，缺乏规定法律监督的知情权和调查权，实践中无法进行同步的、动态的监督。

另一方面，当前法律监督立法存在的主要问题是"体系散乱"的结构性问题，体现为整个法律规范体系既"残"又"弱"，在宪法和三大诉讼法之间缺乏一部起到中间枢纽作用的专门性的《中华人民共和国法律监督法》。目前，宪法和三大诉讼法之间涉及法律监督规定的法律只有人民检察院组织法和检察官法，而这两部法有关法律监督的规定只是零散的、附带性的；三大诉讼法均没有也无法以专章或专节形式规定检察机关的法律监督权，法律监督无法在三大诉讼法中形成一个完整的监督体系，法律监督立法缺乏系统性和协调性，进而导致整个法律监督的运转难以协调一体并形成合力，宪法对检察机关法律监督的宏观定位和基本赋权在实践中也难以充分实现。因此，急需在宪法和三大诉讼法之间，制定一部统一的《中华人民共和国法律监督法》。

近年来，随着经济社会的快速发展和司法体制改革的深入，人们对加强法律监督、维护社会公平正义越来越关注，一些人大代表以及来自中国

人民大学等知名院校的法学专家、教授，在提出加强检察机关法律监督职能的同时，还呼吁制定一部统一的法律监督法。北京、四川、湖北、辽宁、上海、黑龙江、宁夏等省（市、自治区）人大常委会还就加强检察机关法律监督立法进行了有益尝试，进一步引起了广泛的关注。

综上，我国法律监督立法已经明显滞后于我国经济社会发展的现实需要和人民群众的期待，检察机关法律监督能力的"产出"和社会公众对司法公正需求之间的差距，也已经形成越来越大的矛盾张力。在地方人大就法律监督立法工作进行的探索尝试日益积累经验、逐渐走向成熟的基础上，适时由全国人大开展全国性的法律监督立法活动，具有紧迫性，条件也基本成熟。

【方案】

一、《中华人民共和国法律监督法》立法体例和草案的框架结构

鉴于宪法的"法律监督"定位和现行人民检察院组织法对检察机关职权范围的规定，建议全国人大制定独立的、专门的《中华人民共和国法律监督法》，该法设总则、分则和附则三大部分。分则又分为刑事立案与侦查活动监督、刑事审判活动监督、刑罚执行和监管活动监督、民事审判与行政诉讼监督、行政权监督、法律责任六部分。

二、《中华人民共和国法律监督法》的基本内容

根据检察监督职能定位、我国司法改革走向以及当前人民群众对加强诉讼监督的强烈呼声，《中华人民共和国法律监督法》首先应明确规定法律监督的核心概念和基本范畴，然后从核心概念和基本范畴着手，规定法律监督的基本原则，创制必要的程序结构和监督方式，并对常规性的监督内容进行梳理、整合与补强，并提出相应的职权保障措施，以此形成一个比较完整、系统的立法架构。

（一）准确把握检察机关职能定位，明确法律监督基本范畴

加强宪法和法律规定的检察机关各项法律监督工作，依法监督、纠正

行政执法和司法活动中违反法律规定的行为，保障法律的正确统一实施。侦查机关、审判机关、刑罚执行监管机关、行政机关应当自觉接受检察机关的法律监督。

（二）加强检察机关立案、侦查、刑事审判、刑罚执行和监管活动、民事审判和行政诉讼等各项诉讼活动的监督，促进严格执法和公正司法

明确监督对象和范围。加强对立案的监督，着力防止和纠正应当立案而不立案和不应当立案而立案，以及立而不侦、侦而不结等问题；加强对侦查活动的监督，着力防止和纠正违法取证、违法采取扣押冻结等强制措施和刑讯逼供等问题；加强刑事审判监督，着力防止审判活动中的程序违法和徇私舞弊、违法裁判等问题；加强对量刑的监督，着力防止和纠正违法减刑、假释、暂予监外执行等问题；加强对监管工作的监督，着力防止和纠正超期羁押等侵犯被监管人合法权益的问题；加强对民事审判和行政诉讼活动的监督，预防和纠正审判程序不规范、裁判不公正等问题；加强对检察机关自侦案件办理的监督，把人民监督员、职务犯罪案件批准逮捕上提一级等制度加以明确规定；拓展对行政权的监督，督促有关行政机关正确履行职责，纠正行政违法行为，防止行政权的异化。注重发挥法律监督在预防职务犯罪方面的作用，坚决查处执法不严、司法不公背后的贪污贿赂、渎职侵权等职务犯罪，促进行政执法机关严格执法和人民法院公正审判。

（三）健全检察机关法律监督制度，改进法律监督工作方法，切实提高法律监督实效

健全和完善检察工作一体化工作机制，构建上下整体联动的法律监督工作格局。规范检察机关同步监督、调查违法、提出纠正违法通知、检察建议、量刑建议、检察长列席审判委员会等监督程序。赋予检察机关充分的知情权、调查权、强制纠正权、建议惩戒权等权力，使检察机关纠正违法意见、检察建议等监督方式具有执行力。各行政机关应当与人民检察院建立必要的沟通联系、信息共享机制，并完善相关措施和责任，促进行政执法与刑事司法的有效衔接。

（四）加强检察机关自身建设，严格执行法律制约，自觉接受组织监督、人大监督、政协民主监督、社会监督和舆论监督

深化检务公开，积极落实司法体制和工作机制改革要求，加强检察机关法律监督自身建设。各级人大及其常委会加强对检察机关法律监督工作的支持和监督，各级人民政府应当为人民检察院开展法律监督工作提供必要的保障，公民、法人和其他组织应当对检察机关法律监督活动提供协助和配合，形成法律监督的良好社会环境。

【方案说明】

一、制定《中华人民共和国法律监督法》的基本原则

一是合理定位、有限监督原则。新时期的《中华人民共和国法律监督法》，无论其具体内容如何设置，在监督范畴上都不能侵及、逾越人大监督权的范畴，而只能是作为人大监督的专门性表现，或者说是人大监督权的一种延伸载体和落实渠道而存在，表现为具体的、个案的、程序性的法律处理活动，其对象外延不能无限扩大。

二是科学、可行原则。该原则的本质要求是法律规范制定的理性化和可执行性，当前制定《中华人民共和国法律监督法》，应当在立法过程和结果中贯穿科学发展观。立法活动应当反映依法治国的社会发展规律和司法制度的内在规律，符合法律规范本身的逻辑性、完整性等普遍意义上的技术特征要求。立法结果应当积极趋向于从根本上解决当前法律监督实践中的深层结构问题和监督目标的具体实现途径、实现保障问题。立法文本应当慎用、少用原则性、倡导性、宣教性的立法语言，多用、善用程序指引性、行为模式性、法律后果性的立法语言，以及授权性、禁止性、准用性等具体明确的法律规范，确保法律规范实质要件和形式要件的统一，注重法律规范在逻辑结构和体系关联上的实在性、严密性、一致性，充分体现法律规范中权力授予和制裁后果的满足，以便切实发挥法律规范具体的引导、评价和制裁功能，保障法律监督立法的可执行性。

三是协调整合与赋权补强相结合原则。制定《中华人民共和国法律监督法》，应当从周延性的角度出发，做到对所有应监督对象的充分覆盖；从系统性的角度出发，力求法律条文的清晰、明确，实现全部法律监

督规范之间的整体性和协调一致性；从保障性角度出发，对法律监督的职责、权限、程序、方式进行必要的赋权补强，对被监督机关的法律责任进行明确细化，从而实现检察监督环节各种权利义务的具体、到位。

二、正确处理《中华人民共和国法律监督法》
与其他法律的关系

制定《中华人民共和国法律监督法》的主要任务是按照监督对象的类别，规定相应的、完备的监督程序、监督权限、监督手段和法律责任。凡适宜在《中华人民共和国法律监督法》中具体规定的程序内容和监督方式，特别是赋予检察机关新的职责、权限、保障手段的内容，都应在该法律中予以明确；那些适宜在具体的诉讼法典中加以规定的与常规诉讼程序密切关联的具体监督程序和监督方式（如职务犯罪侦查、对法院裁判的抗诉等），则可以通过明确的授权规范和准用规范，将之援引至某一诉讼法律或单行法律，并据此对有关的诉讼法律加以修改完善，以避免过多的规范重叠和可能的法律冲突。

探索《法律监督法》，制定《关于加强人民检察院法律监督的决议》的议案

主议案人：王永明　浙江省代表团副团长
　　　　　　　　　　浙江省人大常委会常务副主任
　　　　　　陈云龙　浙江省人民检察院检察长

【案由】

检察机关是国家的法律监督机关，依法独立行使检察权，是中国特色社会主义司法制度的重要组成部分。中共中央《关于进一步加强人民法院、人民检察院工作的决定》和中央政法委《关于深化司法体制和工作机制改革若干问题的意见》明确要求检察机关要加大法律监督力度。

近年来，检察机关紧紧围绕"强化法律监督、维护公平正义"检察工作主题，积极开展法律监督工作，取得了一定成效。但是，也存在一些需要加强和完善的地方。例如，人民群众对检察机关法律监督工作的性质、地位认识还不到位，有些部门对检察机关法律监督工作的支持、配合

亟待提高；检察机关的法律监督职能尚未充分、有效地发挥，与人民群众的要求还存在差距，不敢监督、不善监督、监督不到位的现象仍然存在；制约检察工作的体制性、机制性问题仍需要从制度上、根本上予以解决，检察机关自身建设、自我监督机制需要进一步加强。

当前，地方各级人大、检察机关积极探索法律监督立法，已形成一定的态势。截至 2010 年 12 月，全国已经有 22 个省级人大常委会通过了关于加强检察机关法律监督工作的决议或决定，有力地推动了检察机关法律监督工作的科学发展。这为国家层面制定加强检察机关法律监督的决议、决定营造了良好的社会氛围，也积累了宝贵的实践经验。可以说，通过权力机关来加强检察机关法律监督工作是权力运行与监督规律的内在要求，是贯彻落实中央决定、要求的重大举措，也是对纷繁复杂社会现实的积极回应。

因此，探索法律监督立法，建议全国人大常委会制定《关于加强人民检察院法律监督的决议》，对于支持、规范检察机关开展法律监督工作，具有重要意义。

【案据】

我国宪法和人民检察院组织法明确规定：人民检察院是国家的法律监督机关，依法独立行使法律监督权。开展法律监督不仅是检察机关行使法定权力的重要内容，更是履行宪法职责的直接体现。加强检察机关法律监督工作，对于坚持和完善中国特色社会主义司法制度，保障人民群众合法权益，维护社会公平正义，具有十分重要的现实意义。

检察机关恢复重建 30 多年来，检察工作取得了长足进步，检察事业得到了全面发展，检察机关为保障司法公正，维护社会公平正义，促进经济社会快速发展作出了不懈努力。但是，长期以来，有关法律监督的规定散见于人民检察院组织法、检察官法和三大诉讼法，且较为原则，存在监督范围不明确、监督手段单一等问题，使人民群众对检察机关的法律监督职能认识模糊，法律监督效能也相当不足，严重制约了检察机关法律监督职能的有效发挥。而且，实践中，执法不严、司法不公等问题也较为突出。基于检察机关的法律监督职能正是保证行政权、司法权规范运行，促进严格执法、公正司法的制度保障，夯实、完善法律监督职能是社会主义民主政治的内在要求，也是现代法治国家建设的重要途径。因此，从长远来看，制定《中华人民共和国法律监督法》显得尤为必要。浙江省代表团陈云龙等全国人大代表已向第十一届全国人民代表大会第三次会议专门递交了《关于制定〈中华人民共和国法律监督法〉的立法议案》。就现阶段而言，由全国人大常委会先行制定《关于加强人民检察院法律监督的决议》（以下简称《决议》）是推动检察机关法律监督工作科学发展，探索创新法律监督立法方式，实现法律监督权优化配置，构建中国特色社会主义宪政体制的务实选择。

一、理性辩证的法理基础，为《决议》的制定打下了普遍认同的科学依据

基于我国以人民代表大会制度为政权组织形式，人民代表大会代表人民集中地行使国家一切权力，下设行政机关、审判机关、检察机关，独立行使各自权力，对人大负责，受人大监督。检察机关作为国家法律监督机关根据人大授权专司法律监督之职，以保障国家权力有效运行，维护法律统一正确实施。从这一意义上而言，法律监督涉及的不是一般意义上的社会主体、社会关系，而是国家权力的运行和法律的实施。因此，法律监督权的强化和完善已成为维护国家法律统一、防止权力腐败的重要手段，在中国特色社会主义法治国家的建设中具有十分重要的地位。法律监督权设置的科学性与运作的有效性，法律监督的实现程度与受尊重程度，已经成为我国法制完备、执法严明、司法公正的重要标志。

而且，《各级人民代表大会常务委员会监督法》实施后，明确了人大常委会不搞个案监督，因而监督和支持检察机关依法履行监督职责，是充分发挥人民代表大会制度内在优越性的有效途径，也是人大常委会贯彻落实《各级人民代表大会常务委员会监督法》，提高监督工作实效的重要举措。

鉴于此，《决议》的制定出台必将进一步强化检察机关法律监督职能，规范执法行为、促进司法公正，更好地维护人民群众的合法权益。

二、中央领导的高度重视，为《决议》的制定奠定了坚实的政治基础

中共中央《关于进一步加强人民法院、人民检察院工作的决定》和中央政法委《关于深化司法体制和工作机制改革若干问题的意见》明确

要求检察机关要加大法律监督力度。胡锦涛总书记多次强调要加强法律监督，并在全国政法工作会议代表和全国大法官、大检察官座谈会上专门指出："检察制度作为中国特色社会主义司法制度的重要组成部分，检察机关作为国家的法律监督机关，强化法律监督，维护公平正义，为中国特色社会主义事业发展进步创造良好的法治环境，是党中央对检察工作的基本要求，是广大人民群众对检察机关的殷切期盼，也是检察机关的根本职责。"周永康同志在深入贯彻党的十七大精神全面加强和改进检察工作座谈会上发表讲话时指出：检察机关要准确把握宪法定位，切实承担法律监督使命，忠实履行法律监督职能，着力增强法律监督能力。因此，《决议》的制定，是落实党中央对检察工作基本要求的重大举措，是对人民群众殷切期盼的积极回应，也是检察机关忠实履行法律监督职责的制度保障。

三、多元复杂的社会转型问题，为《决议》的制定指明了急切的着力方向

随着社会经济的飞速发展，我国正处于社会快速转型时期，各种利益激烈碰撞，内部矛盾日益突出，影响了经济社会秩序与和谐稳定大局。实践中，各种破坏环境资源、侵犯知识产权、危害市场经济秩序案件时有发生；黑恶势力、严重暴力以及多发性侵财案件令人警醒；贪污贿赂、渎职侵权、国有资产流失案件也甚嚣尘上；由于在医疗卫生、社会福利、教育就业、拆迁补偿等民生领域的社会保障、利益分配制度尚不健全，侵害人民群众合法权益的现象也较为突出。就司法领域而言，侦查机关有案不立、违法立案、刑讯逼供、超期羁押以及执法不严、司法不公、贪赃枉法、徇私舞弊等情况屡屡发生，严重损害了司法机关的公信力。

陕西凤翔儿童血铅超标案、福建南平砍杀儿童案、紫金矿业集团污染案、辽宁抚顺国土资源局顺城分局原局长罗亚平案、河南封丘原县委书记李荫奎案、江西宜黄暴力拆迁引发自焚案等一系列事件都是上述突出问题的直接体现。因此，矛盾多发已经成为我们不能否认的社会现实。新形势下，只有保障国家权力规范、有效运行，才能妥善化解各种矛盾纷争，维护社会公平正义，而检察机关法律监督职能的有效发挥恰恰有助于上述目标的实现。

然而，不容忽视的是，当前检察机关囿于法律监督的方式限制与力度

不足，以至于法律监督的功能未能充分展现，法律监督的权威尚未完全树立，从而导致权力失范运行、职务犯罪以及危害社会公共利益的事件不断发生。从根本上讲，社会对检察机关法律监督职能的急切愿望与制度资源的供给不足必然是推动国家立法进步、完善的基本力量。强化检察机关的法律监督职能正是实现国家权力规范、有效运行、增进社会和谐稳定的制度保障与重要途径。因此，全国人大常委会以《决议》的形式支持检察机关开展法律监督工作，对于强化法律监督职能，回应社会的现实需要，保障国家权力规范、有效运行，妥善化解社会矛盾，维护公平正义，具有积极作用。

四、现行法律资源的局限，为《决议》的制定催生了庞大的制度需求

我国法律监督的渊源形成了以宪法为根本，以人民检察院组织法、检察官法和三大诉讼法为主体，以部分单行法为补充的规范体系，表明我国法律监督的立法体系初步建立，并具有较高的法律位阶，但是相当多的规定过于原则，程序不够完善，机制不够健全，缺乏可操作性。主要表现在以下方面：一是核心法律概念缺位，导致实践中一些基本认识模糊。我国有关法律监督的所有立法都未对"法律监督"作出明确界定，核心法律概念的缺位，导致理论界对法律监督概念的纷争，也导致实践中人们对检察机关具体监督行为性质理解上的争议，进而影响法律监督功能的有效发挥。二是有关法律后果规定的缺位，严重削弱了实践中法律监督的权威性和实际效果。例如，《刑事诉讼法》第 87 条有关立案监督的规定、第 169 条有关审判监督的规定、第 224 条有关刑罚执行监督的规定，均没有赋予检察机关对于拒不执行监督意见的相关部门以强制性措施的权力，导致法律监督缺乏应有的权威和效力。三是现有法律规定缺乏全面性、系统性和协调性，导致法律监督的立法远不能满足实践的需要。《民事诉讼法》总条款共达 268 条之多，关于检察监督的规定仅有 5 条；《行政诉讼法》75 条法律条款中，关于检察监督的规定仅有两条。在目前各种民事、海事、行政纠纷不断上升的情况下，如此简单而抽象的监督条款已经不能与民事、行政审判的公正要求相适应。再如，刑事诉讼法仅仅把立案监督、侦查监督的对象规定为公安机关，而没有把同样具有刑事立案、侦查职能的国家安全机关、监狱、海关等部门规定在内，而且对自诉案件的法律监督

规定也是空白。在监督方式上多为静态的、事后的监督，缺乏规定法律监督的知情权和调查权，实践中无法进行同步的、动态的监督。

由于立法的不完善，一方面，使得检察机关法律监督的权限、范围、机制、程序、对象、手段等诸多方面存在局限性，不敢监督、不善监督、监督不到位的问题还不同程度的存在，以至于法律监督职能没有能够充分发挥；另一方面，使得有关机关、人民群众对检察机关法律监督工作的重要性认识模糊，自觉接受监督的意识不强，配合、协调不力，甚至一定程度上存在抵触情绪，这也制约了检察机关法律监督权的有效行使。

制度缺失引起制度需求。现阶段，以《决议》的形式强化检察机关的法律监督职能，明确法律监督的概念，监督的手段、方式，以及相应的程序和保障措施，并对有关部门支持、配合法律监督的相应义务提出明确要求，将为检察机关积极开展法律监督实践提供法律依据和制度框架。通过不断的探索实践，总结经验做法，在条件成熟之际，推动《法律监督法》的制定。

五、丰富多样的地方探索，为《决议》的制定提供了宝贵的实践经验

部分省级人大常委会积极探索加强检察机关法律监督的方式和途径，截至 2010 年 12 月，全国已经有 22 个省级人大常委会通过了关于加强检察机关法律监督工作的决议，对于检察机关法律监督工作的规范与强化具有推动作用，实现了法律效果、政治效果和社会效果的有机统一。地方的立法探索呈现出以下特点：

一是所有的决议都宣示了检察机关作为国家法律监督机关的宪法定位，强调了法律监督工作的重要性。

二是拓展法律监督的范围，创新法律监督的方式，加强法律监督的效力。例如，浙江省规定侦查机关、审判机关、刑罚执行和监管机关要自觉接受并积极配合检察机关的法律监督工作。有关机关、单位都要深化对检察机关法律监督工作重要意义的认识，支持检察机关法律监督工作，为检察机关履行职责创造良好的环境。而且，浙江省还规定民事督促起诉、支持起诉、行政执法与刑事司法相衔接的工作机制、移送案件线索机制等方式作为强化检察机关法律监督的重要手段。此外，浙江还专门要求被监督对象自觉接受监督、支持检察机关的法律监督工作，增强了法律监督的强

制力和执行力。

三是加强检察机关监督能力建设，明确提出自觉接受制约与监督的要求。浙江和北京、上海等兄弟省市一样都要求检察机关加强自身建设，提高法律监督的能力和水平，自觉接受公安机关、人民法院等机关的制约，主动接受社会监督、舆论监督，自觉把法律监督工作置于党的领导和人大及其常委会的监督之下。

因此，各地有关的法律监督的有益探索为全国人大常委会通过相关决议奠定了良好的实践基础。

【内容概要】

一、《决议》的重要意义

检察机关是宪法规定的法律监督机关，加强检察机关法律监督工作，对推进社会主义和谐社会建设，坚持和完善中国特色社会主义司法制度，规范执法行为，促进司法公正，维护社会公平正义，保障人民群众合法权益具有十分重要的价值与意义。

二、《决议》的基本内容

根据检察机关的宪法定位，中央对检察工作的要求，以及人民群众对法律监督的期望，《决议》应当明确法律监督的基本概念与内涵，进一步强调检察机关作为国家法律监督机关的职责与地位，提出检察机关实施法律监督的重点与方向，并对有关机关、单位的支持、配合工作提出明确的要求，确立检察机关实施法律监督的保障措施。此外，检察机关应当自觉接受人大和各方面的监督。

（一）准确把握检察机关作为国家法律监督机关的宪法定位，明确法律监督的基本概念

检察机关是国家的法律监督机关，开展法律监督是宪法和法律赋予检察机关的重要职责。侦查机关、审判机关、刑罚执行和监管机关、行政执法机关要自觉接受法律监督，严格依照法定权限和程序行使职权，积极配合检察机关依法开展法律监督工作。有关机关、单位要深化对检察机关法

律监督工作重要意义的认识，支持检察机关法律监督工作，为检察机关履行职责创造良好的环境。

（二）加强对侦查机关、审判机关、刑罚执行和监管机关的监督力度，促进严格执法、公正司法，维护社会公平正义

加强对刑事诉讼各个阶段的法律监督工作，着力加强对刑事立案活动中有案不立、立而不侦、违法立案，侦查活动中刑讯逼供、非法取证，刑事审判活动中定性严重错误、量刑畸轻畸重和枉法裁判，减刑、假释、暂予监外执行、留所服刑及监管活动中违法违规等问题的监督。健全刑罚变更执行的同步监督机制。加强对监管场所的监督，着力解决监管活动中的牢头狱霸问题，严防在押人员非正常死亡事故发生。不断探索和完善对社区矫正进行法律监督的方式和措施。开展对侦查机关适用刑事拘留措施的监督工作，有序探索开展对公安派出所、看守所刑事执法活动的监督。加强对侦查、审判机关严格执行非法证据排除及死刑案件证据审查判断等相关规定的监督。积极开展量刑建议工作。严肃查处执法不严、司法不公背后的贪污贿赂、渎职侵权等职务犯罪，促进行政执法机关严格执法和人民法院公正审判。

加强对民事、行政诉讼各阶段工作的法律监督，重视民事、行政案件的调处工作，保障案件当事人的合法权益。积极探索加强民事、行政诉讼法律监督工作的新途径，积极开展民事督促起诉、支持起诉工作。加强对民事执行活动的监督。探索适用于特别程序、督促程序、民事调解等诉讼活动的监督手段与方法。

（三）健全和完善检察机关法律监督手段，改进工作方法，不断增强法律监督的强制力和执行力

进一步健全、完善检察机关同步监督、调查违法、提出纠正违法通知、检察建议、检察长列席审判委员会等监督程序。各行政机关应当与人民检察院建立必要的沟通联系、信息共享机制，并完善相关措施和责任，促进行政执法与刑事司法的有效衔接。赋予检察机关充分的知情权、调查权、强制纠正权、建议惩戒权等权力，使检察机关纠正违法意见、检察建议等监督方式具有强制力和执行力。

（四）加强检察机关自身建设，切实提高法律监督工作的能力和水平

加强以忠诚、公正、清廉、文明为核心的检察职业道德建设，提高检察队伍的思想政治素质和法律监督能力，增强法律监督工作的主动性，做到敢于监督，善于监督。加强检察工作一体化工作机制建设，构建上下整体联动的工作格局，加强上级检察机关对下级检察机关执法活动的领导和监督，强化基层基础工作和信息化水平，不断提高法律监督能力。

（五）牢固树立监督者更须接受监督的理念，主动接受有关国家机关的分工制约，自觉接受人大监督、政协民主监督和社会监督

检察机关要加强与侦查机关、审判机关、刑罚执行和监管机关、行政执法机关等部门的联系沟通，听取相关工作建议，主动接受有关国家机关的分工制约。进一步深化检务公开，主动接受社会舆论监督。自觉把法律监督工作置于党的领导和人大及其常委会的监督之下。监督者应当采取更加严格的标准要求自己，只有自身正、自身净、自身硬，才能更好地开展法律监督工作。

制定《关于加强人民检察院法律监督工作的决议》的议案

浙江省人民检察院检察长　陈云龙

【案由】

建议全国人大常委会制定《关于加强人民检察院法律监督工作的决议》。

【案据】

我国宪法和人民检察院组织法明确规定，人民检察院是国家的法律监督机关，依法独立行使法律监督权。法律监督是中国检察制度的根本性质和理论基础。检察机关开展法律监督是行使法定权力的重要内容，更是履行宪法职责的直接体现。加强检察机关法律监督工作，对坚持和完善中国特色社会主义司法制度，切实保障经济社会又好又快发展，维护社会和谐稳定，维护社会公平正义，维护人民权益，维护社会主义法制统一、尊严、权威，具有十分重要的现实意义。检察机关恢复重建30多年来，检察事业得到了全面发展。特别是近年来全国检察机关在党中央坚强领导下，紧紧围绕改革发展稳定大局，坚持"强化法律监督、维护公平正义"的检察工作主题，忠实履行宪法赋予的职责，谱写了人民检察事业新的篇章。

尽管我国以宪法、人民检察院组织法和三大诉讼法为主体，以部分单行法为补充，初步建立了法律监督的规范体系。但是相当多的规定过于原则，程序不够完善，机制不够健全，缺乏可操作性。法律监督立法已经明显滞后于我国经济社会发展的现实需要和人民群众的期待，检察机关法律监督能力的"产出"和社会公众对司法公正需求之间的差距，也已经形成越来越大的矛盾张力。立法与实践需求的不相适应，严重制约和削弱了检察机关法律监督职能的有效发挥，导致宪法对检察机关法律监督的宏观定位和基本赋权在实践中难以充分实现。长远来看，在国家层面制定《法律监督法》，从制度上、机制上强化、支持检察机关的法律监督工作，显得尤为必要。为此，浙江省代表团陈云龙等全国人大代表曾于2010年向第十一届全国人大第三次会议专门递交了《关于制定〈中华人民共和国法律监督法〉的立法议案》。

当前，在地方人大对法律监督立法日益积累经验、逐渐走向成熟的基础上，考虑到法律监督立法的严肃性、科学性、完备性、阶段性，2011年浙江省代表团王永明、陈云龙等代表已向第十一届全国人大第四次会议专门递交了《探索〈法律监督法〉，制定〈关于加强人民检察院法律监督的决议〉的议案》。时隔一年，全国31个省、自治区、直辖市人大均已出台加强检察机关法律监督工作的决议、决定，我们又经过充分的调研、思考和论证，现再次向全国人大常委会提议制定《关于加强人民检察院法律监督工作的决议》。

一、检察机关的法律监督权是由我国宪政体制决定和赋予的职权

法律监督权是国家权力结构中的必要组成部分，任何现代国家都把监督制度作为国家的基本机制之一，只不过监督方式不同。中国检察制度可以说是列宁法律监督思想与社会主义中国政权体制实际情况相结合的产物。我国奉行民主集中制原则，在中国共产党的领导下，强调人民代表大会的统一监督、负责，以检察权实现对行政权、审判权的专门法律监督，从而使执法机关、司法机关的一切行动都统一到立法机关的意志上来。这

样的宪政结构，是社会主义中国国家权力制约机制的独特体现，检察制度及其工作既来源于它，也服务于它。我国宪法把检察机关定位于国家法律监督机关，是适应我国国体和政体的不可或缺的国家监督方略，检察机关的法律监督是社会主义监督体系的重要组成部分。人民检察制度自江西瑞金诞生之日起，就与"法律监督"这一职能紧密相连。随着时代的发展，检察机关的法律监督职能、范围一直在调整，但检察机关的法律监督性质从新中国成立初期到现在一直没变。

党的三代领导集体一贯重视检察工作，创建了并不断完善人民检察制度，着重强调检察机关的性质是国家法律监督机关。以胡锦涛同志为总书记的党中央高度重视检察工作，胡锦涛总书记多次强调要加强检察机关法律监督，并在全国政法工作会议代表和全国大法官、大检察官座谈会上专门指出："检察制度作为中国特色社会主义司法制度的重要组成部分，检察机关作为国家的法律监督机关，强化法律监督，维护公平正义，为中国特色社会主义事业发展进步创造良好的法治环境，是党中央对检察工作的基本要求，是广大人民群众对检察机关的殷切期盼，也是检察机关的根本职责。"周永康同志在深入贯彻党的十七大精神全面加强和改进检察工作座谈会上发表讲话时指出，检察机关要准确把握宪法定位，切实承担法律监督使命，忠实履行法律监督职能，着力增强法律监督能力。不仅如此，作为对我国宪政制度、国家权力框架及运行的基本规律、中国检察制度的沿革、法制建设的现状及其现实发展的准确把握，中共中央《关于进一步加强人民法院、人民检察院工作的决定》和中央政法委《关于深化司法体制和工作机制改革若干问题的意见》等重要文件中都非常明确要求加大检察机关的法律监督力度。因此，党中央近年来出台大力支持检察工作的一系列重要规定，胡锦涛总书记等中央领导同志对加强和改进检察工作的许多重要讲话和批示，为深化检察机关法律监督改革提供了根本的政治保证。中央关于司法体制改革部署一以贯之地强调检察机关的法律监督，为强化检察机关的法律监督提供了政策依据和广阔的发展空间。

二、进一步加强检察机关法律监督是依法治国和构建和谐社会的必然要求

加强法律监督是依法治国的重要保证。依法治国的核心是规范权力的行使，要求国家机关和国家工作人员依法行使权力、不得滥用职权。检察

权的作用，正是在于防范国家权力的膨胀与滥用，保障法律能够得到公正、忠实、统一地施行从而达到切实维护公民的人身权利、财产权利和民主权利的最终目的。新中国成立以来，特别是检察机关重建以来的实践证明，检察机关的存在、检察监督权的有效行使，是加强民主法制建设的必然要求。虽然我国已经将建设法治国家作为治国方略，但距离真正的法治国家还有很长的路要走，法治基础较为薄弱，司法不公、司法腐败现象仍然存在，这些状况不可能在短期内得到较大改观，更不可能完全消除。这些客观现实决定了今后一个时期内，进一步加强检察机关的法律监督是符合我国客观现实的一种必然选择。

加强法律监督是构建和谐社会的法治保障。在构建民主法治、公平正义、诚信友爱、充满活力、安定有序、人与自然和谐相处的社会主义和谐社会过程中，民主法治和公平正义是其最基本的内容之一。我国正处于社会快速转型时期，各种利益激烈碰撞，内部矛盾日益突出。检察机关作为国家的法律监督机关，所承担的各项法律监督工作与构建社会主义和谐社会紧密相关，它既是和谐社会的主体，也是和谐社会的建设者。构建和谐社会必须充分发挥检察职能作用，发挥司法制度作为化解社会矛盾纠纷的"平衡器"作用，为构建社会主义和谐社会提供强有力的法治保障。通过检察机关认真履行法律监督职能，维护社会稳定，为构建和谐社会提供良好的治安环境；维护司法公正，为构建和谐社会创造公平的法治环境；促进反腐倡廉，为构建和谐社会营造勤政廉政的经济发展环境；正确处理人民内部矛盾，为构建和谐社会营造安定有序的民主环境；维护人权，为构建和谐社会培育宽松的人文环境。

三、法律监督现行制度的缺陷严重制约了
法律监督职能的切实有效发挥

检察机关法律监督职权在规范国家权力有序运行、参与社会管理创新、化解社会矛盾方面发挥了积极作用。中国社会主义法律监督实践表明，一方面是检察监督的作用不能被其他法律监督力量、方式所替代，另一方面是检察机关法律监督工作机制的健全与否，直接影响检察监督工作成效。近年来，最高人民检察院为了落实中央关于强化检察机关法律监督职责的要求，制定了《关于进一步加强对诉讼活动法律监督工作的意见》，单独及会同其他单位出台一系列改革措施，对完善监督范围、明确

监督手段、健全监督机制、提高监督效力等提出了明确要求，在强化法律监督职能改革方面取得了重大进展。但是，法律监督职能发挥还不够充分，有的法律监督工作长期比较薄弱，制约监督工作科学发展的体制机制障碍依然存在，法律监督的范围、措施和程序有待于进一步完善。具体体现在：一是法律监督立法概念缺位，影响了检察机关宪法地位的巩固和中国社会主义司法制度的完善，也给检察机关在依法实施法律监督的具体实践带来种种困难；二是法律监督权限设定薄弱，手段不足，直接影响法律监督效能的发挥；三是法律后果规定缺位，严重削弱了法律监督的权威性和执行力；四是现有法律规定缺乏全面性、系统性和协调性，涉及检察机关法律监督的法律规定主要散落在三大诉讼法中，以及《看守所条例》、《监狱法》、《海关法》和《人民警察法》等相对孤立的原则性规定，立法远不能满足实践的需要。

现阶段，执法不严、司法不公等问题比较突出，法律监督职能作用发挥得不够，群众反映的一些执法、司法问题没有得到有效监督纠正，法律监督工作与党和国家的期望，与人民群众的要求还存在较大差距。要进一步强化法律监督、提升法律监督效能，就必须优化检察权配置、完善监督机制。而法律监督权运行的体制性、机制性的局限，需要从国家层面的立法予以解决。

四、由全国人大制定加强法律监督
工作决议的时机已经成熟

中国特色社会主义法律体系已经形成，有法必依、执法必严、违法必究的问题更加突出、更加紧迫。与此同时，人民群众的民主意识、法治意识、权利意识、监督意识不断增强，整个社会环境日益开放、高度透明。为顺利实施"十二五"规划纲要、加快建设社会主义法治国家，检察机关强化法律监督、维护法律的统一正确实施的使命和责任更加艰巨而繁重，加强法律监督工作已成了十分紧迫的任务。

随着经济社会的快速发展和司法体制改革的深入，人们对加强法律监督、维护社会公平正义越来越关注，对公共权力规范和制约的呼声越来越高，加强法律监督也是我国人民群众的共同心声。近年来，在"两会"期间，不少代表提出要加强检察机关的法律监督，在一年一度的全国人民代表大会审议最高人民检察院工作报告时，都要求检察机关加强法律监

督。在调研过程中，群众普遍反映，检察机关的法律监督成效显著，在建设社会主义市场经济体制、实施依法治国方略、推进社会主义政治文明的新形势下，检察监督只能强化，不能削弱。学界对检察机关法律监督的研究共识不断扩大，一些人大代表和法学专家在提出加强检察机关法律监督职能的同时，还呼吁制定一部统一的法律监督法。由此可见，强化检察机关法律监督顺乎民意。

全国地方人大加强检察机关法律监督工作的立法探索，已经提供和积累了丰富的实践经验。截至 2011 年 9 月底，除港澳台外，全国 31 个省、自治区、直辖市人民代表大会均出台决议、决定，加强检察机关的法律监督工作。这充分说明加强检察机关的法律监督得到地方人大的认同，作出的这些决议、决定也获得了人民群众的支持，得到了很好的实践。地方的实践探索营造了良好的社会氛围，积累了宝贵的实践经验，使我们对法律监督有了更加深刻的认识和把握，可以促使国家层面"决议"的制定更加科学、合理。

【方案】

一、立法目标

根据检察机关的宪法定位，中央对检察工作的要求，以及人民群众对法律监督的期望，《关于加强人民检察院法律监督工作的决议》应当明确坚持检察机关的宪法定位，探索法律监督的特点和运行规律，巩固中央关于司法体制和工作机制改革已经取得的成果。一是进一步健全和完善强化检察机关法律监督的概念、范围、手段、措施、程序和效力，维护社会公平正义；二是进一步健全和完善检察机关与外部活动的互动机制，保障检察机关依法独立公正行使检察权，为检察机关履行法律监督职责营造良好的执法环境；三是进一步健全和完善检察机关法律监督活动的内部、外部监督制约机制，提高执法公信力。其目的是，争取在较短时期内基本形成科学合理、协调发展的法律监督工作格局，使法律监督职能配置更加科学、机制更加健全、程序更加完善，薄弱环节得到明显加强，各项法律监督工作统筹推进，努力推动检察机关实现敢于监督、善于监督与依法监督、规范监督的有机统一。

二、立法内容

具体包括：

(一) 明确法律监督概念，提升法律监督的权威

准确把握检察机关作为国家法律监督机关的宪法定位。检察机关是国家的法律监督机关，开展法律监督是宪法和法律赋予检察机关的重要职责。侦查机关、审判机关、刑罚执行和监管机关以及行政执法机关应当自觉接受法律监督，严格依照法定权限和程序行使职权，积极配合检察机关依法开展法律监督工作。有关机关、单位要深化对检察机关法律监督工作重要意义的认识，支持检察机关法律监督工作，为检察机关履行职责创造良好的环境。

(二) 完善法律监督范围和途径，提升法律监督的针对性

加强对刑事诉讼各个阶段的法律监督工作。通过对侦查机关、审判机关、刑罚执行和监管机关的法律监督，促进严格执法、公正司法，维护社会公平正义。着力加强对刑事立案活动中有案不立、立而不侦、违法立案，侦查活动中刑讯逼供、非法取证，刑事审判活动中定性严重错误、量刑畸轻畸重和枉法裁判，减刑、假释、暂予监外执行、留所服刑及监管活动中违法违规等问题的监督。加强对监管场所的监督，着力解决监管活动中的牢头狱霸问题，严防在押人员非正常死亡事故发生。健全刑罚变更执行的同步监督机制。不断探索和完善对社区矫正进行法律监督的方式和措施。开展对侦查机关适用刑事拘留措施的监督工作，有序探索开展对公安派出所、看守所刑事执法活动的监督。加强对侦查、审判机关严格执行非法证据排除及死刑案件证据审查判断等相关规定的监督。积极开展量刑建议工作。

加强对民事、行政诉讼各阶段工作的法律监督。重视民事、行政案件的调处工作，保障案件当事人的合法权益。积极探索加强民事、行政诉讼法律监督工作的新途径，积极开展民事督促起诉、支持起诉工作。加强对民事执行活动的监督。探索适用于特别程序、督促程序、民事调解等诉讼活动的监督手段与方法。

加强对行政机关执法活动的法律监督。明确检察机关对于限制、剥夺

人身自由的行政强制措施和行政处罚活动进行法律监督的权力，明确行政执法机关对检察监督的协助义务。

加强查处执法不严、司法不公背后的贪污贿赂、渎职侵权等职务犯罪的力度，促进行政执法机关严格执法和人民法院公正审判。

（三）健全法律监督工作机制和方法，提升法律监督的强制力、执行力

完善刑事侦查、刑事审判、刑罚执行监督制度，以及民事诉讼、行政诉讼和民事执行监督制度。进一步健全、完善检察机关同步监督、调查违法、提出纠正违法通知、检察建议、检察长列席审判委员会等监督程序。健全行政执法检察监督工作机制，要求各行政机关应当与人民检察院建立必要的沟通联系、信息共享机制和建立对重大行政执法案件的适时介入制度，完善相关措施和责任，促进行政执法、执纪与刑事司法的有效衔接。赋予检察机关充分的知情权、调查权、强制纠正权、建议惩戒权等监督权力，使检察机关纠正违法意见、检察建议等监督方式具有强制力和执行力。

（四）加强检察机关自身建设，提升法律监督工作的能力和水平

加强以忠诚、公正、清廉、文明为核心的检察职业道德建设，推进队伍专业化建设，提高检察队伍的思想政治素质和法律监督能力，增强法律监督工作的主动性，做到敢于监督，善于监督。加强检察工作一体化工作机制建设，构建上下整体联动的工作格局，加强上级检察机关对下级检察机关执法活动的领导和监督，强化基层基础工作和信息化水平，不断提高法律监督能力。

（五）完善检察机关对自身执法活动的内部、外部制约监督机制，规范法律监督行为

完善案件管理制度、同步录音录像制度、检务督察制度、巡视工作制度、执法档案制度和责任追究制度等内部监督制度，规范检察人员与律师、当事人交往行为，进一步强化检察机关内部监督的刚性和力度。

完善接受人大监督、政协民主监督和社会监督的外部监督机制和措施。加强检察机关与侦查机关、审判机关、刑罚执行监管机关和行政执法机关等部门的联系沟通，听取相关工作建议，主动接受有关国家机关的分工制约。主动接受社会舆论监督，自觉把法律监督工作置于党的领导和人大及其常委会的监督之下。推行阳光检务，深化检务公开，完善人民监督员制度，完善不起诉、申诉案件听证制度，推进检察释法说理改革，保障人民群众对检察工作的知情权、监督权，以公开促公正。

法律监督立法专题研究

法律监督立法研究

浙江省人民检察院课题组[*]

  法律监督，是国家法制的重要内容，它既是法制的重要组成部分，又是法制不可缺少的手段和重要保证。[①] 我国《宪法》[②] 第 129 条和《人民检察院组织法》第 1 条明确规定：人民检察院是国家的法律监督机关。据此，检察机关法律监督的基本定位和授权规定较为明确。法律监督是中国检察制度的根本性质和理论基础，检察制度就是法律监督制度。[③] 改革开放 30 多年来，我国检察机关适应经济社会发展需要，认真履行法律监督职能，总结法律监督规律，不断加强和完善法律监督制度，对维护公正执法和司法、保障全社会实现公平正义发挥了积极作用。随着经济社会的快速发展，民众对加强法律监督、维护公平正义的要求更加强烈。然而，

---

  * 课题组成员：张雪樵，课题负责人，浙江省人民检察院副检察长；傅国云，浙江省人民检察院检委会专职委员；黄曙，浙江省人民检察院法律政策研究室副主任；曹呈宏，浙江省人民检察院民事行政检察处副处长；王晓霞，浙江省人民检察院法律政策研究室副处级检察员。

  ① 沈宗灵主编：《法理学》，高等教育出版社 1994 年版，第 451 页。

  ② 为行文方便，本文所引法律统一省略正式法律名称前置的"中华人民共和国"字样。

  ③ 王桂五：《王桂五论检察》，中国检察出版社 2008 年版，第 26 页。

同形势与任务不相适应的是，迄今为止，我国尚未有法律监督的统一立法，也没有一套完善的法律监督法律体系。检察机关法律监督的具体法律规定主要散见于三大诉讼法，而且规定比较原则，严重制约和削弱了检察机关法律监督职能的有效发挥。

早在 1989 年，就有学者深刻地提出："我国法律监督体系和监督制度存在着重大的缺陷，而完善法律监督制度，是保障法律正确实施从而使法律充分获得实效的非常重要的条件。"① 近年来，学界和司法界就如何加强检察机关法律监督问题，进行了不少理论探讨和实践创新，对推动我国法制建设起到了积极意义，但总体而言，有关法律监督的论述主要局限于泛泛式研究（即只停留在法律监督的必要性和重要性层面上，而未能就法律监督体系的建设和完善作进一步深入的探讨）、小生产者式的研究（即仅仅指出现行法律监督立法的某一具体缺陷或空白点，提出修改补充意见）、法标式研究（即置法律监督立法现状这一根本问题于不顾，而大谈在实践中如何加强法律监督职能）。② 对于立法机关如何就法律监督统一立法，则鲜有专门、系统的讨论和阐述。

法律监督立法的严重滞后，已成为我国社会主义法制建设过程中存在的一个重要问题。完善法律监督立法，对加强和规范检察机关法律监督职能，推动检察工作的科学发展具有重要意义。本文中，我们从考察法律监督立法的历史、现状和存在的问题入手，深入剖析了我国制定统一的法律监督法的必要性和可行性，并提出了制定《中华人民共和国法律监督法》的具体构想，以期加强法律监督，解决实践中监督难、监督不善、监督不到位等问题，切实提高法律监督实效，充分实现法律监督在保障宪法和法律的统一正确实施、保障在全社会实现公平正义的职能作用。

一、法律监督立法的历史考察

一法之立与否，需要研究多方面的因素，首先即是历史研究法，通过历史的研究，寻求事物演变之经过及原因，吸取过去之经验，推测未来演化之趋势，以作改革与发展的参考，并探究历史积习与民族习性对法律之

---

① 赵震江、周旺生等：《论法律实效》，载《中外法学》1989 年第 2 期。
② 李桂茂、陈德惠、邹建章、张国吉：《法律监督新探》，载《国家检察官学院学报》1996 年第 1 期。

影响。故完善法律监督立法，应当首先深入考察法律监督立法的历史与现状。新中国法制建设曲折而艰难，同政治的阴晴、法治的兴衰密切相关的法律监督制度也在这艰难的过程中几经兴废。检察机关经历了"初创—撤销—重建—创新发展"的曲折历程，法律监督作为宪法赋予检察机关的重要职能，也有着相同的经历。同时，在新中国成立初期，我国的法律监督立法基本上是对苏联检察监督立法的模仿，虽然有关一般监督的规定在我国实践中不具有可行性，但在苏联检察监督立法基础上发展起来的现行俄罗斯检察监督立法具有先进性，值得我们学习和借鉴。

（一）我国法律监督立法的历史考察

1. 我国法律监督立法的历史沿革

纵观我国法律监督的立法史，大致可以分为三个阶段：

（1）初始阶段：新中国成立初期至 50 年代中期

中华人民共和国成立初期，共产党人即领导中国人民开始了新型民主制度建设的努力，法律监督制度在这最初的尝试中，得到了基本的确认。1949 年 9 月，《中央人民政府组织法》第 28 条首次在全国性最高层阶立法中明确规定"最高人民检察署对政府机关、公务人员和全国国民之严格遵守法律，负最高的检察责任"。1951 年 9 月颁布的《中央人民政府最高人民检察署暂行组织条例》第 2 条作了同样的规定，1951 年 9 月 4 日颁布的《各级地方人民检察署组织通则》第 2 条规定，各级地方检察署"检察各级政府机关、公务人员和国民是否严格遵守中国人民政治协商会议共同纲领、人民政府的政策和法律法令"。

1954 年 9 月，新中国首部《宪法》（以下简称"五四宪法"）第 81 条规定"中华人民共和国最高人民检察院对于国务院所属各部门、地方各级国家机关、国家机关工作人员和公民是否遵守法律行使检察权"，1954 年 9 月 21 日通过的《人民检察院组织法》第 3 条也作了同样的规定。同时该法第 4 条第 1 项对 1951 年的《各级地方人民检察署组织通则》第 2 条文字修改为：地方各级人民检察院"对于地方国家机关的决议、命令和措施是否合法，国家机关工作人员和公民是否遵守法律，实行监督"。"五四宪法"初步实现了对检察机关法律监督在最高法律层面上的规范制定工作。

总体而言，新中国成立前后及新中国成立初期，我国通过"五四宪法"和人民检察院组织法的颁布实施，正式确立了检察机关的法律监督地位，是法律监督制度建设的开始。但是检察机关法律监督的具体立法活动却还处于初始阶段，具体表现在以下几个方面：

一是有关的法律监督立法具有很高的法律位阶，由宪法和人民检察院组织法予以规定，但尚缺乏相应的部门法配套落实。

二是模仿和照搬了苏联的立法模式，"呈现了苏联检察模式在法律规范文本上的范本印痕"。① 新中国成立初期至 1979 年人民检察院组织法颁布以前（"文革"期间除外），我国检察机关的法律监督基本上是对苏联"一般监督＋司法监督"模式的描摹，② 虽然实践中一般监督由于不适应中国实际而几乎没有开展，但司法监督是当时检察机关的主要职能。③ 一般来说，当一个国家通过社会革命率先建立了新型社会制度后，也必然要建立一种与此相适应的法律制度。而当其他国家发生同类性质的社会革命以后，先前的这种新型法律制度必然会成为仿效的楷模。法律监督理论是列宁在苏联建立社会主义法制的实践中逐渐形成的。列宁指出：社会主义国家的法律应该统一，为了维护法制的统一，必须有专门的法律监督机关。法律监督机关与行政权、审判权分立，独立行使职权。我国就是在这一理论的指导下，结合中国的实践情况建立起新中国的检察制度。④

三是立法内容宏观且原则，缺乏可操作性。1954 年的人民检察院组织法虽然明确提出了各项法律监督职能，并对行使职权的程序作了规定。这些规定主要是学习苏联检察机关一般监督的做法，确立了将司法监督和一般监督均包含在内的检察监督权，但实践中一般监督在我国并没有真正展开。

---

① 甄贞等：《法律监督原论》，法律出版社 2007 年版，第 9 页。

② 甄贞等：《法律监督原论》，法律出版社 2007 年版，第 9 页。1954 年通过的《中华人民共和国宪法》第 81 条和《中华人民共和国人民检察院组织法》第 3 条均规定："最高人民检察院对于国务院所属各部门、地方各级国家机关、国家机关工作人员和公民是否遵守法律，行使检察权。"

③ 1954 年《人民检察院组织法》第 4 条规定："地方各级人民检察院，依照本法第二章规定的程序行使下列职权：（一）对于地方国家机关的决议、命令和措施是否合法，国家机关工作人员和公民是否遵守法律，实行监督；（二）对于刑事案件进行侦查，提起公诉，支持公诉；（三）对于侦查机关的侦查活动是否合法，实行监督；（四）对于人民法院的审判活动是否合法，实行监督；（五）对于刑事案件判决的执行和劳动改造机关的活动是否合法，实行监督；（六）对于有关国家和人民利益的重要民事案件有权提起诉讼或者参加诉讼。"

④ 刘树选、王雄飞：《法律监督理论和检察监督权》，载《国家检察官学报》1999 年第 4 期。

（2）停滞、破坏阶段：50 年代后期至 1979 年人民检察院组织法颁布之前

在 50 年代后期，由于"左"倾思想的影响，把法律监督和人民民主专政对立起来，并且进行了错误的批判，法律监督被视为"禁区"，特别是"文革"十年浩劫，我国检察机关法律监督工作受到巨大冲击，1975 年 1 月修改后通过的《宪法》第 25 条规定"检察机关的职权由各级公安机关行使"，检察机关则完全被撤销，检察机关法律监督立法活动也遭遇重大挫折。直到 1978 年宪法恢复了 1954 年《宪法》第 81 条的规定，重新赋予检察机关以法律监督权，宪法层面的检察机关法律监督立法活动才再次启动。

（3）恢复和创新发展阶段：1979 年人民检察院组织法颁布至今

这一阶段，特别是改革开放以来，我国在建立中国特色社会主义法律体系的过程中，借鉴了当代各国法律制度的一些有益做法，制定、完善了一系列法律，法律监督制度也在改革中与时俱进，不断得到完善和发展，形成了我国现行法律监督立法的渊源。

"文革"结束后，我国开启法制重建进程。1979 年 7 月通过的第二部《人民检察院组织法》以新宪法为指导，在第 1 条中首次明确规定"中华人民共和国人民检察院是国家的法律监督机关"。该人民检察院组织法在取消检察机关对地方国家机关决议、命令等合法性的一般监督权的同时，规定了检察机关对严重破坏国家政策、法律等统一实施的重大犯罪案件的检察权。① 这实际上是以立法的形式将新中国成立初期对检察监督中应否和如何开展一般监督予以明确，自此以后我国检察机关法律监督的一般监督色彩淡化，而"司法监督"色彩日渐清晰起来。根据该组织法第 5 条规定，检察机关法律监督的范围主要包括三个方面：一是对公安机关、国家安全机关、人民法院、监狱、看守所、劳动改造机关等执行司法职能的国家机关的活动是否合法进行监督；二是对国家工作人员实行法律监督，

---

① 1979 年人民检察院组织法调整确定了检察职权范围："（一）对于叛国案、分裂国家案以及严重破坏国家的政策、法律、法令、政令统一实施的重大犯罪案件，行使检察权。（二）对于直接受理的刑事案件，进行侦查。（三）对于公安机关侦查的案件，进行审查，决定是否逮捕、起诉或者免予起诉；对于公安机关的侦查活动是否合法，实行监督。（四）对于刑事案件提起公诉，支持公诉；对于人民法院的审判活动是否合法，实行监督。（五）对于刑事案件判决、裁定的执行和监狱、看守所、劳动改造机关的活动是否合法，实行监督。"

但只限于构成职务犯罪的案件实行监督；三是对公民实行法律监督，但只限于违反刑法、需要追究刑事责任的案件实行监督。需要指出的是，1979年人民检察院组织法去掉了关于人民检察院可以提起和参与民事诉讼的规定，法律监督的范围仅限于刑事司法领域，显然具有明显的滞后性。

1982年12月4日第五届全国人民代表大会第五次会议通过的《中华人民共和国宪法》吸收继承了1979年人民检察院组织法的精神，不再像1954年宪法和1978年宪法那样规定检察权的行使对象和范围，而是简明扼要地规定"中华人民共和国人民检察院是国家的法律监督机关"，删除了1978年宪法中对检察机关一般监督的规定，同时将对国家机关的决议、命令等合法性的监督权，赋予国家权力机关即人民代表大会及其常务委员会。从此以后，人民检察院作为国家法律监督机关，由国家根本大法肯定下来。

随着改革开放的深入和经济社会生活的变迁，人们对强化法律监督的需要不断升温。这一时期检察机关法律监督立法的一个重大变化，是涉及法律监督内容的一系列部门法或单行法的出现。1979年通过的人民法院组织法、① 刑事诉讼法② 和关于劳动教养的补充规定，③ 1982年通过的民

---

① 1979年7月1日第五届全国人民代表大会第二次会议通过，1983年9月2日第六届全国人民代表大会常务委员会第二次会议修订，2006年10月31日第十届全国人民代表大会常务委员会第二十四次会议第二次修订。该法第14条第3款规定："最高人民检察对各级人民法院已经发生法律效力的判决和裁定，上级人民检察院对下级人民法院已经发生法律效力的判决和裁定，如果发现确有错误，有权按照审判监督程序提出抗诉。"

② 1979年7月1日通过的《中华人民共和国刑事诉讼法》第3条第1款规定："批准逮捕和检察（包括侦查）、提起公诉，由人民检察院负责。"1996年3月17日，第八届全国人民代表大会第四次会议对1979年刑事诉讼法进行了修正，修正后的《刑事诉讼法》第8条明确规定："人民检察院依法对刑事诉讼实行法律监督"，第3条规定"检察、批准逮捕、检察机关直接受理的案件的侦查、提起公诉，由人民检察院负责"。

③ 1979年11月29日全国人民代表大会常务委员会第十二次会议通过的《国务院关于劳动教养的补充规定》第5条规定："人民检察院对劳动教养机关的活动实行监督。"

事诉讼法，① 1987 年通过的海关法，② 1989 年通过的行政诉讼法，③ 1990 年通过的看守所条例，④ 1994 年通过的监狱法，⑤ 1995 年通过的人民警察法、⑥ 检察官法⑦等，均明确授权检察机关对有关事项进行监督，这些规范条款与宪法、检察院组织法一起，共同构成了当前我国检察机关法律监督活动的全国性立法文件体系。尤其是行政诉讼法、民事诉讼法的颁布实施，推动了我国法律监督的具体领域从刑事诉讼向民事行政诉讼拓展，初步夯实了以诉讼监督为主要内容和特色的"司法性"法律监督发展脉络，其深远的影响是不言而喻的。为了弥补立法上的不完善，最高人民法院、最高人民检察院就审判和法律监督中遇到的问题，还先后出台了一系列司法解释，⑧ 成为目前我国法律监督体系立法渊源的重要内容。目前，检察机关主要强化对诉讼活动的监督，包括刑事诉讼领域的立案、侦查活动、审判、刑罚执行和监管活动的监督，对民事审判和行政诉讼领域的虚假诉

---

① 1982 年 3 月 8 日第五届全国人民代表大会常务委员会第二十二次会议通过的《中华人民共和国民事诉讼法（试行）》第 12 条规定："人民检察院有权对人民法院的民事审判活动实行法律监督。"1991 年 4 月 9 日通过的《中华人民共和国民事诉讼法》第 14 条规定："人民检察院有权对民事审判活动实行法律监督。"同时该法第 185 条至第 188 条中，对民事诉讼审判监督的方式、内容和程序等作了规定。

② 2000 年修正增加走私犯罪侦查职能及其应接受检察机关法律监督的规定，《海关法》第 75 条规定："海关及其工作人员的行政执法活动，依法接受监察机关的监督；缉私警察进行侦查活动，依法接受人民检察院的监督。"

③ 1989 年 4 月 4 日第七届全国人民代表大会第二次会议通过的《中华人民共和国行政诉讼法》第 64 条规定："人民检察院对人民法院已经发生法律效力的判决、裁定，发现违反法律、法规规定的，有权按照审判监督程度提出抗诉。"对人民检察院行政诉讼中的监督作了原则性规定。

④ 1990 年 3 月 17 日中华人民共和国国务院令第 52 号发布的《看守所条例》第 8 条规定："看守所的监管活动受人民检察院的法律监督。"第 41 条规定："看守所应当教育工作人民严格执法，严守纪律，向人民检察院报告监管活动情况。"第 42 条规定："看守所对人民检察院提出的违法情况的纠正意见，应当认真研究，及时处理，并将处理结果告知人民检察院。"

⑤ 1994 年 12 月 29 日第八届全国人民代表大会常务委员会第十一次会议通过的《中华人民共和国监狱法》第 6 条规定："人民检察院对监狱执行刑罚的活动是否合法，依法实行监督。"

⑥ 1995 年 2 月 28 日第八届全国人民代表大会常务委员会第十二次会议通过的《中华人民共和国人民警察法》第 42 条规定："人民警察执行职务，依法接受人民检察院和行政监察机关的监督。"

⑦ 1995 年 2 月 28 日第八届全国人民代表大会常务委员会第十二次会议通过了《中华人民共和国检察官法》，其中第 6 条规定的检察官的职责之一就是依法进行法律监督工作。

⑧ 最高人民检察院 1999 年《关于最高人民检察院检察委员会讨论民事行政抗诉案件的范围的规定》以及 2001 年颁布的《人民检察院民事行政抗诉案件办案规则》就民事行政法律监督权行使的范围、受理、立案、审查、提请抗诉、抗诉、出庭等作了详细的规定。

讼、违法调解和其他显失公正、严重损害国家利益、公共利益和案外人合法权益的裁判的监督。法律监督方式多为事后监督，包括抗诉、督促立案、督促撤案、不捕、不诉、纠正违法通知、检察建议等。

2. 我国法律监督立法的特点

以上对我国法律监督立法的历史考察中不难得出这样一个结论：我国宪法、人民检察院组织法、检察官法、刑事诉讼法、民事诉讼法、行政诉讼法以及相关司法解释构成了我国法律监督体系的法律基础。我国法律监督的立法基本形成了以宪法为导源、基本法律为骨架、司法解释为基础的整体格局，其具有以下特点：

（1）具有极高的法律位阶。我国检察机关法律监督的权力来源由具有最高法律效力的宪法予以明确，其具体的监督手段亦由规定基本司法制度的《人民检察院组织法》和《人民法院组织法》规定，两大组织法系具有宪法性质的规范化法律文件，其法律地位显然高于普通法律。

（2）具有跨领域法的性质。我国检察机关法律监督的立法横跨检察工作、法院审判和公安（包括海关、监狱）工作等板块，具有多重性，一方面由人民检察院组织法、人民法院组织法、三大诉讼法等基本法和海关法、看守所条例等单行法或条例予以规定，另一方面也由规范检察工作的司法解释等规范性文件予以明确。

（3）不具备独立性。作为法律监督主要正式法源的三大诉讼法长期以来将法律监督主要作为再审程序启动机制来定位，法律监督成为法院审判监督程序的配角，虽然《刑事诉讼法》的修改和《海关法》、《看守所条例》等部门法和单行条例的制定加强了立案和侦查活动监督，但法律监督立法始终没有脱离三大诉讼的樊篱而独立成长。

（4）体系不健全。虽然我国法律监督的立法呈现跨领域的性质，由不同层阶的法律、条例、规范性文件予以规定，但总体来看，立法体系比较单薄和散乱，相关法律规定主要散落在三大诉讼法之中，而且规定原则，其他单行法和条例中的相关规定仅为个别条文，故我国法律监督立法尚未形成内容丰满、结构明晰的规范群，更缺少一部统一的立法。①

---

① 我国关于法律监督的现有立法存在的问题详见本文第二部分"现实困境：法律监督统一立法是解决现有立法和实践问题的迫切需求"。

（二）俄罗斯法律监督立法的历史考察

法律监督立法同其他任何立法过程一样，都不能在故步自封中产生。因此我们在探讨法律监督立法时，应该树立全面、联系、发展的观点，面向世界，海纳百川，从世界其他国家有关法律监督的立法中汲取有益的营养，借他山之石以攻玉。由于英国、美国等大多数西方国家深受古希腊罗马时代的朴素自然法精神和近代以来的自由主义思潮影响，在政治模式上贯彻分权制衡和司法独立原则，检察机关往往被定位为行政机关，而不是法律监督机关。同时，中国的检察制度来源于苏联，新中国成立初期很长一段时间的相关立法也直接学习借鉴苏联的立法，苏联和俄罗斯是检察机关法律监督的创始者和实践者。故本文主要考察苏联和俄罗斯的法律监督历史。

1. 俄罗斯法律监督立法的历史沿革

（1）苏联的法律监督立法

十月革命后，苏俄中央1922年通过的《检察监督条例》，赋予了检察机关法律监督的特殊地位，其职责主要是"以国家的名义对一切国家权力机关、经济机构、社会组织、私人组织和公民的行为是否合法实施监督；对违法的决议和命令提出异议；对违反刑事法律的人提起刑事追诉；对侦查机关的活动实施监督；在法庭上支持国家公诉以及对是否正确羁押被监禁者实施监督"。但该条例并未完全涵盖关于检察监督的所有问题，在很长一段时期内，关于检察机关组织结构、检察长的职权等问题，基本上是法院组织立法予以调整的。① 1922年条例之后，苏联又先后通过了多个关于检察监督的法律文件，如1929年通过的《苏维埃社会主义共和国联盟最高法院和苏维埃社会主义共和国联盟最高法院检察院条例》、1933年通过的《苏维埃社会主义共和国联盟检察机关条例》等。

1936年《苏联宪法》明确规定检察机关的统一集中原则和监督独立原则，并赋予检察长对各部及其主管机构、公职人员以及苏联公民是否正确执行法律实施最高监督的权力。1955年《苏联检察监督条例》又将宪法规定的最高监督职能细化到检察监督的各个基本领域，规定了实施的具体法律手段，"向任何非法决定提出异议是检察长最重要的职责之一"的

---

① ［俄］IO. E. 维诺库罗夫主编：《检察监督》（第七版），刘向文译，中国检察出版社2009年版，第32页。

规定，使该条例被视为是检察监督立法发展的"重要里程碑"。①

1977 年新的《苏联宪法》通过，首次明确列举了应当接受检察机关监督的国家机关的名单。两年后，苏联于 1979 年通过了内容全面、具体的《苏联检察机关法》。与 1955 年《苏联检察监督条例》不同的是，这一法律规定更为全面和具体，不仅明确规定检察长的权限适用于检察监督的各个领域，还明确了有关机关对检察监督文件的审议期限，明确了其他机关对检察监督决定的执行义务，并首次规定检察长有权对侵犯公民权利和自由的文件提出异议，以及在法律规定的其他情况下提出抗诉，可以中止被监督文件的效力。② 这一保障性规定，在苏联解体后俄罗斯联邦的检察机关法中继续得以体现。

（2）俄罗斯的法律监督立法

1992 年 1 月俄罗斯通过了《俄罗斯联邦检察机关法》，其内容很大程度上沿袭了 1979 年的《苏联检察机关法》。苏联解体后，关于检察机关法律监督何去何从的问题，俄罗斯社会曾经发生过激烈的争论，并反映在立法活动中。1993 年，在制定《俄罗斯联邦宪法》时，有观点认为应将检察机关变为刑事追诉机关，取消检察机关的一般监督权，但在联邦总检察长和反对限制检察权力量的据理力争下，宪法没有吸收上述观点。

《俄罗斯联邦检察机关法》于 1992 年 1 月通过后，经数次修订，至今有效，并成为调整当代俄罗斯检察机关组织体系和职能活动的一部全面性法典。法典共计 7 编 54 条。法典第一编"总则"规定的是检察机关的法律地位和基本权限等问题，其第 2 条具体规定了检察机关的 9 种具体职能：对国家机关及其公职人员、社会组织管理机构及其领导人员执行法律和颁布法律文件的合法性监督，对上述机关、组织及其人员恪守公民权利与自由情况的监督，对实施侦查搜查、初步调查和预审活动的机关执行法律情况的监督，对司法警察执行法律情况的监督，对刑罚和法院指定执行强制措施的机关的行政部门、羁押监禁场所的行政部门执行法律情况的监督，等等。在这 9 种职能中，监督是检察机关的主要职能。第三编是对检察机关法律监督职能的集中规定，用四章分别规定了法律监督的职责、程

---

① ［俄］Ю. E. 维诺库罗夫主编：《检察监督》（第七版），刘向文译，中国检察出版社 2009 年版，第 34 页。

② 参见［俄］Ю. E. 维诺库罗夫主编：《检察监督》（第七版），刘向文译，中国检察出版社 2009 年版，第 35 页。

序和权限，即"对国家机关和有关社会组织及其人员执行法律情况的监督"，"对公民权利与自由被尊重和保护情况的监督"，"对侦查搜查、初步调查和预审活动执行法律情况的监督"，以及"对刑罚执行机关、羁押监禁部门执行法律情况的监督"，其内容具体、可操作性强，同时也充分照顾了与各诉讼法等其他法律的关联性。

2. 俄罗斯法律监督立法的特点

（1）立法发展历程体现了与历史传统的有机契合与不断完善

俄罗斯学者曾指出："自俄罗斯设立检察机关之时起，检察监督立法得到不断地发展。检察监督立法的发展，同时又促进了检察机关组织和活动的完善，促使在俄罗斯确立高效的检察监督。"① 这一论断符合其法律监督立法的历史发展，苏联和当代俄罗斯社会经历了多次剧烈的政治震荡，检察机关的法律监督也受到严重冲击，但俄罗斯检察机关的法律监督立法还是充分沿袭、继承了苏联的检察机关法的内容，尽管弱化了一般监督的规定，但对宪法和法律执行的监督权、对联邦和联邦主体权力机关及其人员的监督权、对侦查活动和刑罚执行、监禁活动的监督权、对法院裁判的抗诉权、对部分案件的直接侦查权等均得以保留，并增加了关于保护人权免受非法侵害等新的监督职责。② 由此，俄罗斯检察机关法律监督的立法不仅承接了历史传统，并得以不断调整、完善和发展。

（2）立法形式注重专门立法

苏联和俄罗斯都很重视检察机关法律监督的专门立法。苏联制定了内容完备的《苏联检察机关法》，俄罗斯制定了《俄罗斯联邦检察机关法》。俄罗斯的宪法作为国家的根本大法，对检察机关作了宏观定位和基本赋权的同时，还规定了引文条款，有关具体调整各级检察长权限、检察监督组织和活动程序问题由联邦法律予以规定，③ 从而将《俄罗斯联邦检察机关法》作为宪法规定的主要援引法律。同时，俄罗斯各诉讼法典、《司法警察法》、《联邦安全局法》、《民警局法》、《犯罪嫌疑人和被告人羁押法》、《侦查搜查活动法》、《执行剥夺自由刑罚的机关和机构法》等法律也有检

---

① ［俄］IO. E. 维诺库罗夫主编：《检察监督》（第七版），刘向文译，中国检察出版社2009年版，第41页。

② 参见樊崇义、吴宏耀、种松志主编：《域外检察制度研究》，中国人民公安大学出版社2008年版，第297—300页。

③ 参见［俄］IO. E. 维诺库罗夫主编：《检察监督》（第七版），刘向文译，中国检察出版社2009年版，第38页。

察机关法律监督的零星规定，但这些规定只是配合《俄罗斯联邦检察机关法》的实施，起枢纽作用的仍是《俄罗斯联邦检察机关法》这一专门法典。

（3）立法技术体现了统筹性、协调性与实效性相结合

《俄罗斯联邦检察机关法》囊括了检察院组织制度、检察官制度和检察监督职能、权限和程序等多种内容，是一部统筹性的法典，人们在查阅、理解和适用该法典过程中，更容易对检察机关的法律地位及其权力运行过程（包括检察监督的目标、权限、保障及程序方式等）有全面、直观和正确的把握。同时，在立法技术上也比较注重法律的协调性。在涉及检察机关具体实施某种诉讼行为、行使某项监督权力时，往往通过授权条款或准用条款，将其引向诉讼法律或其他单行法律，从而有效避免因多个法律对同一问题均有规定而可能导致的矛盾和冲突。在内容上，该法典对检察监督予以充分授权，规定了有力的程序保障手段，体现了监督的执行力和权威性。

（三）比较与借鉴——俄罗斯法律监督立法的启示

俄罗斯有关法律监督的立法虽然经历了剧烈的社会政治震荡，但立法本身得以不断完善和科学发展，以下几点值得我国借鉴。

1. 法律监督立法要立足国情

邓小平同志指出："我们都根据自己的特点、自己国家的情况，走自己的路。"立足国情是对立法的基本要求。虽然现代司法制度是人类社会某些共同的法治精神，但各国的司法制度均有其自身的特点，是国际和本土相结合的产物。法律监督立法亦然，尽管我国的检察制度来源于苏联，在30多年的改革发展后，也充分彰显了本土特色，故我国在法律监督立法时，要借鉴俄罗斯尊重国情现实、合理发扬既有制度和经验的做法，既要吸收我国古代御史、监察等制度的优点，更要充分立足当代检察制度和检察改革取得的成效，使制定的法律监督法具有中国特色，具有科学性和可行性。

2. 法律监督立法应注重统筹性和协调性

相对于俄罗斯这一完整系统、分层设置的检察监督法律体系而言，我国现行关于法律监督的法律规范则显得比较薄弱和散乱，缺少一部联结宪法和各部门法之间的起枢纽作用的法律监督法。故我国制定法律监督法时，应借鉴俄罗斯的立法经验，充分重视进行专门性立法，制定一部统一

的法律监督法，并在必要时规定准用条款，注重与三大诉讼法等相关法律的协调性，避免具体规定的冲突，从而使我国的法律监督立法形成一个上有宪法、中有法律监督法、下有诉讼法等相关部门法的完整的体系，使整个法律监督的运转协调一体、形成合力。

3. 法律监督立法应注重实效性和执行力

《俄罗斯联邦检察机关法》在细致赋予检察机关监督保障手段，具有较强的操作性，而在这个方面，我国法律监督立法是有明显缺陷的，不仅法律监督权限设定薄弱，手段不足，而且许多法律条文只规定了行为模式的内容，而没有规定被监督对象不履行义务时应承担的法律后果，导致法律监督在实践中不具有强制性和执行力，严重影响了法律监督的实际效果。因此，我国在制定统一的专门的法律监督法时，可借鉴《俄罗斯联邦检察机关法》的规定，注重充分授权和法律责任的设定，以提高法律监督在实践中的执行力。

二、现实困境：法律监督统一立法是解决现有立法和实践问题的迫切需求

目前，我国宪法、人民检察院组织法、检察官法和三大诉讼法，以及相关司法解释和部分单行法构成了我国法律监督体系的法律基础。法律监督的法律渊源具有极高的法律位阶优势，法律监督权力来源于具有最高法律效力的宪法，其具体的监督职能亦由人民检察院组织法规定。但是，法律监督立法尚存在诸多问题，如立法体系不健全，法律监督基本范畴规定不明确或不完善，法律监督缺乏保障性规定，实践中执行力不足等等，导致法律监督的现有立法规定远不能满足实现公平正义的实践需要，严重影响了法律监督应有效果的发挥。法律监督立法不完善已给实践带来严重的问题，迫切需要进行专门、统一、完备的法律监督立法。

（一）"法律监督"概念缺位，导致基本认识模糊

"法律监督"的提法，在正式法律文本中始见于1979年《人民检察院组织法》，该法第1条规定："中华人民共和国人民检察院是国家的法律监督机关。"在1979年6月，最高人民检察院所作的《关于〈人民检察院组织法修正草案〉的说明》中，提到了对1954年组织法作的几个重要的修正和补充，首先就指出了："一、修正草案仍然确定人民检察院是

国家的法律监督机关。但把宪法中有关检察机关职权的规定加以具体化，使之更加明确和集中。"① 但是，在1954年的组织法中，并未规定检察机关的性质，未提出"法律监督"的用词，只规定了检察机关行使检察权，在具体的职权中，规定了对一些决定和活动实行监督。所以，"修正草案"中的"仍然"，应该不是指沿用1954年组织法的规定，而是指沿用原草案的提法。在起草组织法时，对于检察机关的性质问题，有两种意见。一种意见认为，检察院是国家的检察机关；另一种意见认为，检察院是国家的法律监督机关。主张第一种意见的主要理由是，认为监督是事先的监视，而检察是事后的监督，实行法律监督容易引起他人的反感，而使自己隔于孤立，等等。主张第二种意见的主要理由是，认为法律监督是列宁提出的原则，结合我国的实际情况，如果没有一个坚强的专门法律监督机关，法律的实施就没有可靠的保证，把检察院确定为检察机关是同义反复，没有实际意义。这一争论提交第七次全国检察工作会议讨论，仍未取得一致意见。直至组织法草案送交全国人大法制委员会审查时，才由彭真确定了采纳第二种意见。② 此后，在1979年6月26日，彭真在第五届全国人大第二次会议上所作的《关于七个法律草案的说明》中，提出这次对人民检察院组织法作了较大的修改，"第一，确定检察院的性质是国家的法律监督机关。"并将此与列宁的检察机关职权是维护国家法制统一的指导思想联系起来。但是，对比苏联的1936年《苏维埃社会主义共和国宪法》，则可发现苏联亦只有检察权的概念，而没有"法律监督"的提法。因此，在正式法律文本中，"法律监督"首先规定在1979年组织法中，并随后规定在1982年宪法中，之后又相继规定在三大诉讼法等相关法律、法规中。

但无论是宪法还是组织法或是三大诉讼法，均未对"法律监督"作出明确界定，对其应含的内容没有明确的阐述，导致理论界和司法实务界对"法律监督"一词及其内容一直争论不休。概念是思维的基本形式之一，反映客观事物的一般的、本质的特征。③ 故法律监督的概念应包括法律监督的主体、对象、手段等反映法律监督本质特征的内容。目前，根据对法律监督主体、对象、手段等理解的不同，法学理论界和实务界对法律

---

① 闵钐编：《中国检察史资料选编》，中国检察出版社2008年版，第417页。
② 参见王桂五：《王桂五论检察》，中国检察出版社2008年版，第183页。
③ 《现代汉语词典》，商务印书馆1983年版，第352页。

监督的概念主要有两大类观点。一类观点认为，法律监督的主体是多元的，即国家和社会主体，或者有法律监督权的国家机关、组织和个人，包括国家机关、政党协会、企事业单位、社会团体以及公民公众等；① 法律监督的对象包括法律制定、实施、执行和遵守各个环节的监督；② 法律监督的手段是柔弱性的，以"权利"为基础，是否监督、如何监督取决于监督主体的主观意志。另一类观点认为，法律监督的主体是特定的，即国家检察机关；③ 法律监督的对象是法律实施行为，即监督法律实施行为是否具有合法性，而不包括制定法律的行为；④ 法律监督的手段以"权力"为基础，由法律明确授权，具有权威性和刚性特征，监督时不得超越授权规定。

我们认为第一种观点没有反映法律监督的本质特征，混淆了一般监督与法律监督的概念，其认为法律监督的主体是多元的，从而推出"虽然检察机关是我国宪法规定的法律监督机关，但并不能说明法律监督权只能由检察机关实施，而且法律监督是一种权利，不需要法律刚性授权的结论"。这不仅削弱了人民检察院是国家法律监督机关的宪法地位，也必然影响包含检察制度在内的我国社会主义司法制度的完善，更削弱了实践中检察机关法律监督的应有效果。我们认为，法律监督是我国的一个特定法律概念，是宪法所赋予的人民民主专政体制下特有的产物，法律监督的主体是特定的，即人民检察院。法律监督的对象是法律实施行为，即对国家机关、社会组织和公民个人实施法律行为是否合法进行监督，其不包括对立法行为的监督，因为立法是制定法律的行为，而非实施法律的行为；也不包括对宪法实施的监督，因为宪法是国家的根本大法，《宪法》第 62、

---

① 参见汤唯、孙季萍：《法律监督论纲》，北京大学出版社 2001 年版，第 4—5 页；张文显主编：《马克思主义法理学》，高等教育出版社 2003 年版，第 210 页；叶青、黄一超主编：《中国检察制度研究》，上海社会科学院出版社 2003 年版，第 134 页；汤向明等：《我国检察机关法律监督制度的反思与重构》，载张智辉主编：《中国检察》（第六卷），北京大学出版社 2004 年版，第 104 页。

② 参见张文显主编：《马克思主义法理学》，高等教育出版社 2003 年版，第 210 页；马新福主编：《法理学》，科学出版社 2004 年版，第 214 页；闵钐：《法律监督权与检察权的关系》，载《国家检察官学院学报》2003 年第 5 期。

③ 参见张穹：《当代检察机关的架构》，载《检察日报》1999 年 5 月 29 日；张智辉：《法律监督辨析》，载《人民检察》2000 年第 5 期；向泽选：《法律监督原理》，群众出版社 2006 年版，第 2 页。

④ 参见孙谦主编：《中国检察制度论纲》，人民出版社 2004 年版，第 56 页；张智辉：《法律监督辨析》，载《人民检察》2000 年第 5 期。

67条明确规定由全国人民代表大会及其常务委员会监督宪法的实施。但由于立法上没有对"法律监督"的概念作出明确界定，导致理论和实践中争议颇多，严重制约了法律监督工作的有效开展。

（二）法律监督范围规定过窄，导致实践中无法有效开展法律监督

一方面，诉讼监督的范围规定不全面。在刑事诉讼监督领域，主要表现为：一是对立案监督、侦查活动监督的对象规定不完整，《刑事诉讼法》第76、87条①规定检察机关立案监督、侦查活动监督的对象是"公安机关"的立案和侦查活动，但我国除了公安机关外，国家安全机关、人民检察院、监狱、海关等均具有刑事立案和侦查职能，实践中，对上述除公安机关以外的单位进行立案监督于法无据，也无法进行有效的法律监督，比如检察机关对其他有侦查职能的机关或部门实行法律监督时，往往得不到被监督者的积极配合，有的甚至以法无明文规定拒绝接受监督。刑事诉讼法的上述规定仅仅把立案监督的对象限于公安机关，有违立法本意，既不符合《刑事诉讼法》第8条的规定，也不符合法律监督和刑事诉讼理论。比如职务犯罪侦查既是检察机关对国家公职人员履行职责的法律监督，同时也是一种刑事诉讼活动，理应受到法律监督，但刑事诉讼法并没有规定检察机关对自侦案件的监督。实践中，检察机关对自侦案件监督的依据是《人民检察院刑事诉讼规则》第390条的规定。该规定是最高人民检察院的规范性文件，其法律效力等级不及刑事诉讼法，影响了对检察机关自侦案件法律监督的应有效果。二是对立案监督内容规定不全，《刑事诉讼法》第87条只规定了对"应立案而不立案"行为的法律监督，而没有规定对"不应当立案而立案"的积极立案行为的法律监督。实践中，存在有的公安机关受利益的驱动、地方和部门保护主义的影响，利用刑事立案手段越权办案、非法插手经济纠纷为某些单位、个人讨债追款等

---

① 《刑事诉讼法》第76条规定："人民检察院在审查批准逮捕工作中，如果发现公安机关的侦查活动有违法情况，应当通知公安机关予以纠正，公安机关应当将纠正情况通知人民检察院。"第87条规定："人民检察院认为公安机关对应当立案侦查的案件而不立案侦查的，或者被害人认为公安机关对应当立案侦查的案件而不立案侦查，向人民检察院提出的，人民检察院应当要求公安机关说明不立案的理由。人民检察院认为公安机关不立案理由不能成立的，应当通知公安机关立案，公安机关接到通知后应当立案。"

情况。虽然《人民检察院刑事诉讼规则》第378条①规定了检察机关对积极立案行为的监督权，但该规定实践中显得软弱无力，有的公安机关往往以刑事诉讼法没有相应规定而不认为有约束力。自2003年最高人民检察院工作报告中开始统计督促撤案数据，至2008年，督促撤案数平均只占督促立案数的20％。三是对刑事强制措施的监督规定不全，刑事诉讼法只规定了检察机关对逮捕的批准、决定权，而逮捕以外的对人的强制措施、对物的强制措施和对隐私权的强制措施的使用，都由侦查机关内部审批，检察机关无权审查批准。而实践中，侦查机关的上述强制措施侵犯公民权利的现象较多，常有涉及这方面的控告与申诉，如随意延长刑事拘留期限等，有的还引起群众集体上访，影响社会稳定。刑事诉讼法还欠缺对撤回提请逮捕进行监督的规定。四是对刑事审判监督范围规定不全，如刑事诉讼法对自诉案件和简易程序刑事案件的审判、死刑复核程序、量刑程序都没有明确规定予以监督，导致实践中对上述程序的监督无法律依据，也很少进行监督，即使监督也没有好的效果。五是对刑罚执行法律监督范围规定不全，对刑罚监外执行行为如缓刑、暂予监外执行、假释、管制、剥夺政治权利等的执行缺乏有效的法律监督规定；缺少附加刑如罚金、没收财产、剥夺政治权利、驱逐出境四种刑罚的执行监督规定。在民事、行政诉讼领域，民事诉讼法关于民事审判监督的五条规定、行政诉讼法关于行政诉讼监督的两条规定，均是对民事、行政裁判提出抗诉监督的规定，而没有规定对民事、行政裁判执行的法律监督，导致实践中检察机关往往面对当事人的申诉因法无明文监督依据而难以作为。

另一方面，诉讼外法律监督规定缺乏。现有法律规定的法律监督范围，主要限于诉讼监督，包括刑事诉讼领域的立案、侦查活动、审判、刑罚执行和监管活动的监督，也包括民事审判和行政诉讼监督，对认为有错误的人民法院已经生效的民事、行政裁判提出抗诉。对诉讼外法律监督却未予规定，主要有：一是缺少对行政执法监督的规定。我国"一府两院"的政治制度设计，检察权与审判权、行政权均由国家最高权力机关产生并对其负责，检察机关的法律监督权对审判权和行政权实行监督，但实践中，除了与刑事诉讼相关的行政执法外，政府行政权力的行使却一直游离于检察机关法律监督的视野之外。二是对损害社会公益的行为无法实施法

---

① 《人民检察院刑事诉讼规则》第378条规定："对于公安机关不应当立案而立案侦查的，人民检察院应向公安机关提出纠正违法意见。"

律监督。由于法律没有赋予检察机关提起民事、行政公诉的权力，故对诸如环境污染、侵害众多消费者权益、大范围拖欠工人工资等侵害社会民生的行为，检察机关无法实施法律监督，这既不利于保护民众利益，也不利于国家法治建设。公平正义是社会全方位的价值追求，法律监督作为实现社会公平正义的保障，其限于诉讼监督的范围显得过于狭窄，与社会发展要求不相适应。

（三）法律监督权限设定薄弱，手段不足，直接影响法律监督效能的发挥

法律监督权的合理力度应该是使其可以及时有效地控制被监督权力，做到有错必纠、有错早纠、有错会纠、有错能纠，而做到有错必纠的前提是知道错误的存在。但我国目前法律对法律监督权限设置力度不够，手段不足。知情权和调查权是监督权本身的组成部分，是实施法律监督的重要手段之一，是纠正违法行为的前提和基础，法律监督的成效在很大程度上取决于能否及时发现违法、查明违法。然而，现有关于检察机关法律监督的立法并未授予检察机关充分的知情权和调查权，检察机关不仅无法全面、及时掌握违法情况，而且即使发现违法线索，由于没有监督中的调查权，也无法及时有效判断查处。实践中检察机关向被监督者调阅相关材料，常常因法律依据不足遭到被监督方的抵制，使得检察机关丧失监督的主动性，无法进行全面的、主动的、同步的监督。

在刑事诉讼领域，我国刑事诉讼法对检察机关的立案监督权只规定了"要求说明不立案理由"的质询权和"认为不立案理由不能成立时通知公安机关立案"的通知纠正权，导致检察机关事先根本不能全面掌握刑事发案、受案、立案活动情况，更无法主动对刑事受案、立案活动全过程进行法律监督。从启动立案监督来看，现有法律只规定"人民检察院发现"和"被害人提出控告"两种途径，如果检察院没有发现或者被害人没有或不敢向检察院提出控告，则检察机关无法了解有关机关或部门的受案、立案情况，尤其对于利用刑事立案手段越权办案、非法插手经济纠纷的积极立案行为，被害人往往不敢提出控告，检察机关无法进行立案监督。对侦查活动的监督，人民检察院主要通过审查批捕和审查起诉进行监督，而这种监督方式主要表现为书面审查和事后监督，很难发现违法侦查行为。提前介入是侦查监督最有效的方式之一，但刑事诉讼法却没有明确规定。司法实践中，检察机关很少主动提前介入，而且提前介入也多为配合侦查，以便及时批准逮捕，起不到应有的监督作用；对有的案件，检察机关侦查监督部门要求提前介入时，侦查机关以保密为由不同意提前介入。在刑罚执行监督方面，对检察机关如何发现刑罚执行中的违法行为，仅在《刑事诉讼法》第222条①中笼统地规定，检察机关在收到法院关于减刑、假释裁定书副本以后认为裁定不当的，应当提出纠正意见。刑罚执行监督是消极的、被动的、事后的，徇私舞弊减刑、假释、暂予监外执行问题也比较严重。

在民事、行政检察监督中，法定的监督手段是抗诉，民事诉讼法除了第14条笼统规定了"人民检察院有权对民事审判活动实行法律监督"外，其余关于法律监督的规定集中在第187—190条②，仅仅规定了何种情况下提出抗诉、抗诉的主体、抗诉书、抗诉再审等内容。行政诉讼法对法律监督的规定更加原则笼统，除了第10条"人民检察院有权对行政诉讼实行法律监督"的规定外，只有第64条③有关抗诉的规定。故民事、行政两大诉讼法并无授予检察机关相应的调阅民事、行政审判卷宗、进行相关调查的权力。实践中，尤其是民事行政检察中，抗诉与再审检察建议有机结合，检察建议发挥着重要的作用。最高人民检察院自2001年开始推行再审检察建议，对原判决、裁定符合抗诉条件的，作出生效裁判的人民法院的同级人民检察院可以提出再审检察建议，建议法院启动再审程序。再审检察建议监督方式的创新运用，简化了办案程序，缩短了办案周期，增加了办案数量，在一定程度上实现了对法院生效裁判的同级监督。2001年至2010年6月，全国检察机关共向人民法院提出再审检察建议

---

① 《刑事诉讼法》第222条规定："人民检察院认为人民法院减刑、假释的裁定不当，应当在收到裁定书副本后二十日以内，向人民法院提出书面纠正意见。人民法院应当在收到纠正意见后一个月以内重新组成合议庭进行审理，作出最终裁定。"

② 《民事诉讼法》第187条规定："最高人民检察院对各级人民法院已经发生法律效力的判决、裁定，上级人民检察院对下级人民法院已经发生法律效力的判决、裁定，发现有本法第一百七十九条规定情形之一的，应当提出抗诉。地方各级人民检察院对同级人民法院已经发生法律效力的判决、裁定，发现有本法第一百七十九条规定情形之一的，应当提请上级人民检察院向同级人民法院提出抗诉。"第188条规定："人民检察院提出抗诉的案件，接受抗诉的人民法院应当自收到抗诉书之日起三十日内作出再审的裁定；有本法第一百七十九条第一款第（一）项至第（五）项规定情形之一的，可以交下一级人民法院再审。"第189条规定："人民检察院决定对人民法院的判决、裁定提出抗诉的，应当制作抗诉书。"第190条规定："人民检察院提出抗诉的案件，人民法院再审时，应当通知人民检察院派员出席法庭。"

③ 《行政诉讼法》第64条规定："人民检察院对人民法院已经发生法律效力的判决、裁定，发现违反法律、法规规定的，有权按照审判监督程序提出抗诉。"

4.5 万余件，人民法院采纳 2.7 万余件，采纳率为 59.4%。① 但是，目前检察建议还不是法定的法律监督方式，影响了其在实践中的监督力度。

检察机关知情权和调查权的缺乏、纠问权的模糊和追查权的薄弱，与刑事诉讼、民事诉讼和行政诉讼以及行政执法等过程的法律监督需求远远不相适应，严重制约了法律监督的有效开展。

（四）法律后果规定缺位，严重削弱了法律监督的权威性和执行力

法律规范的逻辑结构具有完整性，其由行为模式和相应的法的后果两个要素构成。② 但我国关于法律监督的许多法律条文只规定了行为模式的内容，而没有规定被监督对象不履行义务时应承担的法律后果。在刑事诉讼监督领域，《刑事诉讼法》第 76 条规定："人民检察院在审查批准逮捕工作中，如果发现公安机关的侦查活动有违法情况，应当通知公安机关予以纠正，公安机关应当将纠正情况通知人民检察院。"第 87 条关于立案监督的规定："人民检察院认为公安机关不立案理由不能成立的，应当通知公安机关立案，公安机关接到通知后应当立案。"第 169 条关于审判监督的规定："人民检察院发现人民法院审理案件违反法律规定的诉讼程序，有权向人民法院提出纠正意见。"第 224 条关于刑罚执行的规定："人民检察院对执行机关执行刑罚的活动是否合法实行监督。如果发现有违法的情况，应当通知执行机关纠正。"这些条文都没有对被监督者不履行义务所产生法律后果作相应规定，导致在立案监督、刑事审判监督和刑罚执行监督实践中，检察机关对发出立案通知书后公安机关不立案或者立案后不予侦查的情形、对发出纠正违法通知书后法院、监狱不予执行的情形束手无策。比如，浙江省检察机关 2006 年至 2009 年 6 月，共监督立案 2755 件，法院判决有罪的 1116 件，只占监督立案数的 40.5%。③ 虽然检察机关在监督立案时是按照立案的标准督促立案，立案的标准与侦查终结、审查起诉和法院有罪判决的标准不同，但其他 59.5% 的案件并非均为无罪判决案件，其中有的案件立案后根本没有侦查，更谈不上审查起诉和审判。在民事行政诉讼监督领域，民事诉讼法关于民事审判监督、行政诉讼

---

① 姜建初：《认清形势 明确任务 大力加强民事行政检察工作——在全国检察机关第二次民事行政检察工作会议上的讲话》。
② 周旺生：《立法学》，北京大学出版社 2006 年版，第 500 页。
③ 数据来自浙江省人民检察院统计材料。

法关于行政诉讼监督等相关规范中，也往往未对被监督对象的消极行为甚至抵制现象加以制裁性规定。法律后果规定的缺位，使得法律监督缺乏法律刚性保障，实践中检察机关的法律监督行为以及发出的立案通知书、纠正违法通知书等法律监督文书不具有强制性和执行力，严重影响了法律监督的实际效果。

（五）现有法律规定缺乏全面性、系统性和协调性，导致法律监督的立法远不能满足实践的需要

当前我国法律监督立法存在的主要问题是"体系散乱"的结构性问题，整个法律规范体系缺乏统一性和完整性。除宪法、人民检察院组织法和检察官法的原则规定外，涉及检察机关法律监督的法律规定主要散落在三大诉讼法中，以及《看守所条例》、《监狱法》、《海关法》和《人民警察法》等相对孤立的原则性规定。而且，《人民检察院组织法》只规定了对刑事诉讼领域的法律监督，并没有规定对民事审判、行政诉讼领域的法律监督，对后者的监督只有民事诉讼法和行政诉讼法的笼统的原则性的规定。三大诉讼法均没有也无法以专章或专节形式规定检察机关的法律监督权，且内容十分单薄，在三大诉讼法的法条比例中，法律监督方面的条款不到法条总数的3%，使得本应很有权威并和三大诉讼法对等的法律监督立法，事实上却处于依附于三大诉讼法的从属地位。其中民事诉讼法总条款共达268条之多，关于检察机关法律监督的规定仅有5条，即第14条、第185—188条；行政诉讼法75条法律条款中，关于检察机关法律监督的规定仅有两条，即第10条和第64条。在目前各种民事、海事、行政纠纷不断上升的情况下，如此简单而抽象的监督条款已经不能适应民事、行政案件公正审判的要求。刑事诉讼法对刑事诉讼各个环节的监督对象、监督内容和监督范围的规定也很不全面，导致实践中无法有效开展法律监督。对于社会各界强烈反映的行政违法行为，检察机关也因法律授权不足而无法进行法律监督；检察机关正在探索试点的民事督促起诉、行政执法与刑事司法相衔接制度、人民监督员制度等改革举措，因缺乏明确的法律依据而无法发挥其应有的效果。法律监督无法在三大诉讼法和相关法律中形成一个完整的监督体系，而且对诉讼外的法律监督规定缺位，因此，仅仅修改三大诉讼法无法解决现行法律监督立法体系散乱的结构性问题，无法满足社会发展对法律监督的实际需要。

三、地方立法评价：17个省级人大常委会
加强法律监督立法的地位和作用

法律监督立法不完善已给实践带来严重的问题，在网络舆论迅猛发展形势下，社会民众对加强法律监督、维护社会公平正义、规范和制约公共权力的呼声也越来越高，迫切需要进行专门、统一、完备的法律监督立法，而全国性的统一立法却尚未形成一致意见，与此同时，各级人大常委会根据《各级人民代表大会常务委员会监督法》（以下简称《监督法》）的规定，听取和审议检察机关专项工作报告也实现了常态化。少数市人大常委会根据社会各界呼吁和检察机关的直接请求或建议，制定了体例规范、条款项目齐备的"条例"，如2003年10月银川市人大常委会通过的《银川市检察机关法律监督工作条例》、2006年3月包头市人大常委会通过的《包头市检察机关法律监督工作条例》等。更多的省级人大常委会制定了关于加强检察机关法律监督的决议和决定。因此，法律监督的现实困境和实践需求有力地推动了地方立法，催生了十七个省级人大常委会的决议和决定。

（一）地方立法的概况及特点

1999年9月22日，吉林省第九届人大常委会第十二次会议通过了《关于加强检察机关法律监督工作切实维护司法公正的决议》；河南省在2001年7月27日第九届人大常委会第二十三次会议上通过了《关于进一步加强检察机关法律监督的决定》；自2008年9月以来，许多省级人大常委会先后就加强检察机关法律监督立法进行了有益的尝试，北京、四川、湖北、辽宁、上海、黑龙江、江西、山东、宁夏、山西、福建、浙江、西藏、广东、云南等省级人大常委会先后作出关于加强检察机关法律监督工作的决议或决定。目前，共有17个省（市、自治区）人大常委会作出了此类决议、决定（详见下表）。

1. 形式上体现为决议和决定

17个省（市、自治区）都是以决议、决定的形式来加强检察机关的法律监督权。其中，吉林、河南、北京、四川、湖北、辽宁、上海、江西、山东、云南10个省（市）通过的是"决议"，黑龙江、宁夏、山西、福建、浙江、西藏、广东7个省（自治区）通过的是"决定"。

17 个省级人大常委会加强法律监督立法情况表

时间	地方人大	名称
1999.9.22	吉林省第九届人大常委会第十二次会议	关于加强检察机关法律监督工作切实维护司法公正的决议
2001.7.27	河南省第九届人大常委会第二十三次会议	关于进一步加强检察机关法律监督的决议
2008.9.25	北京市第十二届人大常委会第六次会议	关于加强人民检察院对诉讼活动法律监督工作的决议
2009.5.27	四川省第十一届人大常委会第九次会议	关于加强人民检察院对诉讼活动的法律监督工作的决议
2009.7.31	湖北省第十一届人大常委会第十一次会议	关于加强检察机关法律监督工作的决议
2009.9.26	辽宁省第十一届人大常委会第十一次会议	关于加强人民检察院对诉讼活动法律监督工作的决议
2009.10.20	上海市第十二届人大常委会第十一次会议	关于加强人民检察院法律监督工作的决议
2009.10.23	黑龙江省第十一届人大常委会第十二次会议	关于加强检察机关法律监督的决定
2009.11.27	江西省第十一届人大常委会第十二次会议	关于加强检察机关对诉讼活动法律监督工作的决议
2009.11.28	山东省第十一届人大常委会第十四次会议	关于加强人民检察院法律监督工作的决议
2010.1.16	宁夏回族自治区第十届人大常委会第十五次会议	关于加强人民检察院对诉讼活动法律监督工作的决定
2010.5.27	山西省第十一届人大常委会第十六次会议	关于加强人民检察院对诉讼活动法律监督工作的决定
2010.5.27	福建省第十一届人大常委会第十五次会议	关于加强人民检察院对诉讼活动法律监督工作的决定
2010.7.30	浙江省第十一届人大常委会第十九次会议	关于加强检察机关法律监督的决定
2010.9.29	西藏自治区第九届人大常委会第十八次会议	关于加强检察机关法律监督工作的决定
2010.9.29	广东省第十一届人大常委会第二十一次会议	关于加强人民检察院对诉讼活动的法律监督工作的决定
2010.9.30	云南省第十一届人大常委会第十九次会议	关于进一步加强全省各级人民检察院对诉讼活动法律监督的决议

2. 程序上体现了法律效力

上述决议和决定都是各省级人大常委会经认真审议讨论，由常委会全体组成人员过半数表决同意后通过的，是具有法律效力的决策性文件，是省级权力机关专门针对辖区内检察机关法律监督工作行使监督权和立法权的体现。[①] 这些决议、决定，既具有宏观的指导性和原则性，也有很强的针对性和指令性。

3. 内容上体现了监督重点和探索相结合

17 个决议、决定主要针对诉讼活动加强法律监督，如北京、四川、辽宁、江西、宁夏、山西、福建、广东、云南 9 个省（市、自治区）决议、决定的名称都限定于加强诉讼活动的法律监督工作，其他 8 个省（市、自治区）则没有限制，除了主要监督诉讼活动外，还涉及行政执法领域监督的探索性规定。

4. 受制约对象具有全面性

各地的决议、决定都对监督主体（即检察机关）、被监督对象、各级政府及其有关部门、各级人大及其常委会四类对象进行约束。对监督主体来说，授权与限权并重，通过明确范围、程序和效力进行一定程度的授权，提高监督能力，同时要求监督主体要依法监督，加强自身监督。各地的决议、决定均要求被监督对象自觉接受监督；要求各级政府及其有关部门要支持、配合检察机关法律监督工作；要求各级人大及其常委会要支持和监督检察机关的法律监督工作。有的决议和决定，还要求公民、法人和其他组织协作配合检察机关的法律监督工作。

（二）地方立法在加强法律监督中的地位与积极作用

17 个省（市、自治区）关于加强检察机关法律监督的决议和决定，都系地方性立法，虽然其法律地位低于全国性立法，只对本地区具有约束力，但在实践地位上，在全国人大对法律监督统一立法时机尚没有完全成熟时，其能有效解决本地区对法律监督的强烈需求，具有更强的针对性和执行力。而且，我国幅员辽阔，民族和人口众多，经济文化发展水平也很不平衡，先以地方立法来加强法律监督是符合我国国情的。从各地决议和决定的内容来看，其对加强检察机关法律监督的作用主要体现在以下几个

---

① 邱景辉：《13 个省级人大立法加强检察机关法律监督》，来源：正义网，2010 年 8 月 2 日。

方面：

1. 强化了对法律监督重要性的认识，宣示了宪法规定的检察机关法律监督定位

上述决议、决定都强调要高度重视法律监督工作，有的不仅要求检察工作人员要进一步增强监督的意识和工作主动性，忠实履行宪法和法律赋予的法律监督职责，还要求被监督对象要自觉增强接受法律监督的意识，要求各有关单位都要增强对法律监督工作重要性的认识。如浙江省的决定第 1 条规定："各级检察机关要切实增强法律监督意识，忠实履行法律监督职责，依法独立公正地行使职权，自觉接受制约与监督，保障法律的正确实施，维护司法公正。各级侦查机关、审判机关、刑罚执行和监管机关、行政执法机关要自觉增强接受法律监督的意识，严格依照法定权限和程序行使职权，积极配合检察机关依法开展法律监督工作。有关机关、单位都要深化对检察机关法律监督工作重要意义的认识，支持检察机关法律监督工作，为检察机关履行职责创造良好的环境。"上述决议、决定在表述上，有些直截了当地重申了《宪法》第 129 条"检察机关是国家的法律监督机关"的规定（如河南）；有些采用了"检察机关应当坚持国家法律监督机关的宪法定位"的表述（如江西、山东、湖北、浙江）；有些采用了"人民检察院作为国家的法律监督机关"（如北京、辽宁、黑龙江），或者"人民检察院依法履行法律监督职责"之类相对间接的表述（如上海、四川、宁夏）。这些都是对检察机关性质的宪法定位的重申。相比之下，直接引用宪法条文的表述或者点明法律监督机关的宪法定位的表述更为宏观，而作为职责的表述则相对更切合议题。法律监督机关应该是宪法对检察机关的定位，是作为一项重要的政治制度，创设的一种由人大权力派生、向人大负责的、专司监督的国家权力。从概念的实质内涵和处延上来分析，法律监督机关对应的是国家的法律监督权。这种法律监督权在不同的国家是有不同的制度创设的，有些国家有专门的法律监督机关（尽管名称不一），有些则没有；有些国家的法律监督机关只行使全部的或者部分的法律监督权，有些则除此之外还兼行使其他宪法和法律所赋予的权力。就中国而言，一方面，法律监督权其实并非全部由检察机关行使，人大自身保留了一部分的法律监督权（主要如违宪审查权、提请弹劾罢免权等），还有一些则交由行政机关行使（主要如审计权）。另一方面，作为专门的法律监督机关，中国检察机关还依法行使着一种不属于法律监督权的重要权力——纯粹的公诉权。但是，法律监督权是中国检察机关的本

质性的权力，而公诉权只是兼行的，这从宪法的定位中即可表明。也正因此，中国的检察机关与外国一些检察机关本质的区别在于中国检察机关是作为一种政治制度而非仅仅是诉讼制度而设置，它不仅仅是诉讼机关。因此，在各地立法中，予以重申和明确检察机关的宪法定位，不是没有意义的重复，它比只是作为职责来重申立意更高。当然，由于这些地方立法所规范的只是"法律监督工作"，所以仅仅作为职责的表述，其特点更为精细，切合决议、决定的议题范围。

2. 突出了法律监督的重点，紧扣法律监督权

上述决议、决定的内容均紧扣法律监督权，而没有采用以现行检察机关内设机构划分的方式来归纳和规范监督职责，而且都把民众反映强烈的影响司法公正的问题作为法律监督的重点，在突出位置加以规定。如四川省的决议第2条规定，"全省各级人民检察院应当坚持执法为民，紧紧抓住侵害人民群众利益、影响执法和司法公正的突出问题，进一步加强对诉讼活动全过程的法律监督"，并列举了有案不立、违法立案、刑讯逼供、超期羁押等民众反映强烈的问题。上海市的决议第2条规定，"全市各级人民检察院应当以人民群众反映强烈、影响司法公正的突出问题为重点，加大法律监督力度"，同时也列举了刑事诉讼、民事审判和行政诉讼活动中民众反映强烈的问题。由于检察机关现行内设机构主要是根据诉讼环节来设置，不能充分反映法律监督权行使的特征。所以，对同样的监督对象可能会由不同的内设机构来监督。例如对公安机关的监督，可能会分散在侦查监督部门、公诉部门、反贪部门、反渎部门、监所部门、民事行政检察部门，几乎所有的业务部门均在不同的环节行使着监督权。而对同样的执法行为，也可能会由不同的内设机构来监督，例如扣押行为，根据其行使的主体不同、诉讼阶段不同，就会出现这种多部门监督的情况。究其原因，在于恢复重建以来很长一段时间，检察机关的法律监督属性并没有得到清醒的认识和体现，而仅仅将检察机关视为诉讼机关。因此，一种比较理想的划分方案，也许是按照监督对象来划分。首先分为对司法权的监督和对行政权的监督，再分别研究两种监督具有哪些特征，需要哪些手段和措施，据此进行机构设置的二级划分。各地方立法均采用按监督对象或监督手段来进行整合划分，对检察机关与人民法院、公安机关、人民政府的监督关系提出了要求，对预防和惩治职务犯罪、抗诉、检察建议、纠正违法等监督职责和手段提出了要求。

3. 细化了法律监督的法定范围，兼具一些探索性的拓展

针对现有法律监督的法定范围存在监督真空的缺陷，上述决议、决定细化了法律监督的范围，如把违法立案明确列为监督的范围，把安全机关、监狱明确规定为被监督对象。最重要的是，有多个地方立法不同程度地要求将行政机关的行政执法行为纳入法律监督的范围，尽管有的是从行政执法单位支持检察机关法律监督工作的角度规定了对行政执法领域的法律监督，但无论如何，这是应对实践需要作出的探索性拓展，弥补了现有法律规定的缺陷。如浙江省的决定第2条规定："……着力加强对刑事立案活动中……违法立案……以及减刑、假释、暂予监外执行、留所服刑及监管活动中违法违规行为等问题的监督。要严格执行非法证据排除及死刑案件证据审查判断的相关规定，并监督侦查、审判机关严格执行上述规定。开展对侦查机关适用刑事拘留措施的监督工作，有序探索开展对公安派出所、看守所刑事执法活动的监督。配合法院量刑规范化改革，开展量刑建议工作。加强对死刑案件侦查、审判活动的监督，探索对审判机关减刑、假释案件庭审活动监督工作。健全刑罚变更执行的同步监督机制。不断探索和完善对社区矫正进行法律监督的方式和措施。"第3条规定："积极探索加强民事、行政诉讼法律监督工作的新领域、新途径，逐步增强民事、行政诉讼法律监督的力度。开展民事督促起诉、支持起诉工作。加强对民事执行活动的监督。"第9条规定："……各级人民政府要督促相关行政执法机关建立完善行政执法与刑事司法相衔接的工作机制。……各级行政监察机关、审计机关应当加强与检察机关信息沟通和工作配合，完善相互移送案件线索机制。"四川省的决议第4条规定，全省各级人民法院和公安、国家安全、监狱等机关，应当严格依照法定权限和程序行使职权，自觉接受并积极配合人民检察院的法律监督。上海市的决议第3条也规定，探索对民事审判、行政诉讼以及有关执法活动开展监督的范围和程序。江西省的决议第7条规定，行政执法机关应当积极推进行政执法与刑事司法的有效衔接，会同检察机关建立健全信息共享平台和案件移送机制等。

4. 丰富了法律监督的方式，增强了法律监督的刚性和执行力

上述决议、决定针对实践中监督方式不足的问题，提出了调查、调卷、建议更换办案人等多种法律监督方式，提出建立和完善执法情况通报、信息共享、联席会议等监督机制。还规定了被监督对象接受监督、支持检察机关依法履职的义务，如规定了对检察建议的纠正和答复义务等。

检察机关的执法环境得到明显改善，促进了法律监督力度、质量、效率、效果的有机统一，增强了法律监督的刚性和执行力。如山东省的决议第4条规定，全省各级人民检察院应当进一步完善法律监督工作机制，改进法律监督方法，规范法律监督行为，增强法律监督实效。充分行使法律赋予的监督职权，通过审查案件和受理当事人的控告、举报、申诉，针对发现的违法犯罪具体情形，综合运用调查核实、提醒引导、纠正违法、建议更换办案人、提出检察意见和检察建议、提起抗诉、查办案件等手段，加强对执法、司法各个环节的法律监督。广东省的决定第7条规定，各级人民检察院可以采取调查违法行为、提出检察建议、发出纠正违法通知、建议更换办案人、提出抗诉、查办案件等方式依法加强对诉讼活动各个环节的法律监督。第10条规定，各级人民检察院应当加强与公安机关、人民法院、刑罚执行机关的工作协调和配合，建立和完善执法情况通报、信息共享、联席会议等工作机制。如湖北省的决议第6条规定，全省审判机关、侦查机关、司法行政机关应当严格依照法定权限和程序行使职权，依法接受检察机关的法律监督。支持配合检察机关开展法律监督中的有关调查、核实工作，对检察机关依法提出的纠正违法通知、更换办案人意见和其他检察建议，应当及时办理并回复办理情况。浙江省的决定第5—7条规定，侦查机关、审判机关、刑罚执行和监管机关要自觉接受并积极配合检察机关的法律监督工作。

5. 加强了检察机关自身监督能力建设和监督制约

各地的决议、决定普遍加强了对检察权的监督制约，强调要加强内部制约，自觉接受人大监督和其他司法机关的制约。如北京市的决议第4条规定："全市各级人民检察院应当加强自身建设，切实提高法律监督能力。……进一步完善内部监督制约机制，强化对自行立案的职务犯罪案件的侦查活动的监督，强化检务督察，自觉接受公安机关、人民法院的制约……主动接受社会监督、舆论监督；自觉把对诉讼活动的法律监督置于党的领导和人大及其常委会的监督之下。"上海市的决议第4条规定，注重加强自身建设，处理好履行法律监督职能与履行刑事诉讼职能的关系，增强发现问题的能力、敢于监督的能力、扩大监督效果的能力，严格、公正、廉洁、文明地开展法律监督工作。其他各省的决议、决定也都作了类似的规定。

6. 推进了法律监督制度的健全和完善

各地的决议、决定要求，要按照中央关于司法体制和工作机制改革的部署，进一步健全和完善刑事诉讼、民事审判、行政诉讼和民事执行的法律监督制度。云南省的决议指出，要按照司法体制和工作机制改革的要求，共同推进诉讼监督工作机制的改革和完善。四川省的决议第 3 条规定，全省各级人民检察院应当根据法律规定，按照中央和我省关于深化司法体制和工作机制改革的部署，不断完善法律监督工作机制，改进监督方法，增强监督实效。湖北省的决议第 4 条指出，严格落实中央关于深化司法体制和工作机制改革的部署，依法健全和完善刑事诉讼、民事审判、行政诉讼和民事执行法律监督的制度。依照宪法和法律关于检察机关法律监督的规定，健全和完善检察工作一体化、法律监督调查等工作机制，提高法律监督的质量和水平。

（三）地方立法的局限性

但是，这些地方立法毕竟带有试点创新的性质，且在立法权限上也受到了很大的制约，因此必然存在不少不尽如人意的地方。主要有：

1. 困扰法律监督定位的根本性问题仍然无法通过地方立法来解决

主要是指法律监督概念不清、与其他国家权力的关系不明所带来的模糊性，这属于宪政的基本概念范畴，不能指望通过地方立法来解决。例如仍然或多或少地存在受检察机关内设机构所从事的工作和所进行的司法改革项目、措施的影响，有些影响还较为明显。这使得不少地方立法所解决的问题位阶不一、详略不当。

2. 法律监督范围仍然不够明晰

无论是对审判权力的监督，还是对行政权力的监督，其界限仍然是模糊不清的。例如互相配合到何种程度、互相制约到何种程度，各方权力行使的边界何在，超越了即属侵害相邻的国家权力，这样的认识在所有的地方立法中均未有体现出来（当然，这也与下面所说的立法体例上的问题有关）。这可能导致监督权行使不足和监督权滥用两种不良倾向。

3. 监督手段不成体系

通观这十余件地方立法，可以认为这些立法缺乏一个完整的理论体系的支撑，仅仅只是实践经验的提炼。因而表现为"东一榔头西一棒槌"式地对实践中确有需要的、能够达成立法共识的监督手段的零散规定。例如对于调查权的规定，大多只有一些原则性的宣示，而缺乏程序性的具体操作规定。在逻辑上有些手段的包容关系、主从关系没有厘清，例如既规定了调查权，又规定了调阅案卷的权力。

4. 立法体例存在局限性

受到决议、决定体例的影响，在缺乏上位法的明确参照的情况下，各省级地方立法均采用了以"一、二、三……"进行列举式决定的体例，而没有采用严格的法律性立法的篇、章、节、条、款、项体例。只有少数省市人大常委会根据社会各界呼吁和检察机关的直接请求或建议，制定了体例规范、条款项目齐备的"条例"，如 2003 年 10 月银川市人大常委会通过的《银川市检察机关法律监督工作条例》、2006 年 3 月包头市人大常委会通过的《包头市检察机关法律监督工作条例》等。这样的体例选择，就决定了地方立法的先天不足，不可能通过对法律监督的职责和手段进行科学而具体的分析和归纳，进而进行有条理的、成系统的授权和节制，也不可能进行程序性的细化立法。

四、统一立法的可行性分析：理论依据和现实基础

针对法律监督立法中存在的问题，理论界也提出了各种建议。

第一种观点认为，应修订人民检察院组织法来完善法律监督权，因为人民检察院组织法是检察机关行使法律监督权的法律依据和建设检察制度的重要规范。①

第二种观点认为，应修订三大诉讼法来解决上述法律监督中存在的问题，因为实践中法律监督主要是诉讼监督，存在的问题也主要是诉讼中的问题。②

第三种观点认为，应进行单独立法，有的建议在宪法规定的框架内制定《国家检察监督法》，以解决现行法律监督方面存在的许多立法空白问题；③ 有的建议尽快制定《人民检察院监督法》，以明确检察监督的职能范围和操作程序，切实发挥检察监督在确保司法公正和司法权威上的宪法性作用。④

我们赞同第三种观点。科学有效的法律监督体系，应当是建立在"良法"基础上的系统工程，是有法可依的监督，为解决现有立法及其实

---

① 盛瑾：《中国检察机关的法律监督权》，载《北京市政法管理干部学院学报》2001 年第 3 期。
② 实践中多数人持该种观点。
③ 刘缨：《检察法律监督制度的合理性评析》，载《经济与社会发展》2004 年第 5 期。
④ 汤维建：《司法公正的四个保障机制漫谈》，载《检察日报》2009 年 9 月 21 日观点版。

践中的种种问题，必须制定统一的法律监督法，明确基本范畴，并充分授权，从而在宪法和三大诉讼法之间架起枢纽桥梁，促进法律监督的协调统一运行。因为第一，刑事、民事和行政诉讼法律监督存在共同的立法缺陷，需要统一立法来弥补；第二，行政执法法律监督无法纳入三大诉讼法的规定之中；第三，仅仅修订人民检察院组织法等现有立法无法解决法律监督立法体系散乱的结构性问题，也无法解决因现有立法缺陷导致的实践中的种种问题。同时，我们认为当前对法律监督进行统一立法是可行的，不仅具有理论依据，也有现实基础，还可借鉴国外法律监督统一立法的经验，统一立法的时机已基本成熟。

（一）法律监督统一立法的政治基础

1. 法律监督统一立法是建设社会主义民主政治的必然要求

改革开放以来，随着我国经济社会的巨大发展变化，党的十六大审时度势提出建设社会主义政治文明，党的十七大进一步对发展社会主义民主政治、加快建设社会主义法治国家作出了战略部署，体现了党对新时期经济社会形势的深刻洞见和把握，也体现了我国治国理念与方略的不断进步。但民主政治、政治文明的构建无疑是一个复杂的、具体的过程。我国实行的是中国共产党领导下的政治协商与民主监督，总体上是"一元化"政治模式。有学者指出"能否在一元化领导的体制内建立良好的权力监督机制，关系到党和国家的生死存亡"。① 加强权力监督、保障法律实施的方式有多种，检察机关作为国家专门的法律监督机关，其职权行为具有法定性、主动性、诉讼性和公开性，司法色彩浓厚，且持续、经常进行，最便于直接回应社会对具体事件的公正期待，是当前强化监督、维护法律统一正确实施的重要的具体路径选择。"五十多年的经验教训证明，我国什么时候重视法律监督，什么时候社会主义法制就发展，什么时候削弱以至取消法律监督，什么时候社会主义法制就受到损害以至破坏；反之亦然。在我们这样一个影响法律统一正确实施的因素严重存在的国家，如果没有专门的法律监督机关，就难免出现有法不依、执法不严、违法不究等违反法制原则的现象，社会主义民主也就失去了法制的保障。"②

中国共产党高度重视加强法律监督。邓小平同志在十一届三中全会上

---

① 谢佑平：《检察监督与政治生态的关系及其发展方向》，载《东方法学》2008 年第 2 期。
② 朱孝清：《中国检察制度的几个问题》，载《中国法学》2007 年第 2 期。

就强调，要"加强检察机关和司法机关，做到有法可依，有法必依，执法必严，违法必究"。江泽民同志多次指出："对于法律的实施，要加强监督。"党的十六大以来，胡锦涛总书记多次强调加强法律监督，他在全国政法工作会议代表和全国大法官、大检察官座谈会上强调指出："要把维护社会公平正义作为政法工作的生命线；以满足人民的司法需求为根本出发点，以加强权力制约和监督为重点，努力建设公正高效权威的社会主义司法制度。检察制度作为中国特色社会主义司法制度的重要组成部分，检察机关作为国家的法律监督机关，强化法律监督，维护公平正义，为中国特色社会主义事业发展进步创造良好的法治环境，是党中央对检察工作的基本要求，是广大人民群众对检察机关的殷切期盼，也是检察机关的根本职责。"中共中央政治局常委、中央政法委员会书记周永康在深入贯彻党的十七大精神全面加强和改进检察工作座谈会上发表讲话时指出：检察机关要准确把握宪法定位，切实承担法律监督使命，忠实履行法律监督职能，着力增强法律监督能力。最高人民检察院曹建明检察长多次提出，一定要按照中央要求，以对党、对人民、对宪法高度负责的态度，全面强化对诉讼活动的法律监督，维护司法公正。2006 年，党中央还专门作出了《关于进一步加强人民法院、人民检察院工作的决定》。党中央的要求进一步引发了社会各界对加强法律监督的共同预期，有力地推动了检察机关法律监督，法律监督统一立法的政治大气候业已形成。

2. 法律监督统一立法是深入司法改革的有效保障

多年来全国各级检察机关在履行好职能工作的同时，也一直在不断加强改革探索，努力适应新形势和新任务的需要。特别是党的十六大以来，各级检察机关按照中央关于推进司法体制改革的统一部署，积极稳妥地推进检察体制和工作机制改革，已经取得了有目共睹的阶段性重要成果。2008 年年底，新一轮中央司法体制和工作机制改革正式启动，提出以加强权力监督制约为重点，进一步解决体制性、机制性、保障性障碍，优化司法职权配置，规范司法行为，建设公正高效权威的社会主义司法制度。改革意见中的许多项目，都与检察机关法律监督工作密切相关，为深化检察改革指明了方向，明确了任务。

司法改革就其内容而言，实际上包括内外两个层次，在内部是工作机制模式、司法职业养成方法等的改革，在外部则是司法机关的职能定位、权限设置以及各司法主体之间的权力关系安排。微观的、个案的、动态的司法效果，很大程度上是通过司法人员个体的职业素养和职业行为体现出来的。而宏观的、整体的、终极的司法效果，则是通过司法制度的设计与运行体现出来的，因此，司法权的外部改革是根本。外部改革其实质是各司法机关之间科学的职责划分和权限重整，其本质则是各个司法主体的公共角色定位是否科学、准确，以及法律赋予其实现角色价值的职责权限是否匹配和平衡。

当前从检察改革推进和检察权运行的实际效果看，检察监督职能发挥并不充分，实践中开展法律监督尤其是诉讼监督的具体途径、方式和程序措施还比较单一、薄弱，其根源主要还是在于外部改革的不到位。如当前各地已经逐步开展的检察长列席审判委员会制度、检察机关对刑事案件的量刑监督改革探索，由于统一的上位法律的缺位或规定得过于模糊笼统，各地检察机关的积极性、实践措施以及法院的态度、监督的效果等也千差万别，从而呈现出一定程度上的混乱局面。造成上述局面的根源，实际上就是关于法律监督职能的国家立法在规范体系、内容安排和程序设计等问题上未臻完备，导致实践中检察机关面临一些有认识分歧的具体问题时，无所适从、无以"发力"，而检察机关本身对改变此种现状却又是无能为力的。在这种情况下，作为国家立法机关和法律监督的上位监督职能的拥有者，全国人大有针对性的法律修改和制定活动就显得异常重要了。适时加强和完善检察机关法律监督的针对性立法，其意义不仅在于可以赋予检察机关必要的法律监督权限，还在于可以明确被监督者的法律责任，提高法律监督的权威性和执行力，同时规定检察机关违法实施监督或者怠于履行监督职责的责任后果，促进检察机关依法正确实施监督，有效预防、减少和消除检察机关自行开展法律监督探索创新中有可能产生的失当性、偏颇性、混乱性，确保检察改革和法律监督工作沿着合法、正当的路径推进，进而从深层次上有力地保障司法公正的实现。

（二）法律监督统一立法的法理基础

1. 法律监督统一立法，符合法律监督发展的内在规律

规律是事物之间的内在的必然联系，其不断重复出现，在一定条件下经常起作用，并且决定着事物必然向着某种趋向发展。① 通过上述对法律监督立法的历史考察，也体现了检察机关法律监督工作的"初创—停滞—重建—创新发展"的曲折历程，体现了法律监督的内在发展规律。

---

① 《现代汉语词典》，商务印书馆 1983 年版，第 416 页。

在经济社会快速发展的同时，法律的制定与修订往往落后于现实的需要，法律监督的立法同样不能满足实践的需求。为适应实践需要，根据宪法基本定位和检察机关法律监督60多年所积累的实践经验，对法律监督进行统一立法，是适应经济社会发展新形势、顺应人民群众对司法公正的新要求新期待、遵循法律监督内在规律的外在表现。法律监督统一立法，能更好地体现法律监督的以下发展规律：

（1）从价值目标来看，体现为监督的正义性

公平正义是人们普遍追求的社会理想、价值和目标。能否保障在全社会实现公平正义，直接关系到人民群众根本利益的保障和安居乐业，关系到社会的长远发展和和谐稳定，关系到我们党执政地位和人民民主专政政权的巩固。保障在全社会实现公平正义是检察机关的根本任务，是检察机关履行法律监督职能的宗旨和目标，也是检察机关为党和国家的工作大局服务、为党执政兴国第一要务服务的根本要求。法律监督司法的目的是促使公平正义。检察机关维护公平正义的基本途径就是依法全面地履行法律监督职能，法律监督职能主要通过对权力的监督制约和对权利的司法救济，通过维护国家法律的统一正确实施来保障在全社会实现公平和正义。① 法律监督职能的实现，仅靠政策、靠宪法的笼统性原则，靠其他法律零星的、不系统的规定是办不到的，只有统一的、专门的《法律监督法》才能担此重任。

（2）从运行依据来看，体现为"监督法定"原则

法律作为社会关系规范准则的本质特征，决定了法律监督立法是检察机关开展法律监督工作的首要条件，合法性是检察机关履行法律监督职能的基本标准。"有法可依"是一切法律活动的必要条件，更是建设法治社会的基本前提。法律监督是运用国家权力实施的，其必须受到国家权力分配的严格限制，检察机关履行法律监督职责须谨守"监督法定"原则，监督的对象、范围、程序、手段、后果等均由法律规定。在法律监督中，一方面，检察机关严格依据法律规定行使监督权；另一方面，被监督者在接受监督时有章可循，对检察机关的法律监督起到反监督作用。法律监督和其他法律执行活动一样都是一种特殊的社会活动，国家机关为行使主体，其前提是首先建立一定的监督机构组织并设定其职责权限，其活动内

---

① 谢鹏程：《法律监督与公平正义》，载 http：//lilun. spp. gov. cn/，访问日期：2010 年 2 月 5 日。

容则是发现并纠正违反法律的行为，并向权力机关报告法律执行和监督情况的信息。所有这些活动，无一例外都具有特殊的严肃性和重大社会影响，因此既不能恣意而为，也不能因没有法律的授权而致使无所作为，而必须以科学、严密、可行的法律规范体系作为依据和保障。就检察机关法律监督而言，客观上看，虽然我国法律很早就已经明确了法律监督职能的宪法地位和基本职权设置，但规定其具体权责内容、监督程序和制裁保障方法的法律规范，却常常是原则性、粗线条、含混不清乃至相互矛盾的，至今没有根本改观，而这些又恰恰是法律监督活动最直接、最重要的现实依据。从这一意义上看，我国法律监督的"有法可依"问题事实上还没有根本解决，关于法律监督的法律制定与修改工作，应当进一步加强。

（3）从运行效力来看，体现为监督的强制性

所谓强制性，就是国家权力的行使对于权力行使的对象具有拘束力，权力行使的对象必须按照权力主体的要求选择自己的行为，否则，就要承担相应的法律后果。法律监督权是相对独立的国家权力，[①] 作为一种权力形式，无论是实行"三权分立"的资本主义国家，还是采取"议行合一"的社会主义国家，都把法律监督权的强化和有效运作作为实现维护法律统一和尊严、防止地方保护、防止司法腐败的一个重要手段，并放在国家法制建设的重要位置。孟德斯鸠指出："一切有权力的人都容易滥用权力，这是万古不易的一条经验。有权力的人们使用权力一直到遇有界限的地方才休止。"[②] 在法治现代化的今天，强化法律监督已成为世界性的潮流，法律监督权的设置与运作的有效性，法律监督权的实现程度，成为衡量一个国家立法完善、执法严明、法制完备的标志。[③] 作为国家权力的重要组成部分，法律监督权具有国家权力应有的一般特点，具有和审判权以及行政权平等的法律地位、权威性和强制性。法律监督的强制性通过被监督者的法定义务来实现，即法律监督权的行使必然引起被监督者必须实施一定行为的法定义务。[④] 有权威才有效果，有强制力才有执行力。法律监督作

---

① 王桂五：《列宁法律监督理论研究》，载《检察理论研究》1993 年第 4 期。

② ［法］孟德斯鸠：《论法的精神》（上册），张雁深译，商务印书馆 2004 年版，第 154 页。

③ 盛瑾：《中国检察机关的法律监督权》，载《北京市政法管理干部学院学报》2001 年第 3 期。

④ 张智辉：《法律监督的强制性》，载 http://heavenred. blog. hexun. com/6825886_ d. html，访问日期：2010 年 2 月 15 日。

为宪法赋予检察机关的职能，具体的监督行为应当有法律的刚性保障，以避免法律监督在实践中的软弱与被虚置化。而现有关于法律监督的立法不仅体系散乱，而且缺乏监督对象法律责任的规定，监督的强制性无法体现，实践中更缺失刚性保障。只有对法律监督进行统一立法，并充分授权，同时完善法律责任的规定，才能保障法律监督的应有效力。

（4）从运行结果来看，体现为监督的程序性

检察机关法律监督的最终结果起着程序性功能，其不具有实体处分功能，即被监督对象要按照法律监督行为所产生的法律效果启动一定的程序，这与行政监督的上命下从有着显著区别。在行政监督中，上级可以直接纠正下级所作出的错误决定，甚至可以对下级的错误行为直接作出实体性的处分决定。但在法律监督中，检察机关即使发现被监督对象的违法行为，也不能直接进行纠正，而只能要求被监督对象启动一定的纠错程序或追究程序，按照法定程序予以纠正。① 检察机关开展法律监督提出的监督措施和意见，主要是以提出相关处理建议的形式来进行的。对于违法犯罪的处理，只能分别情况提起诉讼请求法院判决，或者提出纠正由主管部门予以纠正，而无权自行作出实质性的决定和处分。② 但对一些特定事项的监督，检察机关可以具有一定的处分决定权，如不起诉决定等。由于法律监督具有一定的相对性和程序性，不具有绝对性和终局性，故法律监督过程中事先的知情权、事中的调查权显得尤为重要，而现有关于法律监督的零散的立法中并没有明确的授权。只有对法律监督进行统一立法，并充分授权，才能真正实现法律监督的全程动态监督，提高监督的实效。

（5）从与法律监督机制的内在逻辑关系来看，体现为对法律监督机制的依附性

司法机制是司法工作系统各要素间相互作用的过程、方式和原理。③ 司法价值目标的实现依赖于司法机制的基本内容，建立健全合理的司法机制是实现司法活动价值目标的内在要求，也是司法活动应遵守的首要规律。从传统的只注重惩治和控制犯罪的司法制度模式到现代的兼顾惩治犯罪和有效保障人权的司法模式的演变，均因人们对司法活动基本规律认识

---

① 张智辉：《法律监督的强制性》，载 http：//heavenred. blog. hexun. com/6825886_ d. html，访问日期：2010 年 2 月 15 日。

② 王桂五主编：《中华人民共和国检察制度研究》，法律出版社 1991 年版，第 270 页。

③ 向泽选、谭庆之：《司法规律与检察改革》，载《政法论坛》2009 年第 5 期。

不断深化并为实现司法的价值目标而在司法制度和司法机制上作出的反应，也标志着人类社会对司法质量由合理的司法机制决定的规律的认可。① 法律监督机制是司法机制的一种，法律监督的成效有赖于具体工作机制的科学设计。法律监督统一立法，能够为具体监督机制的制定提供明确的法律依据，有利于提高法律监督的实际执行力。

2. 法律监督因其独特的定位、特定的主体、调整对象和调整方法，完全具备单独立法的条件

我国的政体是人民代表大会制度，人民代表大会代表人民集中地行使国家一切权力，即在人民代表大会之下设置行政机关、审判机关、检察机关，由"一府两院"具体分工行使各自范围内的权力，同时又必须对人大负责，受人大监督。这是我国宪法确立的国家政权组织形式的基本框架。② 在这一基本宪政框架下，行政权、审判权和检察权在人大派生下相互并行分立，政府行使行政权，法院行使审判权，而为确保行政权、审判权的行使符合人民的意志，权力机关将监督权赋予检察机关专门行使，它在人民代表大会的统一监督下，对政府执法行为和法院审判活动的实行专门法律监督，以维护国家法律统一正确实施，使执法机关和审判机关的一切行动都统一到权力机关的意志上来。③ 检察权也就成为一个独立的、专门的法律监督权，法律监督的主体是人民检察院。

我国检察机关法律监督具有特定的调整对象和方法。事实上，我国检察机关法律监督权或检察权难以完全归入西方国家"三权分立"宪政框架下的立法权、行政权、司法（审判）权之职能区分范畴，它实际上是基于另外一种国家职能区分和权力制约原理而建立的，即实际从事事务活动的职能和对事务活动的监控与批评的职能相分离。④ 行政、审判属于前者范畴，而检察则属于后者范畴。因此，检察权与行政权、审判权不同，

---

① 向泽选：《遵循司法规律 推动检察工作科学发展》，载《检察日报》2008 年 11 月 21 日第 3 版。

② 郭道晖：《人民代表大会制度的几个理论问题》，载郭道晖：《法的时代精神》，湖南出版社 1997 年版，第 623 页。

③ 孙谦、刘立宪主编：《检察理论研究综述（1989—1999）》，中国检察出版社 2000 年版，第 22 页。

④ 参见［英］M. J. C. 维尔：《宪政与分权》，苏力译，生活·读书·新知三联书店 1997 年版，第 8 页。

它没有实体上的处分权，所作决定并无终局性，实质上属于程序性权力，[①] 是一种对行政权、审判权违法行使的异议权。正如列宁曾经指出："检察长的责任是使任何地方政权机关的任何一项决定都不同法律抵触。所以检察长有义务仅仅从这一观点出发，对一切不合法律的决定提出异议。但是检察长无权停止决定的执行，而只是必须采取措施，使整个共和国对法制的理解绝对一致"；"检察机关和任何行政机关不同，它丝毫没有行政权，对任何行政问题没有表决权。检察长的唯一职责和必须要做的事情是：监视整个共和国对法只有真正的了解，不管任何地方的差别，不受任何地方的影响"。[②] 由于检察机关法律监督的专门性、独立性、外部性，从而有利于对其他并行的公共权力进行法律监督，作为享有实体处分之终局决定权能的行政权和审判权应当接受检察权监督。而作为监督者的检察机关只有异议权而没有实体处分权或代（行政、审判）行使决定权，两者从权力行使的程序和实体上相互分离，从而达成相互制约、平衡的局面。

法律监督涉及的不是普通性的社会关系，而是政府机关、法院及检察院之间职权行使及其协调的权力性质问题。政府行政权、法院审判权和检察院的法律监督权，均属于国家权力范畴，这三种权力运作过程中产生的冲突及协调问题显然归类为权力治理层面的问题。就检察权自身而言，尽管其也一样面临着诸多历史和现实的拷问，但基于宪法对检察机关"法律监督权"的明确定位，以及经过多年实践探索和改革完善，今天的检察权已经与行政权和审判权形成明显的、深刻的历史分野，日渐具备独立品格。[③] 然而现实中，检察权特别是其法律监督职能无疑又是人大权力之下诸种具体权力中授权模糊、手段不足、潜能受制最为突出的，这显然与应对社会矛盾挑战、加强权力监督制约、推进依法治国的要求相去甚远，亟待合理加强法律监督职能。就行政权的运行而言，不论古今中外，都是容易扩张、滥用和腐败，因此现代国家权力结构必须首先实现对行政权的合理规范和有效制约。就法院审判权运行而言，随着我国经济的高速发展，各类案件大量涌现，虽然全国法院系统通过改革创新和提高法官素

---

① 有关程序性是检察权的主要特性的详细论述，参见周理松：《论检察监督的程序性与实效性》，载《人民检察》2001 年第 6 期。

② 参见《列宁全集》（第 33 卷），人民出版社 1985 年版，第 328 页。

③ 魏腊云：《最高检察机关及其法律监督权的宪政分析》，载《武汉大学学报》（哲学社会科学版）2008 年第 2 期。

质，为解决矛盾纠纷和维护社会稳定作出了巨大贡献，但囿于我国法治文化传统的缺失和司法职业整体理念素养的现状等诸多原因，实践中司法不公、适用法律不平等等现象仍然大量存在。① 这些情况都说明，在充分肯定我国行政权和审判权历史贡献与正确方向的同时，也应当积极促进其规范、公正行使，以推动依法行政和公正司法这两个最重要的"法治之轮"稳健行驶。法律监督是制止权力腐败的有效手段。正如理论界有学者认为，"在与人民政府和人民法院的关系上，基于政治和司法原理，人民检察院应当强化对行政机关的监督，改革对人民法院的监督"。② 关于检察机关法律监督的立法就其效力位阶应该是宪法类型的法律。当今仅由宪法、人民检察院组织法简单规定赋权，加上三大诉讼法的原则规定，以及司法解释的补充规定，法律监督的立法体系显然与其宪法位阶极不相称，导致司法实践中法律监督乏力、疲软甚至走过场。要使检察机关法律监督具有被侦查机关、审判机关、刑罚执行机关和行政执法机关普遍认可和遵循的效力，并强力破解法律监督效力弱的难题，能充分实现宪法对检察机关法律监督的基本定位和授权，法律监督的法律渊源就必须从三大诉讼法中独立出来，脱掉普通法律及司法解释的"平民外衣"，推动以单行法形式进行宪法性统一立法。

（三）法律监督统一立法的社会基础

1. 法律监督统一立法已成社会共同的呼声

我国关于检察制度的立法中，关于检察机关的组织制度单独成法，检察官制度也单独成法，而关于法律监督的立法则是分散式的，监督的具体权限、程序等大多分散在各诉讼法和部门法中。这种与具体诉讼法或部门法"捆绑式"设置的分散式立法，使得检察机关法律监督的整体意义和制度合力不足，法律监督的基本法律地位、总体价值目标和具有共通性的监督权限、方式、保障、法律责任等，无法像统一立法那样一目了然，法律监督可以从人民检察院组织法、检察官法中所获的保障与支持，也无法一目了然。分散式立法的这一缺陷，很不利于从公众心理和社会认知角度

---

① 近年来先后有武汉中院、阜阳中院、深圳中院、吉林高院等法院出现法官腐败"窝案"，还有个别高级人民法院院长甚至最高人民法院法官因违法违纪受到处理。如湖南高院原院长吴振汉因受贿 600 余万元，于 2006 年 11 月被依法判处死缓；最高人民法院原副院长黄松有因贪污、受贿 510 万元，于 2010 年 1 月被一审依法判处无期徒刑，等等。

② 谢佑平：《检察监督与政治生态的关系及其发展方向》，载《东方法学》2008 年第 2 期。

提升法律监督的权威。

当前，在我国经济社会快速发展的同时，社会内部矛盾也发展到了一个新的阶段，以群体性事件为代表的执法权力与社会公众的冲突事件呈现多发态势，公共权力的社会公信力受到挑战。新形势下只有更加重视从制度上探索完善社会治理的结构和方式，努力将执法权力纳入依法、规范行使和便于进行司法救济的渠道，加强对执法权力行使的法律监督和对涉及执法权力纠纷的司法解决过程的法律监督，才能最大程度地化解矛盾，增加社会和谐因素。以统一立法来加强法律监督，不仅是经济社会迅速发展的迫切需要，更是民众对实现公平正义的热切需求。

从最高人民检察院历年的工作报告和不同时期的检察改革文件（包括 2009 年年初出台的《关于贯彻落实〈中央政法委员会关于深化司法体制和工作机制改革若干问题的意见〉的实施意见——关于深化检察改革 2009—2012 年工作规划》）来看，法律监督工作的困难及其探索创新、完善呼吁等，都是重要内容之一，也越来越多地受到全国"两会"的关注与讨论。不但历年全国人大关于最高人民检察院工作报告的决议反复强调检察机关要加强法律监督工作，努力维护司法公正和社会公平正义，人大代表也越来越多地关注和建言加强检察机关的法律监督工作。早在 1999 年的全国"两会"上，就曾有近 200 名人大代表提出 5 个议案，呼吁全国人大完善立法，尽快解决民事行政诉讼监督机制薄弱，维护司法公正不力的问题。2004 年十届全国人大二次会议上，又有四川省检察院检察长陈文清、河南省检察院检察长王尚宇、吉林省检察院检察长索维东、北京市检察院一分院检察长方工等代表领衔的一百多名全国人大代表联名呼吁"完善立法，强化检察机关的法律监督职能，发挥其保障法律统一正确实施的作用"。2008 年最高人民检察院共办理全国人大代表和政协委员建议案 61 件，其中许多建议都要求充分发挥检察机关法律监督职能，完善刑事审判监督立法、完善刑罚执行监督法律体系，保证司法公正等问题。在 2009 年年初的全国"两会"上，代表委员们呼吁检察机关加强预防监督，确保备受关注的 4 万亿公共投资计划顺利实施，其中全国政协委员黄少良提交了《关于尽快制定"国家预防职务犯罪法"的提案》，更加明确、直接、有针对性地呼吁修改或制定有关法律，从根本上加强检察机关法律监督工作。2010 年"两会"期间，浙江省人民检察院检察长陈云龙等人联名呼吁制定《中华人民共和国法律监督法》，引起了强烈的社会反响，国内外各主要媒体均报道、转载相关的新闻，转载量达数千次。如《检察日报》3月1日刊登了《制定统一的法律监督法，时机成熟！》、3月3日刊出《浙江省人民检察院检察长陈云龙代表：从法律层面解决监督难问题》；《人民日报》3月11日第10版刊出《浙江省人民检察院检察长陈云龙代表：建议制定法律监督法》；新华社3月12日通稿《陈云龙代表：建议制定法律监督法让检察机关敢监督会监督》；香港《凤凰网》3月1日报道《浙江检察长携议案来京：制定法律监督法时机成熟》；《正义网》3月9日两会舆情观察系列报道《两会政法类议案提案侧重务实可操作》一文称，关于制定法律监督法的报道评论被广泛转载，备受网络关注，其中3月9日《陈云龙代表：立专门法促进监督》转载67篇，3月6日《陈云龙代表：立法以强化检察机关法律监督地位》转载24篇，转载量排名靠前。如此强烈的社会反响正说明了社会对法律监督的强烈需求，对法律监督统一立法的强烈需求。

　　同时，一些法学专家教授在提出加强检察机关法律监督职能的同时，也呼吁制定一部统一的法律监督法。全国人大代表、清华大学周光权教授提出的《关于修改刑事诉讼法强化检察监督的议案》指出："现在人民群众对加强司法监督，确保司法公正的要求和期待越来越高，1997年修订的刑事诉讼法中的某些规定已不能完全适应发展的要求。在检察环节，突出表现为检察机关法律监督权设置与其法律监督职责不相适应。为进一步适应经济社会发展的需要，满足人民群众对司法工作的新要求、新期待，有必要尽快对现行刑事诉讼法的相关规定进行修订和完善。"议案还提出，要从赋予检察机关以职务犯罪技术侦查权、对违法侦查活动的介入调查权、对刑事拘留的批准权、量刑建议权、对"被告人不上诉、检察机关不抗诉"死刑案件的监督权以及完善刑罚执行监督权等六大方面，完善检察监督程序，并提出应当"建立完善的检察院巡查制度，有效监管公安机关的日常工作，避免'躲猫猫'事件再次发生"。而全国政协委员、中国人民大学汤维建教授则建议制定专门的《人民检察院监督法》，指出，"检察机关作为专门的法律监督机关，必须把工夫下在监督上，加大对执法不严、司法不公、司法腐败问题的查处力度，真正担负起法律赋予检察机关的责任。但是，目前检察机关行使法律监督权却只有零散的立法规定，而缺乏系统的具有可操作性的法律可以依循。这在一定程度上制约了检察机关监督职能的有效发挥"，"检察机关法律监督的内容涉及广泛，不是诉讼法所能涵盖的。所以，需要制定一部专门的'人民检察院监督法'来统一检察监督中的共同问题和操作程序,强化检察机关的法律"。①

上述情况表明,在社会矛盾态势复杂化和司法的角色作用越来越无法回避的当前及今后时期,法律监督的规范与保障问题事实上已逐渐超出了检察机关自身的本位范畴,成为国家法律和社会生活的重要议题之一。法律监督明显滞后于我国经济社会的发展和人民群众的期待,已经是不争的事实,而法律监督能力的"产出"和社会公众对司法公正需求之间的现实矛盾,也越来越突出地反映到国家立法层面上,而且逐渐聚焦在应否和如何制定统一的法律监督法问题上。

2. 地方立法推动了全国人大对法律监督的统一立法

上述 17 个省级人大常委会关于加强检察机关法律监督的决议和决定、银川市、包头市关于加强检察机关法律监督工作的条例统一了地方社会各界的认识,营造了良好的加强法律监督的社会环境。这些决议、决定不仅要求被监督单位自觉接受并配合检察机关的法律监督工作,还要求各级政府及其有关部门给予积极的支持,要求各级人大及其常委会给予支持和监督。如浙江省的决定第 9 条规定:"人民政府要切实支持检察机关依法开展法律监督工作。……新闻出版、广播电视等部门要加强对检察机关法律监督工作的宣传,形成法律监督的良好社会环境。"第 10 条规定,人大及其常委会要依法监督检察机关的法律监督工作。黑龙江省的决定第 9 条规定:"新闻出版、广播电视等部门和单位应当加强对人民检察院法律监督工作的宣传,提高法律监督的社会认知度。公民、法人和其他组织应当对检察机关法律监督活动提供协助和配合,举报职务犯罪线索,反映执法和司法活动中的违法问题,形成法律监督的良好社会环境。"其他的决议和决定也作了类似的规定。从各地实践效果来看,上述决议、决定促进了法律监督力度、质量、效率、效果的有机统一,推动了监督机制的健全和完善,规范了检察权的运行,法律监督由"软"变"硬",② 取得了较好

---

① 以上资料参见正义网"2009 年两会特别报道"。

② 以银川市两级检察机关为例,2004 年《银川市检察机关法律监督工作条例》虽仅有 26 条,但实施一年来成效显著,其监督范围涵盖了侦查、审判、执行等各个执法环节,共监督各类案件 434 件,其中发《检察建议书》378 份,收到回复并作出有效整改的 262 份,回复率 69%。发《纠正违法通知书》56 份,回复并作出有效整改的 49 份,回复率达 88%。银川市两级检察机关运用该条例已监督各类案件 196 件,抗诉成功率从 33% 上升至 77%。资料来源:薛正俭、张学信:《地方立法解决"监督难"〈银川市检察机关法律监督工作条例〉成效明显》、《"二十六条"为银川法律监督提速》,载《检察日报》2005 年 10 月 7 日。

的成效。而且，2009 年 12 月 29 日，最高人民检察院在充分吸收各地决议、决定经验和成果的基础上，也制定下发了《关于进一步加强对诉讼活动法律监督工作的意见》，进一步推动了其他省人大常委会加强法律监督的立法。更重要的是，上述决议、决定、条例、意见的出台和实施，不管是从法律监督的主体、内容、手段、保障，还是对检察机关的自我监督，在立法上均积累了经验，为全国人大制定统一的法律监督法奠定了坚实的基础。所以，制定《法律监督法》是"监督法定"原则指导下当前各方面条件成熟的必然结果，在地方人大对法律监督立法工作日益积累经验、逐渐走向成熟的基础上，应适时由全国人大开展全国性的法律监督立法活动。

五、立法构建：制定《中华人民共和国法律监督法》

（一）立法的形式与位阶

法律监督法的立法形式，是由法律监督权的宪法定位所决定的，它应该是对《宪法》第 129 条规定的法律监督权的具体化，因此这是一部宪法性的授权性法律，所以应该以单行法的形式予以立法。这也同样符合我国传统和国际惯例。以单行法的形式立法更主要的还由于分散的法律规定不足以涵盖和规范法律监督权的所有范围和职权。三大诉讼法只能规定与诉讼有关的监督权行使，而法律监督权的作用和设计，并不局限于诉讼领域，对于非诉讼领域的法律监督，三大诉讼法则无法涵盖。例如调查权，这是法律监督机关的天然的核心的权力，它是法律监督权的基础，为法律监督提供事实依据，检察机关也都在现实地行使这一权力。但是，在三大诉讼法中却难以对此加以规定。同时，三大诉讼法各有自身的目的和任务，主要是为诉讼提供程序保障，并通过合理的程序设计来确保公平正义的实现，在此过程中，对权力行使的监督，并不能喧宾夺主。而且对于具有共性的权力行使，从立法技术上，不宜也没有必要在三大诉讼法中反复重复。所以，凡适宜在《中华人民共和国法律监督法》中具体规定的程序内容和监督方式，特别是赋予检察机关新的职责、权限、保障手段的内容，都应在该法律中予以明确。那些适宜在具体的诉讼法典中加以规定的与常规诉讼程序密切关联的具体监督程序和监督方式（如职务犯罪侦查、对法院裁判的抗诉等），则可以通过明确的授权规范和准用规范，将之援引至某一诉讼法律或单行法律，并据此对有关的诉讼法律加以修改完善，以避免过多的规范重叠和可能的法律冲突。对于三大诉讼法中可能也有涉及的法律监督权力（如侦查权），诉讼法的规定与法律监督法的规定是特殊与一般的关系，诉讼法将法律监督所具有的相关职权，在特定的诉讼过程中予以了具体化的规定。

法律监督法与人民检察院组织法、检察官法是从不同的角度来对法律监督的相关方面进行规定。法律监督法是从权力授权为纲，将法律监督权包括哪些权力职能条分缕析地予以厘清，并对每种权力职能的行使程序、方式、效力等予以规定。而人民检察院组织法则主要是对检察机关的机构设立、人员组成、日常工作的决策和运行程序的规定。其虽然也规定有行使职权的程序，但主要是对三大诉讼法中的职权程序进行了简明的归纳，在新形势下并不能担当起细化宪法授权的任务。应该说，人民检察院组织法的这些规定，在当时的历史条件下，由于检察机关刚刚恢复重建，一方面当时的社会思潮仍然把检察机关定位为是打击犯罪的"刀把子"，而没有体现法律监督机关的属性，不仅只规定了检察机关在诉讼程序中的职权，而且仅限于刑事诉讼程序，连民事、行政诉讼程序也未包括；另一方面也确实缺乏对检察机关为法律监督机关的宪法定位的充分理论积淀，故只能列举归纳一些诉讼法中的规定，其实质仍然是将检察机关在诉讼中的职权和作用作一规定，且仍不全面。人民检察院组织法的这些规定，显然不足以充分体现宪法对检察机关的定位和期待，它已经充分发挥了其历史作用，到了应该通过单行的法律监督法予以完善的时候了。检察官法则是从检察官的人员角度，对检察官的权利义务、条件资格、任职奖惩等方面作了规定，对于检察机关和检察官的授权并不具体。所以，三个法是从授权、组织、人员三方面组成的有机统一的整体关系。

2006 年 8 月全国人大常委会通过了《各级人民代表大会常务委员会监督法》，这与检察机关的法律监督并不矛盾。人大监督是权力监督，是关系宪法和法律实施中的重大问题，从宏观上、权源上进行监督。在人大常委会监督法中，体现的依然是人民主权原则，也就是说是一种最终的监督，并不作为日常工作经常启动，是一种建立在政治问责之上的监督，其方法和手段都是政治性的。而检察机关的法律监督只能在法律授权的范围内，按照法律规定的程序，对已经发生的具体违法行为进行监督，表现为具体的、个案的、程序性的法律处理活动，是一种专门化的日常法律监督，这同样是来自于人民通过人大的授权，体现的是一种法律性和日常性，其法律效力和法律后果也多种多样，主要是包含了追究刑事的、行政的、民事经济的责任，当然也可能引发政治责任的追究后果，但如果这样也是通过正当的向人大提出建议的方式实现的。也可以说检察机关的法律监督是人大监督权的一种延伸载体和落实渠道，其对象外延不能无限延伸。所以法律监督法与人大常委会监督法是权力的委托行使与自行保留行使的关系，是日常行使与特别行使的关系，是法律责任与政治责任的关系。而且人大常委会监督法的监督本身也包含了对检察机关是否正确行使检察权的监督，为监督者提供了一条途径，体现了没有不受监督的权力的精神内涵。两者是相辅相成、互相补充的。但两者又是不可相互代替的，因为无论是从监督的范围、手段，还是程序、后果来看，两者互相不同，各有侧重，不可偏废。

通过与上述几个立法的对比和关系上，可以认为在立法的位阶上，法律监督法应该与人民检察院组织法、检察官法、人大常委会监督法保持一致，由人大常委会进行单行法的立法为妥。

（二）《中华人民共和国法律监督法》的主要内容

1. 明确法律监督的基本原则

（1）依法独立监督原则

这一原则是指检察机关在法律规定的范围内，依照法律规定的程序和手段进行监督，不受其他机关、社会团体和个人的影响。依法为独立行使监督权提供了界限，独立为依法监督提供了可能。一方面，法律监督机关独立于其他国家机关（当然其不独立于党的机关、人大），独立性是法律监督机关设置的合目的性的重要保证，由于法律监督职权的指向是监督国家机关的权力正当行使，这就决定了它不能隶属于行政机关或者审判机关，因为这些机关本身就是它监督的对象，只有确保法律监督机关的独立性，才能真正发挥其监督作用。法律监督机关的独立的宪法地位，是其区别于行政机关内部的监察机关及其他各种内部监督的特征。

（2）客观公正原则

在全社会实现公平与正义是发展中国特色社会主义的重大任务，是检察机关履行法律监督职能的宗旨和目标。公平正义不仅是构建社会主义和谐社会的本质特征，也是最为核心的价值理念，没有公平正义就没有和谐社会。法律监督在实现与保障社会公平正义的政治、经济、文化体制中，具有独特的地位，其主要通过对权力的监督制约和对权利的司法救济，通过维护国家法律的统一正确实施来保障在全社会实现公平和正义。作为国家法律监督机关的检察机关，既是打击犯罪、维护社会稳定的重要机关，又是反腐败斗争的一支重要力量，还肩负着依法对诉讼活动和行政执法活动实施法律监督、维护公正执法、公正司法的重任，因此，不论是对三大诉讼的监督还是对行政执法的监督，检察机关都应以客观公正为基本原则，实现法律监督职能在保障全社会实现公平正义的价值和功能。

（3）有限监督原则

检察机关法律监督权是一种有限监督，一方面，法律监督的对象和范围是有限的。法律监督是对国家权力的行使是否符合法律规定的监督，是以权力制约权力，代表人民监督国家权力的运行。它并不涉足道德、纪律、思想、宗教等范畴，只维护宪法和法律的统一正确实施。另一方面，法律监督的作用也是有限的。检察机关法律监督只是社会主义监督体系中的一种，其作用不能被其他监督所替代，同样也不能替代其他监督的作用。同时，检察机关的法律监督具有程序性，对违法情况提出监督意见，建议有关机关纠正违法，并不具有终局或实体处理的效力。

（4）强制性原则

法律监督权作为国家权力的一部分，是通过立法的形式，由国家最高权力机关授权人民检察院行使的，它渊源于国家最高权力，是国家监督权的组成部分。法律监督具有法律效力，以国家强制力为保证。检察机关在履行法律监督职能过程中，依法作出的决定或采取的法律措施是严肃的执法活动，必须产生相应的法律后果。[1] 有效的权力监督虽然也需要被监督对象的合作和接受，但监督关系绝不是以被监督者的自愿为基础建立的，[2] 有效的监督必定具有法律上的强制力作保证。故检察机关的法律监督具有强制性和权威性的特点，是其他形式的监督不能替代的，法律监督法中应当体现这一特点，并作为基本原则加以明确。

2. 明确法律监督的概念

通过对我国检察机关行使法律监督职权的历史考证，并结合国内外法律监督的特征，我们认为，可以将法律监督定义为：法律监督是指根据宪法和法律的规定，由国家专门机关即人民检察院行使的，独立于其他国家

---

① 谢鹏程：《专论之六：中国检察机关法律监督职能的特征》，载《检察日报》2004 年 2 月 17 日第 3 版。

② 程效：《权力的制约》，江西人民出版社 1999 年版，第 4 页。

权力的，维护国家宪法和法律的统一正确实施，监督国家机关及其工作人员是否遵守宪法和法律的规定，正确行使职权的一种国家职能。主要掌握以下特征：

第一，法律监督是由宪法和法律规定的。法律监督作为一项国家职能，在宪政体系下，应由宪法或者宪法性的法律予以规定，这既是授权的需要，也是限权的需要。现代宪政制度强调国家机关的权力必须有法律的明确授权才能行使，而且必须在授权范围内行使。这一特征使法律监督的国家权力属性得以彰显，区别于社会监督、舆论监督。

第二，法律监督是由专门的国家机关人民检察院行使的。也就是说行使法律监督职权的国家机关其性质应该是着眼和立足于监督，监督是其设立的目的，是其主要的职能，而非附属职能。当然，并不是说法律监督机关就只能行使监督权，不能行使其他的宪法和法律赋予的权力。而是说法律监督应该是其本质属性。在我国，检察机关是宪法规定的法律监督机关，但检察权的概念就要广于法律监督权的概念，因为检察权是指法律规定由检察机关行使的所有国家权力的总和，而在检察机关行使的各项权力中，有些并不属于法律监督权。① 但这不妨碍检察机关是法律监督机关，因为考察检察机关的设置目的和宪法定位，考察检察机关与其他国家机关的分工配合关系，考察检察机关的具体职权组成，可以明确检察机关的法律监督机关性质。在其他国家机关中，其职权行使或多或少具有监督的成分，但这不是主要的，从各机关设置的目的本身并非为了监督，从其在各机关的职能中往往处于从属的、辅助的地位，从监督手段来看往往具有单调性和非强制性。

第三，法律监督是对国家权力的行使是否符合法律规定的监督。法律监督并不是无限监督，它并不涉足道德、纪律、思想、宗教等范畴，只维护法律的统一正确实施。也就是说法律监督权的设置目的，是以权力制约权力，它是代表人民监督国家权力的运行。对此在 20 世纪 50 年代曾有过激烈的争论，在 1957 年的反右派斗争中，就有人首先针对一般监督发难，把主张做一般监督工作的干部作为"监督者自居"、"凌驾在党政之上"、

---

① 本文这一观点不同于王桂五的观点。王桂五认为检察权与法律监督为同一概念，参见王桂五：《王桂五论检察》，中国检察出版社 2008 年版，第 26 页。

"倒转专政矛头，指向人民内部"等"政治错误"进行批判，并打成了右派。① 错误的批判总是不能持久的，几十年后这段历史以错误而告终。但其错误的影响却甚为深远，以至于至今仍有人讳言监督，尤其是讳言其监督对象为国家机关及其工作人员，而不包括普通公民。甚至在检察业务的划分上，1979 年人民检察院组织法划分为刑事检察、法纪检察、经济检察、监所检察，回避了"监督"，改用"检察"，导致分工不科学、概念不清、互相重复，后虽几经修改，但仍未彻底解决问题。法律监督的设置目的，决定了其必然是对公权力的监督，代表的是一种公民社会对公权力的自下而上的监督力量，与自上而下监督公民的以行政权为代表的公权力，形成一种制衡关系，以此防止本应为人民谋福利的公权力异化反噬。因此法律监督的这一监督公权力属性，是不应也不容回避的。

3. 明确法律监督的内容

为弥补现有法律监督立法在内容规定上的不全面、不周延的缺陷，统一立法时应以严格执法、公正司法为重点，全面规定法律监督的对象、范围，包括对刑事诉讼、民事诉讼和行政诉讼、行政权和检察机关自身的监督，并把监督的重点放在人民群众反映强烈、影响司法公正的突出问题上，加强对重点环节、重大问题的监督。

（1）刑事诉讼法律监督

加强对刑事诉讼各个阶段的法律监督工作，第一，要加强对侦查权的法律监督，监督对象为所有具有刑事侦查职能的单位，包括公安机关、国家安全机关、监狱、海关、检察机关等。监督范围包括立案监督、侦查活动监督和强制措施的监督。其中立案监督包括对刑事立案活动中应当立案而不立案的行为、立而不侦的或者无正当理由久侦不结的行为、不应当立案而违法立案行为、立案后不符合撤案条件而撤案的监督。侦查活动监督包括对侦查中刑讯逼供、非法取证的行为，违法采取拘留、逮捕等强制措施和搜查、扣押、冻结等侦查措施的行为，逮捕后违法变更强制措施的行为，限制或者剥夺当事人、律师、诉讼代理人诉讼权利的行为的监督。

第二，加强刑事审判监督。着力对刑事审判活动中定性严重错误、量刑畸轻畸重和枉法裁判等严重问题的监督，同时，扩张刑事审判监督的范

① 参见李士英、王桂五、梁国庆编：《当代中国的检察制度》，中国社会科学出版社 1988 年版，第 135—136 页。郭道晖、李步云、郝铁川主编：《中国当代法学争鸣实录》，湖南人民出版社 1998 年版。

围，把公诉案件庭前审查程序、自诉案件审理程序、简易程序案件的审理程序、刑事附带民事诉讼案件的审理程序和死刑复核案件的审理程序、法院庭外勘验等调查活动等均纳入审判监督的范围内，并明确规定检察长列席同级法院省委会讨论刑事抗诉案件的制度。

第三，加强对公安派出所、看守所刑事执法活动的监督；加强对刑罚执行的监督，防止和纠正减刑、假释、暂予监外执行、社区矫正及监管活动中的违法违规行为的监督。重点监督下列行为：收押、释放被监管人员不符合法律规定的；殴打、体罚、虐待被监管人员的；被监管人员非正常死亡的；羁押被监管人员超过法定期限的；提请减刑、假释和暂予监外执行的；被监管人员在监外执行、社区矫正中脱管或者漏管的。

第四，加强对行政执法机关移送涉嫌犯罪案件活动的法律监督，重点监督下列行为：对涉嫌犯罪的案件，应当移送侦查而不移送的；以行政处罚代替刑事追究的；拒绝移交涉案款物或者故意隐匿、销毁证据以及故意隐匿、私分、销毁涉案物品的。

（2）民事行政诉讼法律监督

第一，加强民事抗诉监督，抗诉再审程序性质上属于监督性的非讼程序，即"监审程序"，在抗诉再审案件中，应当明确区分监审程序与普通诉讼程序，以此科学地构建民事抗诉制度，借以合理地划定抗诉权与诉权的界限，防止抗诉权破坏民事、行政诉讼平衡，也避免诉权左右抗诉权，促进民事抗诉程序从技术改良发展到制度更新。民事抗诉必须贯彻同级相适应原则，即检察机关抗诉必须由同级法院再审；民事抗诉启动再审，不因当事人的和解或撤回申诉而终结诉讼，也不得以调解方式结案，再审法院必须作出判决；人民法院应当以抗诉理由为审理范围；再审法院认为抗诉理由难以成立可作出维持原判的裁判，但不得适用"驳回抗诉"。同时应取消人民法院依职权自行启动再审程序，启动再审的模式即为检察机关抗诉和当事人自行向法院申请，以保持裁判的中立、客观、理性。

第二，要把法院的民事执行纳入法律监督的范围。执行监督是督促执行权依法行使，监督对象是法院的执行行为（包括所有积极和消极的执行行为）。至于执行中当事人的处分行为，只要不损害国家利益和社会公共利益，检察机关无须监督。因为，监督权是针对执行权的制约，而"在法律规定的范围内"对民事权利的合法处分，符合当事人意思自治原则，检察机关不能干预。不当处分其权利，造成国家、社会、集体和他人利益受损害的，执行法院应当及时制止，并及时实施相应的执行行为。执行监督可以采用执行监督意见（比检察建议刚性强的一种新型监督方式）、纠正违法通知书、检察建议、查处职务犯罪等方式，但不宜采用抗诉监督。

第三，要加强行政抗诉监督。行政抗诉监督一方面将行政审判权的滥用或误用控制在有限的、社会可容忍的范围内；另一方面又通过诉讼监督，间接地监督行政权的依法行使。在监督中，要严格行政抗诉审级，坚持"同级抗同级审"，克服司法地方保护和行政干预；行政抗诉再审不因当事人撤诉而终止，再审法院必须作出判决；法院应以抗诉理由为审理范围，凸显检察监督的强制性，不因诉讼当事人（特别是原审原告）处分权的行使而影响检察权对审判权、行政权的制衡。在监督方式上，首先检察人员应当出席再审法庭，另外，应当赋予检察机关有限的调查取证权，当法院裁判违背证据规则要求，本应依职权取证而未履行取证职责，从而导致审判不公的；法官在审判活动中严重程序违法的，检察机关应当依职权调查取证，在查明事实基础上决定是否抗诉。

对民事、行政诉讼监督，应重点监督下列行为：立案、管辖、回避、保全、先予执行、调查取证、庭审、强制措施、送达等审判活动违反法律规定的；判决和裁定在认定事实、采信证据、适用法律、定罪量刑方面可能有错误的；调解活动违反当事人自愿原则或者损害国家利益、公共利益或者第三人利益的；执行行为侵害当事人或者案外人合法权益的；限制或者剥夺当事人、辩护人、诉讼代理人诉讼权利的。

（3）行政权法律监督①

在整个国家权力体系中，行政权力始终处于绝对优势地位，某种程度上它甚至能控制其他国家权力。但权力机关将法律监督权赋予检察机关专门行使，对审判权和行政权实行专门法律监督。检察机关通过对具体行政行为的直接监督、间接监督的方式，纠正行政滥用职权、行政违法，维护法律的尊严和法制的统一，保护人民的权利和自由；通过对行政规定、抽象命令的监督，发现其中的违宪、违法问题，按照法定程序向有关行政机关提出纠正意见，要求其及时修改或废止违宪（违法）的行政规定、抽象命令；必要时也可以提请国家权力机关进行违宪（违法）审查，通过权力机关改变或撤销违宪（违法）的行政规定、抽象命令。

---

① 由于行政权法律监督是新拓展的监督领域，故在此详细阐述。

第一，督促行政机关履行法定职责。

基于行政权在国家权力中应当是最有活力、最富有效率和能动性的，涉及社会生活的方方面面，行政管理具有最大的涵盖面，而且行政权具有很强的专业性、技术性，特别是为了保持行政权的能动与自主，以适应社会、经济发展的现实需要，检察权应当对行政权必要的尊重，在监督行政权过程中，首先考虑的是督促模式，即督促有关行政机关正确履行职责，以防止行政权的异化。当检察机关发现行政机关违法行使权力，以及滥用职权，损害国家利益或社会公共利益，而且难以通过其他救济途径解决，包括行政体系内部也难以通过纠错机制予以矫正，此时检察机关首选的是督促违法的行政机关在合理的期限内履行自己的职责，而不是代行其职责。而且这种监督模式体现检察权的超然性，检察机关始终处于超脱的地位，主要针对行政不作为违法所采取的一种监督手段，当发现行政主体在现实行政管理中，由于疏于履行职守或怠于履行职责时，从而发生国家利益或公共利益遭受损失，而在其他救济手段有不力的情况下所进行的监督，敦促有关行政主体应当在合理的期限内予以救济，并将具体处理情况书面答复检察机关。如通过民事督促起诉保护国有资产，效果显著。[①] 只有在检察机关认为该书面答复缺乏正当理由的话，则可以使用其他有效的监督手段，如果该类不作为行政违法涉嫌渎职犯罪，检察机关应当依法立案侦查，追究有关人员的刑事责任；如果需救济的国家利益、公共利益，必须通过诉讼途径才能解决的话，则应当依法提出民事公诉（原则上检察机关提起民事公诉应以民事督促起诉为前置条件）。[②]

第二，向行政机关提出纠正意见。

这种监督方式主要针对行政作为违法，正在发生或已经出现的行政违法，严重损害国家利益和公共利益，难以通过其他途径予以解决，如果不

---

① 民事督促起诉是检察机关为保护国有资产和公共利益，建议、督促有关行政监管部门或国有单位及时提起民事诉讼，通过法院判决确认损害国家利益、社会公共利益的民事行为无效，返还被侵占的国有资产，给予受损害的公共利益法律上的救济。这也是检察机关的一项职能创新，主要基于我国检察权的定位及宪法、人民检察院组织法关于检察机关保护国家财产的规定。

② 笔者认为，在制度设计上，检察机关督促有关行政监管部门依法履行职责的程序是民事公诉的前置程序，只要行政监管部门已经履行职责，实现公力救济的目的，整个监督程序终结。这样有利于充分发挥行政监管部门的能动性，有利于节省检察资源，提高行政监管效率。如果有关行政监管部门在合理期限内仍然拒不履行监管职责，以至于受损害的国家利益难以得到有效救济，检察机关应当以国家利益代表的身份提起民事诉讼。参见傅国云：《行政公诉的法理与制度构建——一个法律监督的视角》，载《浙江大学学报》（人文社会科学版）2007 年第 2 期。

及时予以纠正的话，会发生难以弥补的损失，检察机关按照宪法、法律赋予的职责，向有关行政主体发出纠正意见，要求其在规定的时限内予以纠正。并将纠正情况及时书面告知检察机关。检察机关纠正权的行使主要针对羁束性行政行为及滥用行政自由裁量权的行为，而且该类行政违法缺乏相应的权力救济，或者缺乏相应的公力救济。如涉及公共利益的行政违法，基于相对人不愿、不敢或不知提起诉讼，检察机关站在公共利益代表的立场，按照法定程序提出纠正意见，要求相关行政部门在规定的期限内进行整改，并将结果书面告知检察机关。必要时也可以通过行政诉讼将违法的行政机关诉诸法院，由法院判决撤销违法的具体行政行为。纠正权的特点是简便快捷，而且这种方式更有利于行政机关发挥主观能动性，符合监督经济、高效的原则。

第三，代表国家提起行政公诉。

行政公诉是检察机关直接针对违法的具体行政行为，在特定的范围内监控行政权的滥用或不作为违法，即因行政机关的失职、滥用权力，严重损害国家利益和社会公共利益而无人起诉，法院又必须奉行不告不理的诉讼原则，如果检察机关不介入监督，行政权就会失控，就会背离法律授予行政权的初衷，甚至会危及法律的安定性和社会秩序。如税务机关工作人员徇私舞弊不征收应该征收的税款，这不仅导致国家税收收入的流失，而且还破坏了市场的公平竞争秩序，对按章纳税的企业就构成歧视，降低了其市场竞争能力，使其在市场竞争中处于不利地位。这与市场经济的本质特征是不相符的，检察机关对此就可依法向法院提起行政公诉。[①] 行政公诉不审查纯粹是侵犯私益或以侵犯私益为主、侵犯公益为辅的行政作为或不作为。检察机关代表国家和社会公益提起公诉是检察权对行政权的直接监督，体现为一种权力制衡。当行政权运行出现真空地带又危及国家、社会公益时检察监督责无旁贷。

第四，监督违法（违宪）的行政规定、抽象命令。

对行政规定、抽象命令的监督是检察机关按照人民代表大会授权对行政权实施的宪法监督，是人民代表大会为监督行政权，从而将行政活动统一到立法机关意志上来的一种实行的监督方式，即督促行政机关恪守

---

① 参见刘红星：《论行政公诉》，载《中国政法大学硕士学位论文》2004 年 5 月。

"依法行政"之宪法职责，在全国范围内①统一正确地实施国家法律；同时必须明确，对行政规定、抽象命令的监督只是对行政违法或滥用职权提出异议，就其本质而言，它是一种程序意义上的监察、督促和抗告。基于我国检察权对行政权的宪法监督，其效力具有宪法上的强制性，应当区别于一般的检察建议，它实际上是有法定效力的程序性的"异议"。而对这一强制效力的程序性"异议"，有关行政机关必须在程序上接受，不得拒绝、推托，必须按照检察监督意见和要求对涉及行政事项的实质内容予以负责地审议并作出有根据的答复，不得无故拖延审议或者其他行政不作为。如行政机关收到对其行政规定的意见书后，应当在合理期限内对有关规章以下行政规定进行审查、分析论证，如果认为规章以下行政规定局部违法，应及时予以修正，并将修正情况书面反馈督促修改的检察机关；如果认为规章以下行政规定整体违法，应当作出废止该规章以下行政规定的决定，并予以公告，同时书面告知提出纠正意见的检察机关；如果认为规章以下行政规定内容合法，检察意见理由不足，则应作出书面答复。

检察机关对严重违宪（违法）的行政规定、抽象命令也可以启动程序将违法的行政规定提交权力机关，由权力机关进行审议，并依法撤销或修正违宪（违法）的行政规定、抽象命令。由于我国目前缺乏专门的违宪审查机构和可操作性的违宪审查程序，使得我国的违宪审查机制难以有效运作。我国对行政机关抽象命令、行政规定的监督基本上处于弱化状态，在行政诉讼中，人民法院原则上仅对具体行政行为进行合法性审查，不评判行政规范是否合法。即便具体行政行为因其依据（行政法规）违法而被撤销，原则上只涉及个案，作为非法的行政规定仍然具有普遍适用性，并在现实行政管理中得到反复适用，从而会不断繁衍出大量的行政违法，侵害相对人的利益，破坏法制的统一，影响法律的权威性。由于权力机关的非专门性、常设性，而且又忙于大量的立法、选举组织及评议工作，很少涉及对行政规范的合法性、合宪性审查，从而出现行政规定监督的盲区。基于检察监督的专门性、程序性，而且作为国家专门法律监督机关的宪法定位，完全有必要对行政规定、抽象命令的实行进行具体的法律监督，启动提请国家权力机关审议程序，由国家权力机关专门负责审议，

---

① 正如前文已经明确的那样，检察监督的政治前提是人民代表大会制度，因此，在政治上实行"一国两制"的我国香港、澳门以及台湾地区，当属个别例外，检察监督制度可以不通行于其内。

按照宪法赋予的权限进行合宪性、合法性审查，从而形成检察监督与权力机关违宪审查相衔接的格局，使得中国违宪审查有虚变实、由弱变强。

（4）检察机关自身执法活动的监督

在规定检察机关对其他机关法律监督的同时，也不能忽视加强对自身执法活动的监督，主要强化对职务犯罪案件初查、立案、审查逮捕和审查起诉工作的内部监督，规定重要职务犯罪案件线索报送上一级人民检察院备案制度；规定讯问犯罪嫌疑人同步录音录像并随案移送审查逮捕、审查起诉；规定办理职务犯罪侦查案件立案报送上一级人民检察院备案和逮捕、撤案、不起诉报送上一级人民检察院批准制度；规定人民监督员制度；规定对违法侦查行为的救济程序；对侦查机关提请的复议、复核案件，应在法律规定的期限内予以答复；规定依法保障律师执业权利，维护案件当事人的合法诉讼权益。

4. 明确法律监督的基本权力

法律监督法是一部授权法，应当赋予检察机关法律监督的调查权（知情权）、侦查权、强制措施审查权、纠正权、建议权和抗诉权。通过上述授权，可以使检察机关对被监督事项有充分的参与和了解，必要时予以全程、动态的法律监督，改变现有法律监督立法事后、静态监督的单一规定。

（1）调查权

调查权包括知情权、调阅权、查询权等，适用于法律监督的各个环节，检察机关在法律监督中有权与被监督单位建立信息共享机制，进行询问、查询、勘验、鉴定、调取案卷和其他证据材料等不限制被查对象人身、财产权利的措施。调查权是监督权本身的组成部分，是与监督权同时存在的。检察机关只有在全面了解、掌握被监督对象真实情况的基础上，才能进一步对其行为实施有效地监督。在检察权中配置知情调查权，国外已有立法先例。如《俄罗斯联邦刑事诉讼法典》第37条规定，检察长有权向任何调查机关调取刑事案件并将案件移送给侦查员。在调查过程中，可以向有关人员了解情况，也可以调阅案卷有关材料包括诉讼卷宗等。我国可以借鉴国外的立法经验，明确赋予检察机关在诉讼监督和行政执法法律监督中享有知情权、案件材料调阅权和调查权。职务犯罪侦查是法律监督最严厉的方式，在立案之前，同样需要进行初步调查，① 以判断是否符合立案的条件。比如，在刑事立案监督中，最高人民检察院、公安部《关于刑事立案监督有关问题的规定（试行）》第 3 条第 2 款规定：公安机关与人民检察院应当建立刑事案件信息通报制度，定期相互通报刑事发案、报案、立案、破案和刑事立案监督、侦查活动监督、批捕、起诉等情况，重大案件随时通报。有条件的地方，应当建立刑事案件信息共享平台。第 8 条第 2 款规定：检察院开展调查核实，可以询问办案人员和有关当事人，查阅、复印公安机关刑事受案、立案、破案等登记表册和立案、不立案、撤销案件、治安处罚、劳动教养等相关法律文书及案卷材料，公安机关应当配合。再如，在民事、行政诉讼监督中，虽然民事、行政诉讼监督奉行当事人主义，由当事人负举证责任，以确保起诉——抗辩的平衡，民事抗诉中同样如此，原则上检察机关以原审案件材料为审查依据，而且以书面审查为主，不替当事人调查取证，保持一定的理性克制。但当法院裁判违背证据规则要求，本应依职权取证而未履行取证职责，从而导致审判不公的，检察机关应当依职权调查取证，在查明事实基础上决定是否抗诉。对于法官在审判活动中严重程序违法，包括贪赃枉法等行为，检察机关当然地享有调查权，这也是抗诉的重要理由之一，动用公权力调查取证天经地义。

（2）侦查权

检察机关对职务犯罪的侦查，是一种法律监督，即用刑事追诉或曰司法弹劾的办法，对国家工作人员违反法律、构成犯罪的职务行为所实行的监督，用法律手段防止和制裁权力的滥用和误用，保障国家工作人员职务活动的合法性。② 无论是刑事诉讼中的徇私枉法、民事行政诉讼中的枉法裁判，还是滥用行政权或玩忽职守的行为，或是贪污受贿行为，只要构成犯罪的，检察机关均有权侦查。职务犯罪侦查权在刑事诉讼法中有详细规定，法律监督法可以准用刑事诉讼法的相关条款。

（3）强制措施审查权

强制措施包括对人的强制措施、对物的强制措施的监督和对隐私权的强制措施（技术侦查、秘密侦查措施）。在西方，无论是英美法系国家还

---

① 《人民检察院刑事诉讼规则》第六章第二节"初查"（第 127—132 条）以专节方式规定了职务犯罪侦查的初查权。

② 朱孝清：《职务犯罪侦查学》，中国检察出版社 2004 年版，第 54 页。

是大陆法系国家对于强制措施的使用，都须由一个中立的机构（一般是预审法官）进行司法审查，以控制侦查过程中涉及公民基本权利的侦查手段，并提供相应的司法救济手段，避免权力滥用对公民基本权利的侵害。我国检察机关是法律监督机关，应当赋予其在法律监督中对这三类强制措施的审查权，包括审查批准权、审查变更权和审查撤销权。

（4）纠正权

完整的监督权包括调查权和纠正权，检察机关在法律监督中，不论是刑事诉讼的立案监督、侦查监督、审判监督、执行监督，还是民事行政诉讼监督、民事执行监督和行政权监督，发现违法行为，有权向被监督对象提出纠正意见，主要形式有检察意见和纠正违法通知书。比如，在纠正违法活动的过程中，检察机关认为该办案人员继续承办案件将严重影响诉讼活动依法公正进行的，有权提出更换该办案人的检察意见。再如，民事执行监督中，可采用执行监督意见，其定位是介于抗诉与检察建议之间，主要适用于一些较大的、有影响力的执行案件（比如执行人员在执行过程中存在贪污受贿、徇私舞弊而枉法执行的），以及带有裁判性质的执行裁定错误的情形。立法应当赋予执行监督意见以一定的强制性的程序制约后果，即收到监督意见的执行法院必须指令专门部门对意见针对的执行行为进行审查，并在法定期限内书面答复检察机关，告知相应的审查结果和理由。对于影响相对较小的案件、单纯的执行实施行为中发生的违法行为，检察机关可以向执行法院发出纠正违法通知书。

（5）建议权

检察建议是人民检察院履行法律监督职责和参与社会治安综合治理的一种形式。[①] 但由于检察建议规范化程度不高、刚性不强，无法对被监督对象形成有力的约束，故监督实践中往往只是针对被监督对象管理中存在的漏洞和制度隐患发出检察建议，也可对违法责任人提出惩戒建议。检察建议可以适用于刑事诉讼监督、民事行政诉讼监督和行政权监督等各类监督中，比如，如果检察机关认为需要给被监督机关相关责任人纪律处分的，或者发现行为人有违纪、违法犯罪不能继续任职的，有权提出给予纪律处分或其他相应处理的检察建议。再如，在民事执行法律监督中，对于执行法院在执行管理工作存在的漏洞以及制度隐患，可能损害执行效果的，检察机关有权向执行法院发出工作性质的检察建议。

---

① 张思卿主编：《检察大辞典》（2），上海辞书出版社 1996 年版，第 4 页。

对于纠正权和建议权，还应当明确规定检察机关提出纠正意见或检察建议后，被监督机关必须在规定的期限内将纠正措施、纠正情况、处理结果、整改情况等书面通报检察机关。对被监督机关持有异议但经人民检察院复查后仍认为正确的，应当报告上一级人民检察院并商请被监督机关的上一级机关督促纠正。以此提高纠正意见和检察建议的执行力，改变目前实践中有的被监督机关对纠正违法通知书、检察建议等置之不理的情况。

（6）抗诉权

抗诉权在三大诉讼法中规定比较详细，法律监督法可以准用三大诉讼法的条款。

需要说明的是，公诉权并不包含在法律监督法的规定范围之内。因为剥离了公诉中的抗诉权，普通的公诉权（指非职务犯罪的公诉权）主要还是体现为国家对刑事犯罪的求刑权，在世界各国都不被认为是监督权，而且我国的刑事诉讼法有了详细严密的规定，故不宜在法律监督法中作出规定。

5. 明确法律责任

法律责任是法律整体的重要组成部分，是法律运行的保障机制，是法治不可缺少的环节。如果一部法律没有法律责任，这部法律将形同虚设，毫无意义。现有关于法律监督立法欠缺法律责任的规定，已严重影响法律监督实践的应有效果。因此，制定法律监督法，必须完善法律责任的规定，以提高法律监督的权威性和执行力。

（1）明确监督主体的法律责任

检察机关作为法律监督的主体，应当依照法律规定的职责、权限和程序进行法律监督，对于不依法履行法律监督职责，造成严重后果的，应当依法追究责任人员和主管人员的纪律责任、行政责任和刑事责任。

（2）明确被监督对象的法律责任

监督对象，包括侦查机关、人民法院、刑罚执行机关、相关行政执法机关等，应当依法接受检察机关的法律监督，对于不依法接受法律监督的，不履行法律监督法规定的监督对象的义务的，应当依法追究责任人员和主管人员的纪律责任、行政责任和刑事责任。具体如下①：

侦查机关要自觉接受并积极配合检察机关的法律监督工作。检察机关在监督过程中需要侦查机关提供具体案件的受案、立案、破案、撤案等执

①　详见浙江省人大常委会《关于加强检察机关法律监督工作的决定》第5—6条的规定。

法信息，或者因实施法律监督需要，有必要调取、查阅相关案卷材料的，侦查机关应当积极配合，因保密等特殊原因不能提供的，应当作出合理解释。检察机关监督后立案的案件超过 6 个月未结的，应当根据检察机关的要求说明原因。侦查机关释放被逮捕的犯罪嫌疑人或者变更逮捕措施的，应当于 3 日内通知检察机关。对于检察机关的书面监督意见，侦查机关应当认真研究并及时以书面形式回复，回复时间法律有规定的，按照法律规定；法律无明确规定的，应当在 15 日内回复。

审判机关要自觉接受并积极配合检察机关的法律监督工作。对检察机关依法提出的抗诉案件，审判机关应当依照法定程序进行审理，原判决、裁定确有错误的，必须依法予以纠正。对刑事公诉案件中决定以不开庭方式审理的上诉案件和自行提起再审的公诉案件，应在规定期限内将裁判文书送达同级检察机关。审判机关应当严格执行关于换押的相关规定。要配合检察机关开展民事、行政诉讼法律监督工作。落实检察长列席审判委员会会议制度。检察机关因实施法律监督需要，有必要调取或者查阅相关案卷材料的，审判机关应当及时提供。

刑罚执行和监管机关要自觉接受并积极配合检察机关的法律监督工作。看守所、监狱和社区矫正机关应当及时向检察机关通报刑罚执行和监管活动中出现的重大情况。要健全与检察机关的信息交换机制，逐步实现监管信息网络互联互通。积极配合检察机关对减刑、假释、暂予监外执行等刑罚变更执行活动的同步监督，刑罚执行和监管机关拟提请、呈报罪犯减刑、假释时，应当事先将有关材料送检察机关核实，并听取检察机关意见。积极配合检察机关对监管活动的监督，进一步规范监管场所管理，着力解决监管活动中的牢头狱霸问题，严防在押人员非正常死亡事故发生。

（3）明确相关单位的支持、监督责任①

人民政府要切实支持检察机关依法开展法律监督工作。各级人民政府要督促相关行政执法机关建立完善行政执法与刑事司法相衔接的工作机制。行政执法机关对检察机关查询涉嫌违法犯罪案件情况，要求提供有关案件材料、介入调查的，应积极配合，对检察机关要求其移送刑事案件的意见，要认真研究并反馈处理情况。各级行政监察机关、审计机关应当加强与检察机关信息沟通和工作配合，完善相互移送案件线索机制。新闻出版、广播电视等部门要加强对检察机关法律监督工作的宣传，形成法律监

---

① 详见浙江省人大常委会《关于加强检察机关法律监督工作的决定》第 9—10 条的规定。

督的良好社会环境。

人大及其常委会要依法监督检察机关的法律监督工作。各级人大及其常委会要采取听取和审议专项工作报告、执法检查、专项调研，必要时提出质询、询问和开展特定问题调查等方式，加强对检察工作的监督，支持检察机关依法开展法律监督工作，并对有关机关接受和配合法律监督工作的情况进行监督。要帮助解决检察机关法律监督工作中遇到的困难和问题，对检察机关在法律监督工作中存在的问题，督促其依法纠正。对人大及其常委会和人大有关专门委员会、工作委员会交办的属于检察机关法律监督职权范围内的事项，检察机关应当认真研究，依法办理，并及时报告结果。

课题研究成果荟萃

司法规律视野下
法律监督的立法完善[*]

张雪樵　　王晓霞[**]

　　规律是事物之间的内在的必然联系，其不断重复出现，在一定条件下经常起作用，并且决定着事物必然向着某种趋向发展。发现规律、把握规律、运用规律是科学发展的根本所在，把握法律监督的内在规律是检察职能履行、加强和完善的基础。我国《宪法》第 129 条和《人民检察院组织法》第 1 条明确规定：中华人民共和国人民检察院是国家的法律监督机关。据此，检察机关法律监督的基本定位和授权较为明确。法律监督是中国检察制度的根本性质和理论基础，检察制度就是法律监督制度。[①] 近年来，随着经济社会的快速发展，民众对加强法律监督、维护公平正义的要求更加强烈。然而，同形势与任务不相适应的是，检察机关法律监督的

---

　　* 最高人民检察院 2009 年度重点课题研究成果（GJ2009B12），发表于《人民检察》2010 年第 10 期。

　　** 张雪樵，浙江省人民检察院副检察长；王晓霞，浙江省人民检察院副处级检察员。

　　① 参见王桂五：《王桂五论检察》，中国检察出版社 2008 年版，第 26 页。

具体法律规定主要散见于三大诉讼法，而且规定比较原则，严重制约和削弱了检察机关法律监督职能的有效发挥。

一、法律监督的内在规律

（一）从价值目标来看，体现为监督的正义性

公平正义是人们普遍追求的社会理想、价值和目标。能否保障在全社会实现公平正义，直接关系到人民群众根本利益的保障和安居乐业，关系到社会的长远发展和和谐稳定，关系到党执政地位和人民民主专政政权的巩固。保障在全社会实现公平正义是检察机关的根本任务，是检察机关履行法律监督职能的宗旨和目标，也是检察机关为党和国家的工作大局服务、为党执政兴国第一要务服务的根本要求。检察机关维护公平正义的基本途径就是依法全面地履行法律监督职能，法律监督职能主要通过对权力的监督制约和对权利的司法救济，通过维护国家法律的统一正确实施来保障在全社会实现公平和正义。①

（二）从运行依据来看，体现为监督法定原则

法律作为社会关系规范准则的本质特征，决定了法律监督立法是检察机关开展法律监督工作的首要条件，合法性是检察机关履行法律监督职能的基本标准。法律监督是运用国家权力实施的，其必须受到国家权力分配的严格限制，检察机关履行法律监督职责须谨守"监督法定"原则，监督的对象、范围、程序、手段、后果等均由法律规定。在法律监督中，一方面检察机关严格依据法律规定行使监督权；另一方面被监督者在接受监督时有章可循，对检察机关的法律监督起到反监督作用。

（三）从运行效力来看，体现为监督的强制性

所谓强制性，就是国家权力的行使对于权力行使的对象具有拘束力，权力行使的对象必须按照权力主体的要求选择自己的行为，否则，就要承担相应的法律后果。法律监督权是相对独立的国家权力，② 作为一种权力

---

① 参见谢鹏程：《法律监督与公平正义》，载 http://lilun. spp. gov. cn/，最后访问日期：2010 年 2 月 5 日。

② 参见王桂五：《列宁法律监督理论研究》，载《检察理论研究》1993 年第 4 期。

形式，无论是实行"三权分立"的资本主义国家，还是采取"议行合一"的社会主义国家，都把法律监督权的强化和有效运作作为实现维护法律统一和尊严、防止地方保护、防止司法腐败的一个重要手段，并放在国家法制建设中的重要位置。作为国家权力的重要组成部分，法律监督权具有国家权力应有的一般特点，具有和审判权以及行政权平等的法律地位、权威性和强制性。法律监督的强制性通过被监督者的法定义务来实现，即法律监督权的行使必然引起被监督者必须实施一定行为的法定义务。①

（四）从运行结果来看，体现为监督的程序性

检察机关法律监督最终结果起着程序性功能，其不具有实体处分功能，即被监督对象要按照法律监督行为所产生的法律效果启动一定的程序，这与行政监督的上命下从功能有着显著区别。在行政监督中，上级可以直接纠正下级所作出的错误决定，甚至可以对下级的错误行为直接作出实体性的处分决定。但在法律监督中，检察机关即使发现被监督对象的违法行为，也不能直接进行纠正，而只能要求被监督对象启动一定的纠错程序或追究程序，按照法定程序予以纠正。② 检察机关开展法律监督提出的监督措施和意见，主要是以提出相关处理建议的形式来进行的。对于违法犯罪的处理，只能分别情况提起诉讼请求法院判决，或者提出纠正意见由主管部门予以纠正，而无权自行作出实质性的决定和处分。③ 但对一些特定事项的监督，检察机关可以具有一定的处分决定权，如不起诉决定等。故法律监督具有一定的相对性和程序性，不具有绝对性和终局性。

（五）从与法律监督机制的内在逻辑关系来看，体现为对法律监督机制的依附性

司法机制是司法工作系统各要素间相互作用的过程、方式和原理。④ 司法价值目标的实现依赖于司法机制的基本内容，建立健全合理的司法机制是实现司法活动价值目标的内在要求，也是司法活动应遵守的首要规

---

① 参见张智辉：《法律监督的强制性》，载 http：//heavenred. blog. hexun. com/6825886_d. html，最后访问日期：2010 年 2 月 15 日。

② 参见张智辉：《法律监督的强制性》，载 http：//heavenred. blog. hexun. com/6825886_d. html，最后访问日期：2010 年 2 月 15 日。

③ 参见王桂五主编：《中华人民共和国检察制度研究》，法律出版社 1991 年版，第 270 页。

④ 参见向泽选、谭庆之：《司法规律与检察改革》，载《政法论坛》2009 年第 5 期。

律。从传统只注重惩治和控制犯罪的司法制度模式发展到现代的兼顾惩治犯罪和有效保障人权的司法模式演变，均因人们对司法活动基本规律认识不断深化并为实现司法的价值目标而在司法制度和司法机制上作出反应，也标志着人类社会对司法质量由合理的司法机制决定的规律的认可。① 法律监督机制是司法机制的一种，法律监督的成效有赖于具体工作机制的科学设计。

二、法律监督立法存在的主要问题

（一）法律监督的基本范畴规定缺损，导致实践中监督的法律依据不足

一是法律监督概念缺位。我国现有立法均未明确界定法律监督，对其内容没有明确的阐述，导致理论界和司法实务界对法律监督一词及其包含的内容争论不休。这不仅给检察机关依法实施法律监督的具体实践带来种种困难，严重影响法律监督的有效实施，而且必然会影响检察机关宪法地位的巩固和中国社会主义司法制度的完善。

二是监督对象规定残缺。现有立法对某一领域的法律监督对象即被监督者规定不全面，如《刑事诉讼法》第76条、第87条规定检察机关立案监督、侦查活动监督的对象是公安机关的立案和侦查活动，但我国除了公安机关外，国家安全机关、人民检察院、监狱、海关等均具有刑事立案和侦查职能。实践中，检察机关对其他有侦查职能的机关或部门实行法律监督，往往得不到被监督者的积极配合，有的甚至以法无明文规定拒绝接受监督。同时，检察机关对职务犯罪案件监督的依据是最高人民检察院颁布的《人民检察院刑事诉讼规则》第390条的规定，其法律效力等级不及刑事诉讼法，影响了法律监督的应有效果。

三是监督范围规定过窄。现有法律规定和检察实践中法律监督范围主要包括刑事诉讼领域的立案、侦查、审判、刑罚执行和监管活动的监督，民事审判和行政诉讼领域的虚假诉讼、违法调解和其他显失公正、严重损害国家利益、公共利益和案外人合法权益的裁判的监督。但人民检察院组

---

① 参见向泽选：《遵循司法规律推动检察工作科学发展》，载2008年11月21日《检察日报》第3版。

织法只规定了对刑事诉讼领域的法律监督，并没有规定对民事审判、行政诉讼领域的法律监督，对后者的监督只有民事诉讼法和行政诉讼法笼统的原则性规定。而且，在某一具体监督的领域中，监督范围的规定也不全面。比如，民事诉讼法对民事执行的法律监督未予规定；再如，有关检察机关对强制措施的监督规定也不全面。刑事诉讼法只规定了检察机关对逮捕的批准、决定权，逮捕以外的对人的强制措施、对物的强制措施和对隐私权的强制措施的适用，都由侦查机关内部审批，检察机关无权审查批准。

（二）法律监督权限设定薄弱、手段不足，直接影响法律监督效能的发挥

知情权和调查权是监督权的组成部分，是实施法律监督的重要手段之一，是纠正违法行为的前提和基础，法律监督的成效在很大程度上取决于能否及时发现违法、查明违法。然而，现有关于检察机关法律监督的立法并未授予检察机关充分的知情权和调查权，监督方式多为消极的、被动的、事后的，检察机关不仅无法全面、及时掌握违法情况，而且即使发现违法线索，由于没有监督中的调查权，也无法及时有效判断查处。实践中检察机关向被监督者调阅相关材料，常因法律依据不足遭到被监督方的抵制，使得检察机关丧失监督的主动性，无法进行全面的、主动的、同步的监督。比如，刑事诉讼法对检察机关的立案监督权只规定了"要求说明不立案理由"的质询权和"认为不立案理由不能成立时通知公安机关立案"的通知纠正权，导致检察机关不能全面掌握刑事发案、受案、立案活动情况，更无法主动对刑事受案、立案活动全过程进行法律监督。检察机关知情权和调查权的缺乏、质询权的模糊和追查权的薄弱，与实践中法律监督需求远远不相适应，严重制约了法律监督的有效开展。

（三）法律后果规定缺位，严重削弱了法律监督的权威性和执行力

一个完整的法律规范在逻辑结构上需要具备假定（条件）、行为模式和法律后果三部分，这是"良法"的形式标准之一，[①] 否则会影响法律规范的有效执行。从我国关于法律监督的法律规范来看，许多条文只规定了

---

① 甄贞等：《法律监督原论》，法律出版社2007年版，第306页。

适用条件和行为模式的内容，而没有规定被监督对象不履行义务时应承担的法律后果。比如，《刑事诉讼法》第 87 条有关立案监督的规定："人民检察院应当要求公安机关说明不立案的理由。人民检察院认为公安机关不立案理由不能成立的，应当通知公安机关立案，公安机关接到通知后应当立案。"第 169 条关于审判监督的规定："人民检察院发现人民法院审理案件违反法律规定的诉讼程序，有权向人民法院提出纠正意见。"第 224 条关于刑罚执行监督的规定："人民检察院对执行机关执行刑罚的活动是否合法实行监督。如果发现有违法的情况，应当通知执行机关纠正。"这些条文均未对被监督者不履行义务所产生法律后果作相应规定，导致在立案监督、刑事审判监督和刑罚执行监督实践中，检察机关对发出立案通知书后公安机关不立案或者立案后不予侦查的情形、对发出纠正违法通知书后法院、监狱不予执行的情形束手无策。在民事诉讼法关于民事审判监督、行政诉讼法关于行政诉讼监督等相关规范中，也往往缺乏对被监督对象的消极行为甚至抵制现象的制裁性规定。法律后果规定的缺位，使得法律监督缺乏法律刚性保障，实践中检察机关的法律监督行为以及发出的立案通知书、纠正违法通知书等法律监督文书不具有强制性和执行力，严重影响了法律监督的实际效果。

（四）现有法律规定缺乏全面性、系统性和协调性，导致法律监督的立法远不能满足实践的需要

当前我国法律监督立法还存在"体系散乱"的结构性问题，整个法律规范体系缺乏统一性和完整性。除宪法、人民检察院组织法和检察官法的原则规定外，涉及检察机关法律监督的法律规定主要散落在三大诉讼法中，以及监狱法、人民警察法和海关法、看守所条例等相对孤立的原则性规定。三大诉讼法均没有也无法以专章或专节形式规定检察机关的法律监督权。其中民事诉讼法关于检察机关法律监督的规定仅有 5 条，行政诉讼法关于检察机关法律监督的规定仅有两条，在目前各种民事、行政纠纷不断上升的情况下，如此简单而抽象的监督条款已经不能适应民事、行政案件公正审判的要求。刑事诉讼法对法律监督规定的条款相对多一些，但也存在上文中提到的监督对象和范围残缺、监督手段缺乏、监督强制力不足等问题。而且，法律对诉讼外的执法监督也缺乏规定。另外，检察机关正在探索试点的民事督促起诉、行政执法与刑事司法相衔接制度、人民监督员制度等改革举措，也因缺乏明确的法律依据而无法发挥其应有的效果。

因此，法律监督无法在三大诉讼法和相关法律中形成一个完整的监督体系。

三、制定统一的法律监督法：遵循规律的必然选择

（一）统一立法是监督法定原则所决定的

对于法律监督存在的问题，理论界也提出了种种建议，第一种观点认为，应修订人民检察院组织法来完善法律监督权，因为人民检察院组织法是检察机关行使法律监督权的法律依据和建设检察制度的重要规范。[1] 第二种观点认为，应修订三大诉讼法来解决上述法律监督中存在的问题，因为实践中法律监督主要是诉讼监督，存在的问题也主要是诉讼中的问题。[2] 第三种观点认为，应进行单独立法，有的建议在宪法规定的框架内制定《国家检察监督法》，以解决现行法律监督方面存在的许多立法空白问题；[3] 有的建议尽快制定《人民检察院监督法》，以明确检察监督的职能范围和操作程序，切实发挥检察监督在确保司法公正和司法权威上的宪法性作用。[4]

笔者认为，仅仅修改现有法律无法解决当前法律监督立法和实践中存在的问题，应当由全国人大制定统一的《中华人民共和国法律监督法》，在宪法和三大诉讼法之间架起桥梁，促进法律监督的协调统一运行。这是由法律监督内在规律——监督法定原则所决定的。第一，刑事、民事和行政诉讼法律监督存在共同的立法缺陷，需要统一立法来弥补；第二，行政执法法律监督无法纳入三大诉讼法的规定之中；第三，修订人民检察院组织法无法解决法律监督立法体系散乱的结构性问题；第四，以统一立法来加强法律监督，不仅是经济社会迅速发展的迫切需要，更是民众对实现公平正义的热切需求；而且，《法律监督法》是一部由全国人大制定的法律，具有被侦查机关、审判机关、刑罚执行机关和行政执法机关普遍认可

---

①　参见盛瑾：《中国检察机关的法律监督权》，载《北京市政法管理干部学院学报》2001年第3期。

②　许多实务者持该种观点。

③　参见刘缨：《检察法律监督制度的合理性评析》，载《经济与社会发展》2004年第5期。

④　参见汤维建：《司法公正的四个保障机制漫谈》，载2009年9月21日《检察日报》第3版。

和遵循的效力，能从根本上解决检察机关在开展法律监督工作中所遇到法律依据不足、监督不力等共性问题，强力破解检察机关法律监督效力弱的难题，能充分实现宪法对检察机关法律监督的基本定位和授权。

（二）遵循司法规律，确定《法律监督法》的基本内容

《法律监督法》可设总则、分则和附则三大部分，明确规定法律监督的核心概念、基本范畴和基本原则，整合三大诉讼法等法律中的监督内容，创制法律监督的程序结构，在充分授权和规定被监督者不履行监督义务时所应承担法律责任的基础上，规定法律监督的制约机制，以此形成一个比较完整、系统的立法架构。在具体立法时，应遵循法律监督内在规律明确以下内容：

第一，遵循公平正义的价值目标，根据经济社会发展的需要和民众的需求及时调整法律监督的对象和范围。实现公平与正义，是全社会和全国公民的热切期盼，是全面落实依法治国基本方略、建设社会主义政治文明的目标，更是法律监督的政治使命和社会使命。检察机关履行好法律监督职能对于保障在全社会实现公平正义具有独特的价值和功能。《法律监督法》在准确把握检察机关宪法定位、明确法律监督核心概念的同时，应根据经济社会发展的需要和民众的需求全面、合理地规定法律监督的对象和范围：加强对立案的监督，着力防止和纠正应当立案而不立案和不应当立案而立案，以及立而不侦、侦而不结等问题；加强对侦查活动的监督，着力防止和纠正违法取证、违法采取扣押冻结等强制措施和刑讯逼供等问题；加强刑事审判监督，着力防止审判活动中的程序违法和徇私舞弊、违法裁判等问题；加强对刑罚执行的监督，着力防止和纠正违法减刑、假释、暂予监外执行等问题；加强对监管工作的监督，着力防止和纠正超期羁押等侵犯被监管人合法权益的问题；加强对民事审判和行政诉讼活动的监督，预防和纠正审判程序不规范、裁判不公正等问题，把民事调解和执行活动纳入监督的范围，并规定人民检察院有权提起公益诉讼的案件范围；加强对检察机关自侦案件办理的监督，把人民监督员、职务犯罪案件批准逮捕权上提一级等制度加以明确规定；拓展对行政执法的监督，督促有关行政机关正确履行职责，纠正行政违法行为，防止行政权的异化。注重发挥法律监督在预防职务犯罪方面的作用，坚决查处执法不严、司法不公背后的贪污贿赂、渎职侵权等职务犯罪，促进行政执法机关严格执法和人民法院公正审判。

第二，遵循强制性和程序性规律，明确法律监督的保障措施。法律监督权是国家权力的重要组成部分，具有和审判权以及行政权平等的法律地位、权威性和强制性。同时，法律监督是一种程序性权力，监督者与被监督者之间的法律地位平等，法律监督不具有实体处分之功能。实践中，法律监督不力的根本原因是立法对法律监督权力设置不足，权威性不够。故在统一立法中，应从保障性角度出发，规范监督方式、完善监督程序、明确监督保障措施，使法律监督的程序性功能能切实起到实效。具体来说，要规范和完善检察机关同步监督、调查违法、提出纠正违法通知、检察建议、检察长列席审判委员会等监督方式和程序。赋予检察机关充分的知情权、调查权、究问权、纠正权、建议更换办案人的权力、建议惩戒权等权力，对被监督者不履行监督义务的法律责任进行明确细化，使检察机关法律监督具有执行力，从而实现检察机关法律监督各个环节各种权力义务的具体化。

（三）遵循"对法律监督机制依附性"的规律，在实践中建立健全法律监督的运行机制

司法机制是司法工作系统各要素间相互作用的过程、方式和原理。在法律授权明确、充分的情况下，法律监督的效果一定程度上取决于实践中的具体运行机制。"强化法律监督、维护司法公正"是检察工作的主题，也是法律监督中制定各项监督机制的依据。一是在拓宽案件线索来源渠道上，进一步建立健全与相关部门的案件信息交流机制、违法行为调查机制和联席会议制度等，实现检察机关在法律监督中的知情权和调查权。二是在完善监督模式上，探索建立同步动态监督机制，如侦查监督中规定提前介入侦查的条件、时机和检察机关的职责、义务。三是在提高监督效力上，探索建立跟踪监督机制，解决实践中检察机关发出立案通知书后被监督者不立案或者立案后不予侦查、发出纠正违法通知书后被监督者不予执行的问题。四是在重点监督领域中，建立健全发现、纠正和查办违法行为长效监督机制。五是在拓展监督新领域上，针对行政执法领域存在的执法不严、有罪不纠、以罚代刑等问题，进一步建立健全行政执法与刑事司法相衔接工作机制，切实监督行政执法部门向公安机关依法移送涉嫌犯罪的案件。通过建立以上具体监督机制，并根据社会经济的发展和法律监督实践的需要进一步探索建立新的监督机制，切实推动法律监督工作的科学发展。

法律监督法的基本架构设想[*]

张雪樵

法律监督的强化和完善已成为中国特色社会主义法制建设的重要内容，法律监督权设置的科学性与运作的有效性已成为衡量我国法制完备、执法严明、司法公正的重要尺度，而法律监督专门化立法则是落实上述目标的必由之路。

一、法律监督立法的形式与位阶

以单行法对法律监督的职权、对象、方式、程序、责任进行全面系统的规定，是完善法律监督体系的必然趋势，也是落实宪法授权的内在要求，更契合我国的立法传统。一方面，三大诉讼法、人民检察院组织法等各有独立的目的和任务，而且法律监督的内容也非上述法律所能全面涵盖，因而这种维持现状、修正补强的思路还不能从根本上破解体系散乱、

---

[*] 最高人民检察院 2009 年度重点课题研究成果（GJ2009B12），发表于《人民检察》2011 年第 9 期。

监督乏力的困局。另一方面，决议、决定虽然是现阶段强化法律监督的务实选择，但从长远来看单独立法依然是不能回避的问题。

就与其他立法的关系而言，法律监督法与人民检察院组织法、检察官法是分别从检察机关的法律监督授权、组织、人员等不同的角度来对法律监督的相关方面进行规定，互相不能代替而组成一个有机整体。法律监督法与各级人民代表大会常务委员会监督法也不矛盾或重复，两者是日常行使具体监督权与特别行使宏观监督权的关系。因此，在立法的位阶上，法律监督法应该与人民检察院组织法、检察官法、人大常委会监督法是保持一致的。

二、法律监督立法的理念

立法应当遵循特定的立法技术和立法规律，实现法律内容与法律结构的协调统一，而立法理念是驾驭立法技术、遵循立法规律的指导思想。法律监督立法应遵循以下理念：

（一）立足国情理念

准确把握社会主义国家检察机关的宪法定位，法律监督法是中国特色社会主义法律体系的组成部分，坚持原则，尊重国情，这是科学立法的重要基础。

（二）系统协调理念

从系统角度正确审视检察机关的地位与作用，合理界定法律监督的权限与边界；尊重国家机关之间的职能分工，相互配合制约，规范权力运行；确保法律规范在逻辑结构和体系关联上的严密性、协调性，增强法律监督的可执行性。

（三）成本收益理念

注重法律监督的成本收益分析，不仅要考虑立法成本，也要考虑法律监督的实施成本和社会成本。

（四）接受监督理念

除了加强法律监督，检察机关更要自觉接受监督，以接受监督来规范监督，以规范监督来加强监督，在立法时注重对监督机关自身监督制度的设置和完善。

三、法律监督立法的基本架构

（一）法律监督立法的体系结构

编是我国目前立法实践中使用的最高层次的单位，一般用于层次多、内容复杂的基本法律，如刑法、刑事诉讼法、民事诉讼法等。参照《行政法规制定程序条例》，法律监督法采用章为最高层次单位的结构比较合理。

（二）法律监督立法的内容架构

第一章，总则。一般以"总则"为标题加以明示。由于目前立法上没有对"法律监督"的概念作出明确界定，导致理论和实践中争议颇多，严重制约了法律监督工作的有效开展。因此，首先要规定、完善法律监督这一核心概念，应明确三个关键：一是法律监督必须由宪法和法律规定，既是授权的需要，也是限权的依据；二是法律监督由检察机关专属行使；三是法律监督是对国家权力运行是否符合法律的监督，旨在维护法律统一正确实施。当然，法律监督立法的依据和目的，法律监督权和其他国家权力之间的关系，法律监督权行使的原则，包括监督法定原则、独立监督原则、客观公正原则、有限监督原则、强制性原则等应是其题中之义。

第二章，权力配置。目前我国法律对法律监督权限设置力度不够，手段不足，严重制约了法律监督的有效开展。为强化监督能力，应当对检察机关的法律监督权进行重新整合、配置，使之更好地知悉、掌握被监督事项，并进行全程、动态参与，以改变现行监督乏力、滞后的困境。在具体立法中，对检察机关的调查权、侦查权、强制措施审查权、纠正权、建议权和抗诉权等权力行使的条件、范围、措施、程序应进行规定。此外，对权力配置保持一定的开放性，使之具备较强的适应性和能动性。但应注意，对在现行法律中已有详细规定的内容，法律监督立法可以准用相关法律，以避免重复。

第三章，职务犯罪法律监督。即检察机关目前行使的职务犯罪侦查职权。无论是强化法律监督的手段，还是规范国家权力的行使，职务犯罪的侦查都是一个重要的立法内容。

第四章，刑事诉讼监督。具体包括刑事立案、侦查的监督，刑事审判监督，刑罚执行监督和对行政执法机关刑事案件移送的监督。同时，规范自身执法活动，构建对自侦案件的初查、立案、审查逮捕和审查起诉的内部监督机制。

第五章，民事诉讼监督。除加强对民事审判的抗诉监督外，应包括对民事诉讼违法违规行为的监督和对民事执行、调解活动的监督。

第六章，行政诉讼监督。除加强行政审判监督外，维护国家、公共利益和群众的合法利益，具体可采用督促行政机关履行法定职责（譬如督促起诉），向行政机关提出检察纠正意见，代表国家提起行政公诉等监督方式。

第七章，监督程序。对各种法律监督权的行使程序，现行其他法律规定较为完善的可以准用；现行法律没有规定或规定不完善的，进行一般化规定。

第八章，法律责任。目前我国关于法律监督的许多法律条文对法律后果规定的缺位，使得法律监督缺乏法律刚性保障，严重影响了法律监督的实际效果。因此，法律监督立法必须完善法律责任的规定，具体而言包括：其一，监督主体的法律责任。对检察机关不依法履行监督职责，造成严重后果的，应当依法追究责任人员和主管人员的法律责任。其二，被监督对象的法律责任。被监督对象应当依法接受检察机关的法律监督，对于不依法接受法律监督的，不履行法律义务的，也要依法追究责任人员和主管人员的法律责任。其三，相关主体的配合责任。有关机关、单位应予支持、配合检察机关开展法律监督工作，自觉接受监督。

第九章，附则。

完善我国检察监督
立法的必要性问题研讨*

张利兆　　忻佩燕　　王志胜**

随着近年来人们对民主法制、公平正义的需求和期待与日俱增，学界和司法界就如何加强检察监督的问题从完善权力配置、创新机制方法等角度进行了一些探讨和实践，这对推动我国法制建设具有重要意义。但对于人大有针对性的立法活动在推进司法改革、加强检察监督上的特殊意义，则鲜有专门、系统的阐述。但实质上这个问题又是在破解法律监督"瓶颈"制约中一个无法回避的基础性问题，应当引起我们的重视。

---

　* 浙江省人民检察院 2009 年度重点课题研究成果（SY2009A01），发表于《中国司法》2010年第 10 期。
　** 张利兆，浙江省宁波市人民检察院副检察长；忻佩燕，浙江省宁波市鄞州区人民检察院干部；王志胜，浙江省宁波市人民检察院干部。

一、从政治文明建设和国家权力运行合理性的角度看，当前我国的检察监督工作亟待加强

（一）我国建设政治文明的特殊性，决定了现阶段首先应当加强体制内监督力度，而体制内监督最为直接和具体的则是检察监督

经过改革开放以来的多年发展，我国的经济社会面貌已经发生了深刻变化。党的十六大以后，中央审时度势提出建设社会主义政治文明，体现了党对上述经济社会形势的深刻洞见和把握，也体现了我国治国理念与方略的不断进步。但政治文明的构建无疑是一个复杂的、具体的过程。从现代化进程先行国家或地区来的实践来看，其政治文明的建成有赖于体制内和体制外的双重作用，体制内表现为分权制衡和各个权力自身运行规则的完善，体制外则表现为公民选举权、新闻自由和结社权、示威权等的行使。但我国历史文化传统及现实国情特殊，西方各国和亚洲一些国家或地区，其政治上实行"多元化"模式，即多党竞争和公民普选，而我国实行的是中国共产党领导下的政治协商与民主监督，总体上是"一元化"政治模式。众所周知，我国的现代化是一种自上而下的后发型、追赶型现代化模式。考虑到历史传统制约因素明显，各地情况千差万别，社会内部矛盾复杂多样，因此，在当前现代化进程的关键阶段，保持社会基本秩序稳定始终是第一位的问题，政治文明建设进程必须坚持"体制内优先"和循序渐进原则。有学者指出"能否在一元化领导的体制内建立良好的权力监督机制，关系到党和国家的生死存亡"，[①] 其观点是深刻的。胡锦涛总书记指出："推进政治文明建设，最根本的是要坚持党的领导、人民当家作主和依法治国的有机统一。"从这三个要素各自的特征看，党领导方式的完善和执政能力建设以及社会主义民主的探索实践，都是一个长期的过程，不能一蹴而就。当前从体制内推动政治文明建设最为可行、稳妥的路径，应当是加快推进依法治国，切实保障法律的统一、高效、正确实施，以便有效地化解社会矛盾，维护和谐公正。

加强体制内监督、保障法律实施的方式有多种，最受关注的主要有纪

---

① 谢佑平：《检察监督与政治生态的关系及其发展方向》，载《东方法学》2008 年第 2 期。

检监察监督、人大监督和检察监督等。从实际情况看，纪检监察监督虽然也是以直接办理党员或者行政人员违纪违法的具体案件为特征，并且查处了大量职务犯罪案件，在反腐败实践中作用巨大，但囿于其基本定位是党内监督或政府内部监督，且在公开性、程序性等问题上有浓厚的中国特色，因此不论是从监督对象的覆盖面、普遍性上，还是从区际、国际之间进行探索比较、制度合作上看，均有一定的受限性。人大是立法和决议机关，其活动具有法律体制内最高意义上的宏观性，实践中很难对数量巨大的具体事件进行面面俱到的关注和介入。而检察机关作为国家专门的法律监督机关，其职权行为具有法定性、主动性、诉讼性和公开性，司法色彩浓厚，且持续、经常进行，因此其过程最具有规范性，其效果也最为直接和具体，最便于直接回应社会对具体事件的公正期待，自然可以作为当前强化体制内监督、维护法律统一正确实施的重要的具体路径选择。

（二）我国宪法权力结构的实践状况，决定了现阶段推动国家治理平衡发展的核心是适度约束行政权，改革规范审判权，强化和完善检察监督权

现代国家大多奉行"人民主权"理念，但其具体的宪法权力结构模式又各有不同。西方国家多直接实行三权分立的"外部分权"模式，我国实行人大权力下的"内部分权"模式，即在人大权力的基础上产生行政权、审判权和检察权，各具体权力之间相互独立，同时均对人大负责。总体来看，这一宪政模式作为一种新型的政治实践，有其独特优势和历史贡献，同时也处于不断探索和完善的过程中。其中一个具体方面，就是如何使人大之下的各具体权力在其自身不断完善运行规则的同时，使其之间的功能分工和合理制约更趋科学化，从而有效地化解社会矛盾，推动整个国家治理朝着更为稳定有序、公正和谐的方向发展。应当说，这也是许多国家政治发展过程中曾经都经历过的共性问题。正如学者所言，"在现代社会，正常的国家机构体系不仅要明确各权力机关的职权和行使范围，还要建立起各国家机关之间权力运作的有效联系"，但"分析我国的国家机构构架图，只有人民代表大会与政府、法院、军事机关等机关之间的关系，而缺乏政府与法院、检察院这些同属人民代表大会之下的平行机关之间的关系"。① 从现实情况看，我国各具体权力之间的合理分工

---

① 韩大元主编：《中国检察制度宪法基础研究》，中国检察出版社 2007 年版，第 91 页。

与制约关系，确实也还面临着一些问题。

不论是我国还是西方，负责直接管理社会的行政权自古都是容易扩张和腐败的权力，因此现代国家必须首先实现对行政权的合理规范和有效制约，这在域外许多国家和地区已经实践得比较成熟，但在我国当前却显得很迫切。由于我国实施的是政府推动的追赶型现代化，这一过程中"强势政府"的存在是必要的。但行政权在作出巨大贡献的同时，也因为其权力内容多、分工细、执行力强、社会控制面大，且没有统一行政法典的程序性规范和约束，在实践中也存在容易滥用、"寻租"等问题，已经引起了社会的广泛关注和争议。① 从法院审判权的运行看，随着我国经济的高速发展，近年来涉案金额巨大的经济纠纷或刑事案件，越来越多地进入到作为"社会纠纷终裁者"的审判程序中来。虽然全国法院系统通过改革创新和提高法官素质，为解决纠纷矛盾和维护社会稳定作出了巨大贡献，但也不难发现，囿于我国法治文化传统的缺失和司法职业整体理念素养的现状，实践中司法不公、适用法律不平等等现象仍然大量存在，涉及标的额巨大的审判、执行不公甚至是滥用权力谋取私利的案件，以及涉罪数额巨大、情节严重但定罪各异、量刑不一的刑事案件，也屡屡发生，

① 资料显示，随着我国国企转制的深入推进和国有资产管理制度的逐步完善，职务犯罪中贪污、挪用公款类案件比例逐年下降，而以"权钱交易"为特征的贿赂犯罪所占比例则呈上升趋势。如 2003 年全国检察机关查处的贿赂案件占全部贪污贿赂案件总数的 31.3%，2004 年占32.2%，2005 年占 33.6%，2006 年占 39.2%，所占比例逐年上升。浙江尤为明显，2006 年贿赂案件所占比例已经达到 69.5%。这一现象揭示，随着经济领域的"国退民进"，市场日趋活跃，竞争日趋激烈，而我国行政执法环节依然保有大量的直接审批权和行政监管权，面对日趋庞大和活跃的社会经济主体，这些权力的外在诱惑越来越大，逐利土壤越来越肥沃，因此行政管理权和市场主体之间的"官商勾结"现象日渐突出，由此带来的就是贿赂行为和行政执法人员受贿后滥用职权、玩忽职守、放纵违法行为等的大量发生。从犯罪主体看，贿赂犯罪和渎职犯罪发生最多的领域，往往就是拥有审批、许可、监管等管理权力的行政执法领域，许多地方检察机关查处职务犯罪的情况都能印证这一现象。如湖北省检察机关 2005 年共立案侦查党政领导机关、行政执法机关和司法机关"三机关"工作人员职务犯罪 363 人，总数同比下降 8.8%，其中党政领导机关人员 71 人，同比下降 17.4%；司法机关工作人员 95 人，同比下降 19.8%；行政执法机关工作人员 197 人，同比上升 0.5%。在其他公务人员职务犯罪案件同比均有较大幅度下降的情况下，唯有行政执法机关人员职务案件不降反升，且案件数超过"三机关"工作人员职务犯罪案件的一半（考虑到"党政领导机关"许多党委干部往往也都兼任行政实职，而且其职务犯罪行为也常常发生在具体行使行政管理职权的情形下，因此实际上行政执法人员的比例会更高）。上述有关数据参见《贪污贿赂犯罪呈八特点 窝串案增多国企人员比例降低》，载正义网 2007 年 9 月 13日，以及《我省行政执法人员职务犯罪情况分析》，载（湖北）赤壁检察网 2008 年 3 月 5 日。更多资料请参见中国职务犯罪预防网关于行政执法人员职务犯罪问题的主题信息。

令人触目惊心。①

这些情况都说明，在充分肯定我国行政权和审判权历史贡献与正确方向的同时，也应当积极促进其规范、公正行使，以推动依法行政和公正司法这两个"法治之轮"稳健行驶。理论界有学者认为："在与人民政府和人民法院的关系上，基于政治和司法原理，人民检察院应当强化对行政机关的监督，改革对人民法院的监督"，确实有其道理。② 从检察权自身来看，尽管其也一样面临着诸多历史和现实的拷问，但基于宪法对检察机关"法律监督权"的明确定位，以及经过多年实践和改革，今天的检察权已经与行政权和审判权形成明显的、深刻的历史分野，日渐具备独立品格。③ 然而观察现实，检察权特别是其法律监督职能无疑又是人大权力之下诸种具体权力中授权模糊、手段不足、潜能受制最为突出的，这显然与应对社会矛盾、加强权力监督、推进依法治国的要求相去甚远，亟待对之予以合理加强。

（三）我国人大本身的权力运行模式，决定了要实现人大监督职能的有效延伸和具体落实，就必须加强检察监督

在我国国家权力构架内，人民代表大会被赋予了至高无上的法律地位，这是"一切权力归人民"政治理念的法律体现。根据宪法和人大组织法等的规定，人民代表大会不仅享有立法权、重大事项决议权、重大人事任免权，还拥有对全部国家机关及其负责人、全体公民和社会组织是否遵守法律的监督权，权力外延极其广泛。应当说，这些权力的配置和人大的法律地位是完全符合的，如果能够充分行使，也必将有力确保我国经济社会的健康发展和政治秩序的安定。但由于我国目前处于特殊的发展阶段，即便已经出台了监督法这样用以保障和规范人大常委会监督权形式的专门性法律，上述"权出人大、议行合一"的宪法对人大赋权模式，在实践中也面临着具体实施中的许多问题和困难。

---

① 近年来先后有武汉中院、阜阳中院、深圳中院、吉林高院等法院出现法官腐败"窝案"，还有个别高级人民法院院长甚至最高人民法院法官因违法违纪受到处理。如湖南高院原院长吴振汉因受贿 600 余万元，2006 年 11 月被依法判处死缓，最高人民法院原副院长黄松有因贪污、受贿金额 510 万元，2010 年 1 月一审被依法判处无期徒刑等。

② 谢佑平：《检察监督与政治生态的关系及其发展方向》，载《东方法学》2008 年第 2 期。

③ 魏腊云：《最高检察机关及其法律监督权力的宪政分析》，载《武汉大学学报》（哲学社会科学版）第 61 卷第 2 期（2008 年 3 月）。

我国当前正处于经济社会转型发展过程中，制度建设、宏观决策的制定和执行等事项繁多，因此人大特别是省级以上人大的立法、决议等任务繁重，而对法律执行落实情况的监督，则往往心有余而力不足。人大的监督权无疑是我国国家权力构架内法律效力最高、最具权力公信力的监督，但实践中除了开展一些宏观性、统筹性、督导性的执法检查、评议活动或对极少数重大问题的特别调查之外，人大事实上没有更多的精力和资源对纷繁复杂、不断涌现的各种权力运作不合法、不规范现象，进行实质性、无遗漏的监督纠正。而且从目前我国人大的工作模式看，其多数代表构成的非专职性、全体代表议事方式的非常设性、监督工作的事后性等，也都决定了人大很难真正行使以具体涉法事件为对象的监督职能。另外，从现代国家普遍的权力配置规律看，对绝大多数具体涉法事件的调查处理乃至法律制裁，一般均是由司法机关或具体的监督制裁部门来实施，作为代议机构的立法机关，则不宜替代上述机关或者直接指令其执行自己的意见。应当说这已经是当代各国政治和法律界的共识，也是监督法的制定在历经多年研讨、酝酿之后，最终并未将个案监督纳入其中的重要缘由。综合以上分析我们不难得出结论，在当前和未来相当长一段时期，我国人大除宪法监督外的其他监督职能的诸多目标，必须经由与其相衔接、相配合的具体监督方式，才能得以有效实现。而从路径创设和选择的成本角度考虑，以具体案件为对象，具有公开、刚性程序特征和司法强制力量的检察监督，无疑就是比较稳妥、合适的选择。

二、从法律的本质特征和作用看，加强检察监 督的重要前提是完善检察监督的法律规范

应当说，加强检察监督工作的路径是多样的，首先需要检察机关自身发挥主观能动性，立足现有条件加强探索创新。但鉴于检察监督的严肃性、特殊性和现实中面临的诸多实际困难，在新的形势下我们也应当更加重视完善检察监督的立法问题。

（一）从法律作为社会关系规范准则的角度看，检察监督的"有法可依"问题还需要进一步解决

法律是人类制度文明成果中的特殊事物，每部法律均是由许多个遵循一定价值原则和逻辑关系、以"假定、处理和制裁"为基本组成要素的

规范条款共同组成。法律与人治命令、道德习俗等最大的不同，是其公开、稳定、"标准化"地设定了被调整对象的行为模式和违法后果，并以国家强制手段作为保障，在现实生活中发挥着以评价、引导功能为特征的社会关系基本准则的作用。从这一意义上理解，"有法可依"是一切法律活动的必要条件，更是建设法治社会的基本前提。检察监督和其他法律执行活动一样都是一种特殊的社会活动，它以国家机关为行使主体，其前提是建立一定的监督机构组织并设定其职责权限，其内容则是发现并纠正违反法律的行为，并向权力机关报告法律执行和监督情况的信息。所有这些活动都具有特殊的严肃性和重大社会影响，因此既不能恣意而为，也不能因没有法律授权而致使无所作为，而是必须以科学、严密、可行的法律规范体系作为依据和保障。

应当说，随着我国法制建设的持续推进和多年来人大立法的不断加强，当前我国的法律规范体系正日趋完备，各主要领域的基本法律规范大多已经制定、修改完成，社会活动和社会关系格局的法律保障秩序初步建立，"有法可依"正在逐步成为现实。但这只是就法律体系构建的整体情况而言的。在一些具体领域或社会生活层面上，"无法可依"或者所依法律不完备、欠科学的问题，依然存在。就检察监督而言，客观上看，虽然我国法律很早就已经明确了法律监督职能的宪法地位和基本职权设置，但规定其具体权责、监督程序和保障方法的法律规范，却常常是原则性、粗线条、含混不清乃至相互矛盾的，而这些又恰恰是检察监督活动最直接、最重要的现实依据。从这一意义上看，我国检察监督"有法可依"的问题事实上还没有完全解决，相关立法还有待进一步加强。

（二）我国特殊的公共权力历史传统和成文主义法律传统，决定了检察监督工作的深入发展更需要明确完备的法律规范作保障

我国有着长期的集权政治传统，形成了相对稳定、自上而下的社会治理模式。历史上，这种模式崇尚统一的典章制定和执行，各级官吏则主要依据以相对固定的儒学知识和价值体系为对象的科举取仕制度加以任命，以确保法律和制度的执行不偏离国家权力（古代当然是"皇权"）的要求。虽然这种模式鼓励官吏在道德文化上成为社会楷模，却并不允许他们在执行法律制度和社会管理活动中自作主张，随意逾矩。久而久之，也就造成了各级官吏习惯于"对上负责"，没有来自上级的明确指示绝不随意

更改或创制执法规则方式的职业价值观和职业活动规律。"士绅官僚，习惯于一切维持现状"，① 描述的也就是这样一种情形。客观上看，我国当代大多数公务人员包括司法人员均是经由自上而下的设置或招录、任命产生，而非来自选举，其承担的也多是"事务官"职能，因此历史上"上下一体"的文官制度因子也难以在短期内完全消除，从而造成"上面没明确、下面不能动"的执法习惯和制度性的保守主义色彩，使得"上命下从"等观念得到强化，渗透到许多公务人员的思想中。在这种背景下，如果没有相对明确的检察监督法律依据，检察机关大多是很难开展各种有利于司法公正的监督实践和机制创新的，因为这些行为往往也意味着"于法无据"甚至可能是"违法"监督，自然有其"风险性"。②

从司法模式的角度看，虽然近代以来我国法律制度基本完成了现代转型，但仍然遵循成文法主义，不鼓励司法官员的主动创造，司法职业更像是为执行既有法律而设置的专业事务官，正如日本学者所言，司法官只是一种"公务员"。③ 在缺乏明确、完备的法律规范授权的情况下，司法官员特别是法官往往不会作出相应判断结论，即使面临社会现实需要并有积极的舆论支持和司法官个人的"内在同意"，其公开的职务行为在总体上却也仍然倾向于回避风险、消极应对，从而导致司法层面上的"社会管理创新"举步维艰。如实践中备受关注的公益诉讼问题，在法律对检察机关公诉权和法律监督权的具体范畴未明确界定的情况下，检察机关提起公益诉讼的问题即被法院以"于法无据"为由制度性地拒之门外，造成大量侵害公共利益的现象无法通过法律途径加以有力的监督纠正。回到检

---

① 黄仁宇：《中国大历史》，生活·读书·新知三联书店 1997 年版，第 195 页。

② 关于检察改革的"良性违法"问题，何勤华教授在其《中国检察制度三十年》一文中有精辟阐述："我们应当从两个视角去认识一线实践部门的改革。一方面，它为检察制度的科学发展积累了可资借鉴的丰富经验，为最高检察机关全面推行改革去除了不少的障碍。但另一方面，司法创新也往往是'双刃剑'，超出现行法律框架的创新时有发生，这些越轨行为对正在形成的法治理念造成了不容忽视的负面影响，即使是所谓的'良性违法'也同样如此"，因此"尽量避免违法的创新改革举措，促使检察制度步入成熟的改革时期，必定是当前面临的重要任务。"何教授的见解固然包含了建议一线司法机关在推行改革创新时要秉持慎重态度，但我们也不难从中引申出更深层次的理解，那就是在经济社会快速发展、整个国家都面临制度创新转型的情况下，若要最大程度地减少实践中的"违法创新"现象，国家立法就应当保持足够的活力和敏锐性，必须适时加强和完善相应的法律规范，以自上而下的方式统领、引导实践中的法律执行和创新。引述观点参见何勤华、张进德：《中国检察制度三十年》，载《国家检察官学院学报》2008 年第 4 期。

③ ［日］大木雅夫：《比较法》，范愉译，法律出版社 1998 年版，第 33 页。

察机关自身，情况事实上也类似，受制于同样的历史传统影响与法律制度模式，以及"法院终裁"的司法原则，在国家法律对某一问题未加明确和具体化的情况下，检察人员大多也容易做出"无权"的理解，从而更强化了实践上的被动性和保守主义。因此，无论是希望推动检察机关自身加强法律监督工作，还是希望其他公共权力更加顺利地接受法律监督，完善相关立法恐怕都是绕不过去的问题。

三、从适应新时期新任务的要求和落实新一轮司法改革精神的需要看，加强权力制约、维护社会公正从根本上离不开人大对检察监督工作的针对性立法

（一）新形势下只有进一步完善立法，才能为最大程度地破解检察监督的"瓶颈"制约提供制度保障

作为国家法律监督机关，人民检察院恢复重建30多年来，通过依法查处职务犯罪、履行批捕起诉职能和加强诉讼监督，有力地维护了法制统一和权威，保障了司法公正和社会公平正义，促进了经济社会和谐发展。但也必须看到，随着时代的不断发展，检察监督的对象和环境也在发生着前所未有的变化，这一工作在某些方面依然与人民群众的新要求、新期待不相适应。在经济社会快速转型的同时，我国的社会矛盾形势也演变到了一个新阶段，以群体性事件为代表的执法权力与社会公众的冲突事件呈现多发态势，某些过去习惯使用的处理方式特别是在法律上有争议的处理方式，在事件解决过程中效果不佳，公共权力的公信力持续出现危机。这一情形表明，新的形势下应当更加重视从制度上探索完善社会治理的结构和方式，高度重视司法公正的特殊意义，努力将执法权力纳入依法、规范行使和便于进行司法救济的渠道，加强对执法权力行使的监督和对涉及执法权力的纠纷的司法解决过程的监督，切实发挥司法机制的"疏导器"、"减压阀"作用，以便最大程度地化解矛盾，促进社会和谐。

应当说，多年来全国检察机关按照中央关于司法改革的统一部署，也一直在加强创新探索，取得了有目共睹的阶段性成果。但实事求是地讲，这些创新探索在具体效果上是有差异、分层次、不均衡的。比如，在和其他部门权力不直接发生冲突的"非博弈性"领域（如督促起诉、法律监督说理等），检察体制机制的改革基本上比较顺利，效果也较为明显。但

在面临和其他部门权力直接博弈的领域，如对行政执法机关移送立案涉嫌刑事犯罪案件的监督问题、民行公益诉讼与执行监督问题等，检察机关的探索和尝试则面临比较大的外部制约因素甚至是"壁垒"。在近年来国家对检察工作"人、财、物"支持力度不断加大、检察机关人员经费"瓶颈"逐渐破解的情况下，这一以权力博弈为特征、以法律赋权为界限的外部"壁垒"，已经开始上升为检察工作的主要"瓶颈"之一，越来越明显地影响到监督的总体效果，国家立法滞后对检察监督功能有效发挥的制约和阻碍问题日益凸显。①

（二）从司法改革的本质内涵和司法效果的实现规律看，只有进一步完善立法，检察改革与法律监督工作才能得以深入推进和正确开展

司法改革本质上是我国社会治理模式改革与现代化的一部分。社会治理模式的改革与现代化，目标在于建立科学分工、良性运行、有充分的自我调适能力的政治制度与法律秩序，以确保公正高效地解决社会矛盾，在兼容社会活力与社会稳定的基础上，推动社会全面协调可持续发展。从司

---

① 近年来，检察监督面临的实际困难及其完善路径问题日益受到全国"两会"的关注。除了早在1999年全国"两会"上就有近200名人大代表提出5个议案，呼吁修改民事诉讼法和行政诉讼法，尽快解决民事行政诉讼监督机制薄弱的问题之外，2004年全国"两会"上又有100多名人大代表联名呼吁"完善立法，强化检察机关的法律监督职能，发挥其保障法律统一正确实施的作用"。而在2009年年初的全国"两会"上，不少代表委员更加明确、直接、有针对性地呼吁修改或制定有关法律，从根本上加强检察监督工作。清华大学周光权教授提出了《关于修改刑事诉讼法强化检察监督的议案》，中国人民大学汤维建教授则建议制定专门的《人民检察院监督法》，指出："检察机关作为专门的法律监督机关，必须把工夫下在监督上，加大对执法不严、司法不公、司法腐败问题的查处力度，真正担负起法律赋予检察机关的责任。但是，目前检察机关行使法律监督权却只有零散的立法规定，而缺乏系统的具有可操作性的法律可以依循。这在一定程度上制约了检察机关监督职能的有效发挥"，而"检察机关法律监督的内容涉及广泛，不是诉讼法所能涵盖的。所以，需要制定一部专门的'人民检察院监督法'来统一检察监督中的共同问题和操作程序，强化检察机关的法律"。这些具体情况显示出，在社会矛盾态势复杂化和司法角色越来越无法回避的当前，检察监督的规范与保障问题事实上已逐渐超出了检察机关自身的本位范畴，成为国家生活中的重要议题之一。检察监督滞后于我国经济社会发展和人民群众的期待，越来越突出地反映到了国家立法层面上，逐渐聚焦在应否和如何制定专门的检察监督法律文件的问题上。这清楚地反映了我国当前社会矛盾的一种演化趋势，也体现了社会思潮中对公正执法、制约权力、厉行法治等的一种意识积累与预期。有关内容参见盛瑾：《关于检察机关法律监督权的立法问题：修改完善〈人民检察院组织法〉的建议》，载《检察实践》2000年增刊；林世钰：《100余代表联名提交议案呼吁完善立法》，载中国法院网2004年3月15日以及正义网"2009年两会特别报道"。

法改革的社会动因和社会期待上看，其最终目标也应如此。① 新的司法改革意见突出强调了对权力的制约问题，这也决定了对新一轮司法改革成功与否的评价，必然要涉及在司法领域能否有效实现相关权力的科学配置与运行，而这一问题的本质则是各个司法主体的公共角色定位是否科学、准确，以及法律赋予其实现角色价值的职权与责任是否匹配和平衡。

司法改革的这一本质内涵，实际上也从一个侧面揭示了司法效果的实现规律。司法效果的实现是一个多维的、偶然与必然相结合的过程，微观的、个案的、动态的司法效果，很大程度上是通过司法人员个体的职业素养和职业行为体现出来的，而宏观的、整体的、终极的司法效果，则是通过司法制度的设计与运行体现出来的。人们日常接触和评价的多是前者，而真正具有决定意义的则是后者。因此，就其内容而言，司法改革实际上包括内外两个层次，在内部是工作机制模式、司法职业素质养成方法等的改革，在外部则是司法机关的职能定位、权责设置以及各司法主体之间的权力关系安排。从上述司法改革的本质内涵和司法效果的实现规律上看，司法权的外部改革才是问题的根本，因为这一"外部性"因素最终决定了各司法主体实现角色价值的正当性基础和合法能力。内部改革可以通过有意识的自我探索来达到目的，甚至部分司法人员良好的个人素养也有助于在一定程度上实现司法公正，但外部改革的实质是各司法机关之间科学的职责划分和权限重整，其目标仅通过某一司法机关自身的内部努力无法实现，同时也在很大程度上影响和制约着内部改革的力度与效果，限制着司法人员良好素养的充分发挥。

检察权作为一项国家基本权力，其基于自身发展完善的需要而推行的改革，是我国司法改革的重要组成部分。但从当前检察改革推进和检察权运行的实际效果看，检察监督职能发挥不充分的根源主要还是在于外部改

① 从当代政治学和社会学视角来看，社会"治理"（govern）并非属于"政府"（government）专有，绝不简单等同于"政府管治"，"执政党与政府以外的社会团体及公民个人参政议政、公民平等参与公共事务、居民自治与互助、公民依宪监督、依照民意与听证会立法"以及"司法部门监督行政"，共同构成了现代法治社会中"社会治理"的内涵。不难看出，司法的角色在现代社会治理中是必不可少的。有关引述参见：［美］Kenneth Lieberthal（李侃如博士）：《治理中国：从革命到改革》（*Governing China：From Revolution，Through Reform*），胡国成、赵梅译，中国社会科学出版社 2010 年版，序言，第 3 页。

革的不到位，在于既有法律体系赋予其发挥司法领域中"公共利益代表者"① 的规范性、保障性手段不足，开展检察监督的具体途径、方式和程序措施还比较单一、薄弱。如当前较受关注的检察长列席审委会、检察机关对量刑的监督等问题，各地虽然已经逐步开展了实践摸索，但由于统一上位法律的缺位或规定得模糊笼统，各地检察机关的积极性、实践措施以及法院的态度、监督的效果等也千差万别，呈现出一定程度上的混乱局面。这一情形，我们不妨称之为检察改革的"外部性"现象。造成这一现象的根源，实际上就是关于检察监督职能的国家立法未臻完备，导致实践中检察机关面临一些有认识分歧的具体问题时，无所适从、无以"发力"，而检察机关本身对改变此种现状却又无能为力。在这种情况下，作为国家立法机关和检察监督的上位监督职能的拥有者，人大适时加强和完善检察监督的针对性立法，其意义不仅在于可以赋予检察机关必要的法律监督权限，还在于可以明确其行使法律监督权的具体方式和程序，规定其违法监督或者怠于履职的责任，促进检察机关依法正确实施监督，同时也在于可以有效预防、减少检察机关自行开展监督探索中有可能产生的偏颇性、混乱性，确保检察改革和法律监督工作沿着合法、正当的路径推进，从深层次上保障司法公正的实现。

---

① 何谓公共利益以及何种机构可以代表公共利益，学界并无定论，各国各地区的制度模式也有不同。从司法层面上看，我国检察机关是宪法赋权的法律监督机关，而法律的统一和正确实施从某种意义上讲也是一种特殊的公共利益。随着近年来检察机关开展民事督促起诉、维护公共利益的实践探索，以及关于如何在司法层面上维护公共利益的研究探讨渐趋热烈，人们越来越倾向于赋予检察机关以更广泛的职权特别是公益诉讼权，以更有力地保护国有资产、资源环境和社会弱势群体利益。而从域外各国或地区的司法制度看，在司法领域直接负责担当公益职责的国家主体，大多也是检察机关。樊崇义教授认为，从程序法的角度来看，公共利益应当包含社会的安全与秩序、社会的经济利益、道德利益和可持续发展的利益以及当事人的利益，并指出"我国检察机关是与公共利益紧密联系在一起的，公共利益的维护就是我国检察机关的最终目标"，这一见解能够给予我们不少启发。参见《溯本正源：辨析中国特色检察制度基本原理——访〈检察制度原理〉主编、中国政法大学教授樊崇义》，载《检察日报》2009 年 12 月 29 日。

民事执行行为检察监督制度论[*]

——兼评新民事诉讼法执行救济程序

冯仁强　谢梅英[**]

一、民事执行行为及其法律救济
——《民事诉讼法修正案》解读

　　众所周知，关于民事执行行为救济，修正前的我国民事诉讼法最大的

　　* 浙江省人民检察院 2009 年度重点课题研究成果（SY2009A02），发表于《河南社会科学》2009 年第 2 期。

　　** 冯仁强，浙江省杭州市人民检察院副检察长，法学博士，公共管理学博士后；谢梅英，南京师范大学法学院硕士研究生，杭州职业技术学院讲师。

缺陷在于没有区分单纯执行行为与执行中的司法裁判行为,① 也未针对性地设置程序性救济和实体性救济两种不同的救济方式。2007 年修正后的《民事诉讼法》(以下简称新《民事诉讼法》)第 202 条规定:"当事人、利害关系人认为执行行为违反法律规定的,可以向负责执行的人民法院提出书面异议。当事人、利害关系人提出书面异议的,人民法院应当自收到书面异议之日起十五日内审查,理由成立的,裁定撤销或者改正;理由不成立的,裁定驳回。当事人、利害关系人对裁定不服的,可以自裁定送达之日起十日内向上一级人民法院申请复议。"同时第 204 条规定:"执行过程中,案外人对执行标的提出书面异议的,人民法院应当自收到书面异议之日起十五日内审查,理由成立的,裁定中止对该标的的执行;理由不成立的,裁定驳回。案外人、当事人对裁定不服,认为原判决、裁定错误的,依照审判监督程序办理;与原判决、裁定无关的,可以自裁定送达之日起十五日内向人民法院提起诉讼。"

由此我们可以看出,新民事诉讼法已经将执行活动中的执行争议区分

---

① 很多学者认为,民事执行权既不是一种纯粹的司法权,也不是一种纯粹的行政权,而是一种介乎司法权和行政权之间的边缘性权力,民事执行行为具有司法与行政双重属性,但同时又认为,"从总体上看,由于执行行政权运用频度上占了绝对多数,因此民事执行权主体部分应是行政权"(张志铭:《民事执行权的制度安排》,载《人民法院报》2002 年 5 月 1 日)。我们认为,这种冲突实际上来没有严格区分执行过程中产生的两种"执行"行为:在民事执行过程中,当事人或利害关系人没有提出任何救济要求,换句话说,毫无瑕疵的"执行行为"才是真正意义上的合法正当的执行行为。而引起当事人或利害关系人提出程序性救济——旨在纠正执行中的程序性错误——的"执行行为",虽有违法或不当,但联系执行工作指向来说,仍然是可以"接受"的执行行为,即最终应是可以实现其目的的执行行为;而引起当事人或利害关系人提出实体性救济——旨在全部或部分排除执行依据或执行标的执行力——的执行行为,已经不是可以"接受"的执行行为,因为它已经超出执行工作的依据,必须待解决有关实体权利争议后,得到相关执行根据才能重新进入执行程序。因此,从理论上说,执行行为应区分为单纯执行行为与执行中的司法裁判行为。单纯执行行为只能是对没有任何争议、至少不能有实体权利争议的执行根据与执行标的的执行,主要是针对执行机构违背程序正义原则的补救,特点在于其目的是确保民事裁决的严格依法与高效顺利,争议的双方必定有一方是执行机构,另一方是执行中的当事人或者执行行为的相对人,平衡的是执行机构的执行权威与执行相对人的程序利益,虽然执行机构也要作出裁决,但它解决的是尽快合法实现已有执行根据的问题,因此,只具有程序性救济要求的执行中异议对象无疑应当具有具体行政行为属性。而在提出实体性争议救济申请中,当事人或利害关系人提出异议的对象,针对的是不同民事主体之间围绕执行根据或者具体执行标的产生的超越本次执行根据的权利义务争议,实际并不属于执行行为的异议,只是发生在执行过程当中,其目的是确保合法权利人利益不受损害,虽然作出该执行行为的是执行机构,但执行机关本身并不成为该执行根据或执行标的争议中的一方,执行行为本身更可以看成对该争议独立的、中立的裁判者,对该争议的处理显然属于司法权管理的范畴。

为执行行为争议与涉及执行标的争议，新法已经注意到执行活动不同种类争议行为的差异，并分别作出了较为科学的不同规定。其中，新法中的执行行为争议，其实就是执行活动中的程序性争议，而新法中涉及执行标的的行为争议，即属于执行活动中的实体性权利义务争议。基于此，新民事诉讼法规定前者适用程序性救济手段——由上级法院复议，后者适用实体性救济——由人民法院审判部门通过民事诉讼（再审或另行起诉）解决。① 鉴于此，在讨论严格意义上的执行行为的检察监督可行性建构过程中，不应当再是所有执行过程中执行行为争议的检察监督，而应当仅仅限于新民事诉讼法生效后，扣除"本应由审判机构享有的实体性权利争议复归审判部门（审判监督程序或另行起诉）"② 后的"剩余"执行行为，换句话说，讨论检察监督的民事执行行为，应当只限于人民法院的程序性执行行为争议。

客观地说，此次修正将程序性争议与实体性争议予以严格区分，顺应了世界趋势，③ 同时，建立上一级人民法院对下级法院程序性争议裁定的复议机制，从内部制约角度应当予以充分肯定。但是，这一规定本身存在着诸多缺陷。首先，这一修正将不可避免地导致上级法院执行机构角色定位的内在冲突。众所周知，民事案件一审实施级别管辖，案件审理实行二审终审，发生法律效力的民事判决、裁定由案件一审法院执行。如此一来，中级以上人民法院执行机构，一方面作为一审法院执行机构将是一审裁判的具体执行者，另一方面作为上级法院，其执行机构在下级法院执行机构遭当事人提出执行异议时，又将成为执行行为异议的裁判者。可见，中级以上人民法院执行机构必然要充当作出具体执行行为与对下级法院具体执行行为作出裁判的两种在本质上存在冲突的角色，无法做到真正的中立与客观。其次，我国法院系统按行政区域设置，上下级法院一般相距较远，当执行过程中，当事人对下级法院执行机构执行行为提出异议遭到驳

---

① 当然，此次修正，很多学者认为，仍然存在很多不尽如人意的地方，如在程序性救济对象方面规定仍不够严谨，在实体性救济对象方面过于狭窄，排除了被执行人增减争议等。

② 对此种行为的法律监督，检察机关可以通过已有的抗诉方式实施。

③ 考察各国有关民事执行制度的相关规定，它们虽然制度有异，体系不同，但一般都对在执行程序中受到侵害的权利区分程序性权利与实体性权利，分别适用程序救济与实体救济，通过执行异议和异议之诉，提供相应救济程序——程序性救济与实体性救济，彰显权利保护的完整性。具体可参见德国《民事诉讼法》、日本《民事执行法》、瑞士《联邦债务执行与破产法》及我国台湾地区"强制执行法"立法例。

回，须向上级法院执行机构提出时，当事人必然要舟车劳顿，显然不利于当事人进行诉讼与保障自身权利。再次，由于执行工作非常注重效率，特别是针对程序性瑕疵的执行行为，往往最终经过补正是可以实现其目的的执行行为，新法规定对下级法院执行机构的执行异议必须向上级法院提出，同样由于上下级法院一般相距较远，显然也不利于对执行行为的及时调查，损害了执行工作的效率，也不利于对执行申请人正当权益的及时保护。最后，这一制约来自法院系统内部，它无法等同外部监督，更无法企及外部监督效果。这是因为，现有执行权特点是强制性与即时性，如果拒绝外部监督，囿于体制内利益的关联性，特别是在中国熟人社会的文化传统中，这种内部自上而下监督的"阳光"无法照遍每一个需要救济的权利人。尽管最高人民法院一直强调"高级人民法院有权对下级人民法院的违法、错误的执行裁定、执行行为进行纠正或直接下达裁定、决定予以纠正"，但这种自我纠错与自我监督的总体效果仍然是大打折扣，难以令人信服的。症结就在于这种监督是"自己监督自己"。目前被曝光的绝大多数违法犯罪案件，并非法院通过内部监督发现后主动向社会、向有关部门披露的。内部监督也会发现一些问题，但"内部人"更愿意将发现的问题"大事化小、小事化了"，甚至为了某种原因"一致对外"、"统一口径"，不让事情真相"外泄"。这是一个普通人群体的自然反应，我们的法官、法院似乎未能例外。①

二、民事执行行为检察监督观点简评

为强化正当程序意识，提高执行工作透明度，在加强上下级法院执行机构内部监督的同时，无疑应当进一步强化对执行行为的外部监督，而不是片面排除外部监督。对于有关应当加强外部监督，特别是针对目前的人民法院执行行为的外部监督的更多理由，囿于篇幅，这里不再具体论述。

就目前提出的各种外部监督设计方案而言，其外部监督主体主要有人大、党委、舆论、人民群众和检察机关。其他监督，如人大监督、党的监督、舆论监督、群众监督等，由于他们不能依法介入诉讼（此时应当是执行）过程中，又由于法律职业的专门性特点，他们不能当然具备相关

---

① 孙加瑞：《关于民事执行检察监督的质疑与回答》，载《检察日报》2007 年 9 月 6 日、7 日。

专业技能。特别是程序性争议中的执行行为，证实行为合法与否的材料与情形，不仅具有严格的时限性，而且只为执行机构独自掌握，外部主体诉讼程序以外的一般监督根本无法到位，其实际效果自然可想而知。只有检察机关，依据宪法及人民检察院组织法规定，有权介入具体诉讼活动，才能满足对具体执行行为的外部监督要求，同时，这种外部监督完全符合作为履行法律监督职能的检察机关的宪法定位，凸显人民法院与人民检察院的二元司法的中国特色，有效实现对法院审判权、执行权的制约。

因此，强调外部监督，首要的就是要建立并强化检察机关来自诉讼程序中的对法院执行活动的外部监督。这是因为，我国实行的是人民代表大会制度领导下的二元司法制度，司法权分别由法院与检察院的诉讼监督部门行使，法院享有完整的实体与程序的最终司法裁判权，而检察机关则仅享有有限的侧重程序内容的司法裁判权，并最终接受人民法院审判权的终局裁决，这一设置充分体现了现代司法演进理论的最新成果。① 通过检察权对司法权的制约分权，不仅有助于法律的统一实施，更有助于实现司法公正、保障人权。② 从队伍素质与能力上看，检察官与法官无论是在专业要求、资格取得还是素质养成上都完全相同，并同属国家法律职业共同体成员，因而他们完全有能力对法院民事执行行为实施有效的监督。因此，在执行环节中嵌入检察监督，可实现对法院执行行为的有效外部监督，也完全符合检察机关作为法律监督机关的宪法定位，充分体现中国特色二元司法制度。

在解决了必要性与能力问题之后，随之而来的就是监督的具体的操作

① 司法演进理论认为，人类的诉讼文明史，从原始社会的私人复仇发展到阶级、国家产生以后的国家司法惩罚，从封建社会司法权对行政权的依附到资本主义社会的三权分立，实现司法权从行政权中独立，从资本主义的检察权与审判权、行政权的混同，发展到社会主义社会的检察权从行政权、审判权中分立，这一过程既历史性地解释了世界司法制度的从无到有，司法地位的从不独立到独立的发展过程，也科学地预测了司法制度的主体从审判单一型到审判、检察复合型的发展前景。由此可见检察权的分立和独立是社会主义法律监督理论对人类司法制度的重大贡献，是人类社会发展到一定历史阶段的客观的法律现象。其直接结果，是根据现代社会发展的需要，从国家司法权中分离出制约最终实体裁判权的诉讼程序监督权，从而真正实现二元司法，有效地制衡了审判权。可见，司法演进理论具体阐释了检察权的起源和形成过程。其核心认为检察权从行政权、审判权中独立出来是司法演进的结果，同时，检察权与审判权复合中心必将取代审判单一中心的局面。参见：《民事公诉制度研究》，载张智辉主编：《中国检察》（第 8 卷），北京大学出版社 2004 年版，第 206—282 页。

② 龙双喜、冯仁强：《宪政视角下的中国检察权——兼议法律监督权与公诉权的关系》，载《法学》2004 年第 11 期。

性问题。目前，对民事执行行为如何进行检察监督，除了前述一种观点，即只明确检察监督原则性规定，暂不作出具体规定方式外，以武汉大学赵钢教授为代表，[①] 主张：（1）对于执行过程中损害国家利益、公共利益的行为，对于执行人员在执行过程中存在贪污受贿、徇私舞弊而枉法执行的，检察机关以抗诉方式进行监督；（2）对于人民法院执行人员故意不执行、拖延执行和执行不力的情形，检察机关有权向人民法院发出纠正违法通知书，要求其及时改正；（3）对于执行裁定及执行行为本身不具违法性，但执行行为导致不当结果的，检察机关可发出检察建议，督促执行法院予以解决。[②]

具体分析上述三种监督方式之适用范围，可以发现：抗诉方式目前只能适用于具有实体性救济利益（基于审判监督程序或产生新的诉争权利义务裁判）之时，因为在程序性执行行为救济中，本没有诉的存在，也就没有抗诉的必要。至于检察建议，笔者认为，它根本不属于检察权范畴，因为作为法律监督机关的国家权力，应当具有强制性效果，这是建议性检察意见所不能达到的。纠正违法行为通知，显然属于事后监督，对程序性执行行为而言，此时"纠正"已没有实际意义，其发现途径，如赵钢教授所言，基本依靠当事人或者案外人的申请或者申诉，以及法律完善后规定的检察机关相应调查取证权的配合。然而，在程序性执行行为争议中，由于执行行为严密的闭合性与严格的时限性，即使赋予检察机关调查取证权、调卷权也恐未必能够查清程序性违法行为之真实情形。也有学者提出，对法院执行行为应进行检察机关同步备案。该观点虽然新颖，但很难被立法者采纳，相对司法资源来说也很不经济。特别需要说明的是，上述监督程序设计均未真正嵌入执行程序之中，因此对于作为监督对象的执行行为与生俱来的高度的信息不对称特点而言，上述监督程序设置很难在保证执行的优先、高效与保障监督的同步、有效中实现统一，以致导致或因重视执行优先、高效而监督不力，如检察建议、纠正违法行为通知，或因重视监督同步、有效而干涉执行行为，如同步监督、执行行为同步备案

---

① 赵钢、王杏飞：《民事执行检察监督的程序设计》，载 2007 年 5 月 22 日《检察日报》，参见 http：//www. jcrb. com/n1/jcrb1304/ca605132. htm。

② 笔者认为，虽然检察机关有权对执行程序中执行人员徇私枉法等职务犯罪行为进行调查与处理，但这是依据检察机关的刑事案件的侦查与起诉的权力，依据的是刑法、刑事诉讼法，它不是依据民事诉讼法使用民事诉讼救济方式实施的检察监督，因此，它不属于检察机关实施民事执行行为检察监督范畴，应归属于检察机关查处职务犯罪的组成部分。

等局面的产生。

三、程序性异议救济制度具体建构与检察监督

那么，应当建立怎样的外部检察监督制度以强化对执行活动的程序性争议救济制度呢？笔者认为，这样的检察监督制度应当具备以下几个特征：（1）它应当确保检察监督能够与人民法院执行机构工作在当事人申请救济时实现同步，防止丧失程序性争议救济的时限性；（2）它应当能确保检察机关深入介入执行活动之中，用以解决程序性争议的信息不对称问题；（3）它必须确保执行机构处置问题的即时权限，充分尊重执行机构的先行处置权。由此我们可以发现，检察机关对执行行为的外部监督，十分类似于现行立法中人民法院审判权对行政机关行政行为的司法监督。前文已论述，程序性争议中的执行行为，具有单纯的行政权属性，而检察机关基于二元司法地位，为实现有效制约，应当有权依据司法权对人民法院行使行政权力的行为进行必要的司法监督。为此，完善执行行为的外部检察监督，可以借鉴瑞士联邦的立法例。① 考虑到我国国情与政体，运用二元司法特色，在法院垄断民事具体执行权框架制度下，为有效制约法院执行活动，检察机关可以成为独立的民事执行监督机关，② 即将新《民事诉讼法》中当事人不服执行机构程序性争议之裁定"向人民法院申请复议"，修改为当事人不服执行机构程序性争议之裁定的，应在裁定作出之

---

① 考察执行权分离最为彻底、学者们普遍认为最为公正的瑞士民事执行模式，也许对我们更有启发。瑞士法上的执行分别由破产事务局与执行事务局完成。《瑞士联邦债务执行与破产法》规定，各州得设立一个监督机构以监督债务执行及破产事务。除应由法院以诉讼程序解决的其他执行异议（主要类同于前述实体性执行异议）外，利害关系人对破产事务局或执行事务局的决定或措施不服的可以向监督机构提出抗告，由监督机构听取各方意见之后予以裁决。对州监督机构的裁决不服的，可在裁决宣告后的10天内以违反联邦法律或者联邦国际条约，或者越权裁决或裁决不当为由，向联邦法院提起上诉。

② 即对除执行异议之诉外的有关法院执行行为的所有争议，在满足一定条件的前提下（当事人或利害关系人申请或声明异议，执行法院仍维持原执行行为时），依法向同级检察机关提起对该执行行为的司法审查。

日起 5 日内向"同级人民检察院提出抗告"。①

　　这样一来，首先，它彻底实现了对执行事项争议处理中"任何人不得担任自己事务的法官"的法谚：由于异议对象与初次审查主体是人民法院，须对这种初次裁定的审查权力进行监督、制约，② 由检察机关主管对执行行为中的程序性争议的复议救济。其次，它完全契合检察机关作为国家法律监督机关的定位，检察机关有了对执行行为异议的司法审查权，就可以有效实施对法院执行活动的同步诉讼监督。再次，在进一步强化执行工作的外部监督的同时，也可以有效地整合我国基层检察院的民行工作力量。长期以来，民行"上级抗"模式导致民行部门严重的"倒三角"格局，无法有效调动与整合基层特别是县级检察院的民行力量，由同级检察机关受理执行抗告，既能极大地便利当事人，也更能确保执行监督工作的规范与公正。

　　具体而言，对法院程序性执行行为的外部检察监督机制，我们认为可做如下制度设计。

（一）关于执行行为抗告的提出与审查

　　对程序性执行行为的审查，非经当事人申请，检察机关不得主动进行。所有执行异议的抗告应以书面形式向同级人民检察院提出，书面提出有困难的也可口头提出，但无论以何种形式提出，都应附相应的理由和证据。同时，鉴于程序性执行行为本身的效率要求，为有效防止当事人不必要的缠讼，执行异议（不含执行抗告）应在执行程序开始以后、终结以前提出。因为执行程序结束，即无法撤销或更正已实施的执行处分，此时再提出执行救济已无实际意义。对于执行抗告申请期限，考虑其特殊性，应作明确规定，建议规定为 5 日内，以执行法院作出维持原执行行为裁定送达之日起算，执行法院不作出裁定的，最迟应当在原执行行为终结以前。

---

　　① 抗告则是指当事人或利害关系人对于执行法院就其申请或声明异议所作的裁定，声明不服，向执行法院以外的抗告受理机关提起抗告。抗告可以撤销或变更原裁定，并将原执行处分或程序予以变更或撤销，这种程序类似于复议或上诉。如德国、日本均设立了抗告制度，对于执行法官的裁决可以以抗告程序获得救济。比较来说，德国、日本的执行抗告适用情形很窄，我国台湾地区较宽，唯受理执行抗告的机关皆为法院，然区别于执行法院，皆为执行法院以外的抗告法院。这种设置，虽然具有一定的合理性，但抗告法院与执行法院仍是同属一个普通法院系统，存在一定的关联性，往往抗告法院是执行法院的上级法院，这种关联更为密切，也客观上给申请执行抗告人带来了不便。

　　② 牟逢媛：《完善民事执行救济的程序保障机制》，载《法学》2005 年第 7 期。

为保障检察机关对民事执行监督取得实效，检察机关应当有权调卷审查与调查取证。同时，鉴于执行活动中有关执行争议信息完全归属于执行机构，信息分布客观上呈高度的不对称，为防止执行机构利用执行活动信息不对称规避或拒绝司法监督，切实保障具体执行行为相对人的合法权益，可以借鉴行政诉讼原理，加大执行机构的举证负担，实施司法审查中的举证责任倒置原则，即由该执行机构举证证明其执行行为合法与正当，如果其无法提供相关的证据证明，则由其承担因举证不力的法律后果。

（二）当事人或利害关系人提出异议救济范围

如前所述，执行行为应严格区分实体性执行行为与程序性执行行为，作为检察监督的执行行为只能限于程序性执行行为，具体包括：（1）执行依据违法。如执行了正在上诉期的判决、裁定，或赖以执行的原生效裁判文书已通过合法程序予以停止执行或撤销，仍然秘密执行原裁判文书的等。（2）在执行阶段未经审判任意作出裁定文书变更或停止原生效裁判的执行的。其特点是有新的执行文书直接取代执行依据，导致执行错误。（3）强制执行命令违法，应颁发而未颁发或不应颁发而颁发的。（4）执行措施违法。指法院违法采取查封、扣押、冻结、拍卖、变卖等执行措施，给当事人和案外人造成损害。（5）借合法执行而侵占当事人财产。常见的有：不按照拍卖、变卖的有关规定低价拍卖、变卖被执行人财物；违反法律规定，自己购买或托人变相购买低价拍卖、变卖的财物等。此外，还包括执行人员消极执行，行为怠慢，甚至有意推诿、拖延，不予执行，① 等等。

（三）受理与审查期间原执行行为的处理

为使执行程序顺利、迅速地进行，不致因某些随意甚至恶意提出的异议而中断，在执行当事人、利害关系人提起执行异议之后，原则上不应当停止强制执行程序的进行。不过，从异议提出到作出裁定之前，毕竟要经过一段时间，有些情况下不停止执行很可能会损害当事人或利害关系人的合法权益，而且有些执行的不可逆转性会使撤销或更正的裁定无法实施，因此在异议提出之后原则上不停止执行的同时，亦有必要允许附条件地继

---

① 杨荣新：《论强制执行制度的改革与完善》，来源：中国论文下载中心，详细请参见 http://www.studa.net/sifazhidu/030622/2003622120910-5.html。

续或停止执行。参照其他国家和地区的一般做法，通常可令一方当事人提供担保。即如果是异议人要求暂停执行的，在提供了足额有效的担保后，受理异议机关可以裁定形式决定停止执行；如果是申请执行人要求继续执行的，在提供了足额有效的担保后，受理异议机关可以裁定形式决定继续执行。

（四）对执行抗告裁决的执行与复议申请

人民检察院对当事人或利害关系人有关执行过程中的程序性执行行为违法或不当异议的初次裁定依法进行审查并在抗告受理后5日内作出裁决。一般地，人民检察院对抗告实施书面审查，并有权调阅执行案卷或调查取证。执行机构应当予以配合，并对执行行为的合法性、正当性进行说明或解释，检察机关应当对抗告申请、执行机构的说明解释、案卷内容，包括调查取证情况进行全面审核，依法作出裁决。经当事人申请，符合一定条件的，检察机关也可以依法主持由执行员、有关当事人参加的公开听证。执行机构不予配合的不影响检察机关的最后裁决；如影响司法公正的，检察机关可视具体情节提请法院纪检或人大等部门或权力机构作出相应处理。

通过审查处理程序，当事人或利害关系人提出的抗告事由成立的，检察机关应立即作出裁定撤销或直接裁定纠正原执行机构的执行行为；经过审查，检察机关认为当事人或利害关系人的异议理由不成立的，作出驳回抗告的裁定。当事人或利害关系人对人民检察院裁决不服的，在裁决宣告后的10天内以违反法律，或者越权裁决为由，向该检察机关的上级人民检察院申请复议。上级人民检察院审理复议申请案件，应当面审查，认为复议理由成立的，可以撤销下级人民检察院的裁决，理由不成立的，应当维持原裁决。上级人民检察院在审理复议申请时，认为必要的，也可以使用公开听证的方式。

刑事审判法律监督的
困境与立法完善[*]

温州市人民检察院课题组^{**}

检察机关刑事审判法律监督是指人民检察院依法对人民法院的刑事审判活动是否合法及所作的判决、裁定是否正确，进行专门法律监督，确保刑事法律统一正确实施的活动。我国检察机关拥有刑事审判法律监督权，是当前我国诉讼监督权配置的一种既存状态，同时也是历史发展自然延续的一种结果。但是，我国检察机关刑事审判法律监督工作一直未能充分有效地体现制度的设置初衷，现行的刑事审判法律监督工作暴露出不少问题和缺陷。我们要从树立科学的刑事审判法律监督理念入手，着力解决制约刑事审判法律监督工作深入发展的各种因素，进一步完善刑事审判法律监

---

    * 浙江省人民检察院 2009 年度重点课题研究成果（SY2009A04），发表于《法学杂志》2010 年第 3 期。

    ** 课题组组长：李泽明，浙江省温州市人民检察院检察长。课题组成员：陈晓东，浙江省检察业务专家，温州市人民检察院法律政策研究室主任；李仁生，温州市人民检察院法律政策研究室副主任；姚龙，温州市人民检察院法律政策研究室干部。

督的立法、健全我国刑事审判法律监督体系。

一、我国刑事审判法律监督工作面对的现实困境

（一）刑事抗诉案件数量极少、质量不高和种类不齐

从应然层面上讲，刑事抗诉是检察机关在诉讼监督层面上对法院确有错误刑事裁判进行纠正的最有效、最可行的监督方式。但是，从实然层面上讲，抗诉工作的现状不容乐观：一是案件绝对数量极少。以浙江省温州市检察机关的情况为例，2006 年、2007 年、2008 年提出抗诉案件数量分别为 13 件、5 件、16 件，仅占该年度提起公诉案件数量的 0.15%、0.049%、0.15%。二是案件质量不高。质量不高主要表现为上级院支抗率偏低、撤抗率偏高、二审法院改判率不高。以浙江省温州市检察机关 2008 年度抗诉情况为例，在基层院提出抗诉的 24 件案件中，上级院支持抗诉 16 件，仅占总数的 66.7%；而撤回抗诉案件 8 件，高达总数的 33.3%。同时，法院审结的 16 件案件中，改判案件 9 件，改判率为 56.25%。三是抗诉的种类不齐。法律规定提起刑事抗诉的条件"确有错误"，这必然包括对不利于被告人的情形和对有利于被告人利益的情形提起抗诉。但在司法实践中，对无罪判决和重罪轻判案件提出抗诉的，几乎占据所有案件，而轻罪重判或因法院在审判过程中严重违反法定程序，影响公正裁判而提出抗诉却极为罕见。①

（二）刑事抗诉权的行使中存在"四难"

一是法定幅度内量刑不均衡的案件改判难。虽然法院在法定刑幅度内量刑不公正的现象时有发生，但在司法实践中，二审法院对待抗诉案件的一般认识是，只要是在法定刑幅度内适用刑罚的，就视为量刑适当。这一认识导致法定刑幅度内量刑不合理、不均衡的判决无法纠正。二是适用缓刑的案件抗诉难。刑法对于缓刑适用的条件是"确实不致危害社会"，因为这个条件相当原则，在司法实践中难以准确把握。例如对于一些本该判处三年以上实刑的案件，法官却对其判处三年徒刑并适用缓刑。对此类判

---

① 深圳市市、区两级检察机关 2000 年、2001 年共提出抗诉的案件 31 件 50 人，从抗诉原因构成情况来看，全部抗诉案件均因无罪判决和量刑畸轻而提出。参见刘建柱主编：《检察实务疑难问题研究》，中国检察出版社 2004 年版，第 276 页。

决，检察机关即便以适用缓刑不当提出抗诉，二审法院一般都不予以支持。三是有法定和酌定情节的案件抗诉难。在司法实践中，法官自由裁量权滥用的现象不可避免，比如，只要是具有重大立功的，无论重罪还是轻罪，一律予以免除处罚。对此情况，检察机关即使抗诉，法院也往往维持。四是自侦案件纠正难。由于检察机关查办自侦案件在固定证据方面的手段十分落后，自侦工作主要靠挖口供，通过其他侦查方式，查清事实、核实证据的手段匮乏，这就客观上给自侦案件留下了证据隐患。从拘留、逮捕、审查起诉和提起公诉等一系列环节都在检察院内部操作，体外监督相对匮乏，导致一些存在"瑕疵"案件也进入审判程序。加上案件自侦的对象不仅拥有一定的权力和地位，而且犯罪日益智能化，反侦查手段越来越高明，案外因素干预大等原因导致自侦案件纠正非常难。

（三）监督范围过于狭窄，存在盲区

按照刑事诉讼法的规定，人民检察院应当依法对法院整个刑事审判活动进行全方位的监督。但从实践中看，却存在以下盲区：一是检察机关对刑事审判的监督还是局限在对未生效或已经生效的判决裁定提出抗诉上，而法院的判决或裁定形成过程往往是在不公开状态下产生的，也无法对其程序性违法行为进行监督，监督的着力点仅仅是落在结果上。二是检察机关审判法律监督只监督公诉案件，排除监督自诉案件。三是检察机关对法院刑事审判的监督，主要体现在对被告人定罪量刑有影响的实体方面问题，而对附带民事审判活动监督却出现盲点，导致司法实践中无论是公诉部门还是民行检察部门对附带民事诉讼判决结果的公正性，都很少关注，检察监督则形同虚设。四是对于犯罪情节较轻、社会危害性相对较小的简易程序，由于其诉讼程序的简化，部分法院在案件审理过程中，随意性较大，片面追求诉讼效率，更容易出现损害当事人合法权益的问题。检察机关往往因案多人少而不派员出席法庭，导致简易程序庭审过程的监督也成为盲区。

（四）监督职能在不断地弱化

刑事审判法律监督的最终裁决权在法院，检察机关的监督权仅仅是一个程序启动权，监督无论是否准确，最后都应当服从于法院。由此而导致，刑事审判法律监督在整个诉讼监督体系中的地位实质上呈现下降趋势。检察机关作为国家法律监督机关，在法律适用过程中理应承担更加

重要的任务，扮演更加重要的角色，但实践中我们却发现，人们往往抱着"法治不如人治，人治不如批治"的信条，总是把目光投向"领导批示"或"清官私访"上，意欲通过信访渠道来实现其监督作用。"批治现象"的盛行，从另一个角度来讲，正好折射出了检察监督职能在弱化。

二、现实困境存在的成因剖析

（一）刑事立法及司法解释的缺陷

1. 刑事诉讼法本身的缺陷

刑事诉讼法关于"确有错误"的规定过于笼统、模糊，抗诉标准难以把握。刑事诉讼法缺少对刑事自诉案件、简易程序审判的案件、刑事附带民事诉讼案件的监督的具体规定。全国人大常委会也没有对其如何理解作出过立法解释。

2. 刑法条文设置的缺陷

现行刑法条文不细，刑期幅度过宽，伸缩性大，刑种之间呈跳跃式，在量刑上难以掌握。对此，检察机关显得无能为力，难以逾越立法缺陷而提起抗诉。

3. 刑法罪名设置的缺陷

刑法不少罪名在立法技术上选择引用罪状和空白罪状的形式，司法人员难以理解此类犯罪的构成要件和证明标准，致使一些罪名中"情节严重"和"数额巨大"的认定标准往往不明确，检察机关在行使起诉自由裁量权时容易与法院在法律适用等方面产生分歧。

4. 与刑事诉讼法相关司法解释的缺陷

主要表现为"两高"没有联合就刑事审判法律监督工作作过司法解释。

（二）执法理念的不科学

在刑事审判法律监督实践中，少数检察人员的执法理念不科学，对刑事审判法律监督制度所具有的法律监督属性认识不足、对刑事审判法律监督工作定位不准。具体表现为"三重三轻"：

1. 重配合，轻制约

根据刑事诉讼法的规定，检法两家的关系是既互相配合，又互相监督。在实践中，一些检察机关虽然明知法院的判决存在错误，但却担心开展监督会引起检法冲突，影响关系，于是该抗不抗。

2. 重诉讼，轻监督

作为国家法律监督机关，检察机关诉讼和监督两大职能并存。但实践中，一些检察机关往往注重对审查起诉、出庭支持公诉案件的质量把关，将其列为考核和量化管理的硬指标，而把监督工作作为软任务，一般没有具体要求，导致诉讼和监督职能的失衡。

3. 重结果，轻过程

在对监督质量的评判上，有的检察机关存在"以结果改判论英雄"、"以法院为准绳"的倾向，过分强调抗准，错误地把法院是否改判作为衡量监督质量的唯一标准，即便有的案件得不到法院的改判，是由于我国的有关证据规则缺乏可操作性、认定标准难统一、量刑标准模糊，而不是因对法律的理解和适用有错误导致的，也认定为办案质量不高。

（三）工作机制仍然欠合理

1. 上下级检察院的业务指导工作机制需要完善

司法实践中，下级院在提出抗诉之前，与上级院的联系沟通不够，没有做到在两级院基本达成一致共识的情形下再提出抗诉，导致上级院支抗率低，撤抗率高，检察工作一体化机制建设亟待加强。

2. 目标考核机制设置不尽科学

公诉业务工作考核中往往作出这样的规定，无罪案件，未抗诉或上级院不支持的案件要影响考核成绩；有的地方还具体设置了加减分的幅度，如抗诉一件的加2分，抗诉成功后再加分，法院改变罪名的减2分，法院改变罪数减2分，法院增加或者减少从重从轻的情节减2分，等等。这种考核机制致使检察官在决定是否对案件提起公诉时，不是考虑法定的起诉条件，而是看法院的态度行事，这在很大程度上束缚了检察机关刑事审判法律监督的手脚。

3. 上下级法院的案件请示机制不合理

有些案件存在"上定下审"或"未审先判"现象，将法律规定的二审终审制度变成实际上的一审定案机制，在一定程度上制约了监督工作的开展。

（四）内部体制的不利因素

1. 检察机关内部的行政化倾向突出

一方面，从本级检察机关内部的审批程序看，按照有关规定，检察机关在作出抗诉拟定时，应在案件承办人员、公诉部门负责人、主管检察长、检察长均认为案件符合抗诉条件时，才由检察长提请检察委员会讨论决定。从检察官到检察委员会其间层层环节，级别不同，决定的分量也不同，形成一种"金字塔式"的审批权官僚机制。层层把关的审批模式，严重违背了检察官职业特点和检察工作规律，导致检察官责任心不强，业务素质提高缓慢；另一方面，从上下级检察机关行政关系看，上级检察院对下级检察院的业务指导，许多是通过行政性文件和工作会议进行部署的，导致了下级检察院"唯命是从"，不能独立执法。上级检察院还常常把属于下级检察院的执法权上收，造成了"定者不审、审者不定"的状态。

2. 检察官身份管理的公务员化

2005年4月27日十届全国人大常委会第十五次会议通过的《公务员法》将检察官纳入公务员管理的序列。显然是忽视了检察权的特点，混淆了检察人员与行政人员的区别。由此可见，消除检察官身份管理的公务员化阴影仍然是任重而道远的。

3. 公诉人业务素质的不适应

当前，我们公诉队伍的素质存在"四个不适应"：一是文化上的不适应。学历继续教育虽然提高了公诉人的文化层次，但反映在实践能力上的研究问题、分析问题的水平依然捉襟见肘。二是业务上的不适应。缺乏扎实的法律功底和精湛的执法技能，对犯罪要件认定不当，对罪与非罪、此罪与彼罪的辨识能力不强。三是思辨上的不适应。在法庭上表现平平，缺乏气宇轩昂的精神斗志和"设无穿之词"的辩论技巧，只求过得去，不求过得硬。[①] 四是培育上的不适应。上级检察机关缺乏必要的指导、培训，致使公诉队伍与日益壮大的律师队伍相比，劣势日渐明显，出现公诉人水平跟不上律师的不利局面。

---

① 李泽明：《检察机关规范执法行为的三点思考》，载《人民检察》2006年第4期。

三、关于加强刑事审判法律监督的立法建议

（一）关于完善刑事审判法律监督的立法总体构思

1. 在刑事诉讼法中设置专节明确检察机关的刑事审判法律监督权

检察机关应当紧紧抓住修正刑事诉讼法这一有利时机，在再次修正后的刑事诉讼法中充分吸纳强化刑事审判法律监督的相关内容，具体建议就是在刑事诉讼法中设置专节明确检察机关的刑事审判法律监督权。虽然现行刑事诉讼法已经将检察机关依法对刑事诉讼实行法律监督规定为基本原则，但依然是原则有余，具体不足，可操作性差。笔者认为，应当参照《刑法》第八章贪污贿赂罪、第九章渎职罪的立法例，在再次修正后的刑事诉讼法中设置"人民检察院法律监督程序"专章，将目前散见于刑诉法各个章节的法律监督内容，包括立案监督、侦查监督、审判监督和执行监督等内容各自规定一节统一吸纳到该章节中。

2. 在条件成熟时，由最高人民检察院向国家立法机关提出立法建议，制定《人民检察院刑事诉讼监督法》

《人民检察院刑事诉讼监督法》（以下简称《监督法》）要明确赋予检察机关切实可行的、具备一定强制性的刑事审判法律监督权，如确认权、纠正权、建议权、复议权等。要建立和健全行使监督职能的相关程序，赋予监督者以必要的手段，规范监督者运用监督手段的行为，明确监督者的责任和被监督者的义务以及相应的追究责任机制，不履行义务的消极后果和救济措施，通过合理分配监督机制中的权利义务，保证监督机制的有效运行，增强监督的刚性和力度。

3. 扩张刑事审判法律监督的范围，填补监督空白点

在系统制定的《监督法》专章"刑事审判法律监督"中，应当在其第一节中独立设定"刑事审判法律监督范围"专节，具体而明确框定检察机关开展刑事审判法律监督的范围。因为检察机关对法院审判活动进行全方位监督，即除了对法院认定事实和适用法律及案件受理、审理和送达期限、法庭组成人员、庭上审理程序等进行监督外，还应该将对公诉案件庭前审查程序、自诉案件的审理程序、简易程序案件的审理程序、刑事附带民事诉讼案件的审理程序和死刑复核案件的审理程序一并纳入到刑事审判法律监督的视线中。同时，还要增加对法院庭外进行的勘验、检查、搜

查、扣押、鉴定等调查活动，采取逮捕等强制措施以及判决书、裁定书的执行活动的监督，以形成一个完备、严密、科学的刑事审判法律监督体系，从源头上避免监督盲区的出现。

（二）关于完善检察机关法律监督程序的立法建议

1. 在二审抗诉程序中运用公诉一体化机制

现行刑事诉讼法规定的按照二审程序抗诉的案件由上下级检察机关共同审查、共同把关的立法模式基本上是合理的，也是可行的。这种审查模式强化了内部工作制约机制，提高了抗诉案件的质量。但是，为了节约司法资源，提高诉讼效率。我们认为，在制定《监督法》时，可以尝试在二审抗诉案件程序中运用公诉一体化机制，补充规定原审公诉人参与抗诉审法庭的制度。公诉一体化，是检察机关在履行公诉职能时，打破有关行政区域、审级和地域的限制，把整个公诉部门视为统一的整体，在垂直检察体制前提下，通过对公诉资源的有效整合、合理配置，以独立、统一、整体的公诉机关形象开展公诉工作，从而形成该区域内的公诉队伍一体化、公诉格局合理化、公诉机制科学化。根据公诉一体化相关理论，从公诉权的行使上说，案件审级虽已发生变化，但公诉人在行使追诉功能时，应"一竿子插到底"，即一审公诉人出庭公诉后，如果认为案件裁判确有错误，可以通过原审法院向上一级法院提出抗诉；二审法院在开庭审理时，应当通知一审检察官出庭抗诉。一审裁判后，如果当事人对裁判结果不服向上一级法院提出上诉，第二审法院决定开庭审理的，通知一审检察官出庭；如果上级法院或者上级检察院发现下级法院已经发生法律效力的判决裁定确有错误，决定按照审判监督程序开庭审理时，也应由一审公诉人出庭履行检察院的职责。

2. 健全对法院书面审查案件的备案监督机制

为了消除监督盲点，防止少数审判人员随意减刑，适用缓刑，有罪改判无罪现象的发生，应建立对法院书面审改判案件的监督体系，并力求使这项工作规范化、制度化。一是要建立终审裁判书档案登记制度。二是对确有疑点的案件，要由两人交叉审查，共同审查终审裁判文书。三是上级院审查人员应及时与起诉环节的原审公诉人沟通信息，交换对案件的看法。四是上下两级检察机关的承办人在达成拟抗诉的共识后，应按审判监督程序依法调卷，全面审查案件的事实和证据，认为裁判确有错误，符合抗诉条件的，提出具体、明确的抗诉意见和理由。五是刑事审判法律监督部门负责人在审核时，要重视承办人的抗诉意见，通过组织集体讨论的形式，确定同意抗诉，存在分歧意见或不宜抗诉的理由。六是最终是否应按照审判监督程序提出抗诉的意见，要由检察委员会讨论决定。

3. 完善按审判监督程序抗诉的时间和次数

我国现行刑事诉讼法按照实事求是、有错必纠的原则，对于检察机关按照审判监督程序抗诉的期限和次数均没有作出规定，司法实践中，对被告人反复追诉和审判的现象时有发生。这在一定程度上降低了司法公信力，破坏了司法权威。为了充分保障被告人的合法权益，非常有必要对检察机关按照审判监督程序抗诉的期限和次数作出明确的规定。一方面，对有利于被告人的审判监督抗诉案件，应当不受时间限制；另一方面，对于第一审宣判后人民检察院在法定期限内未提出抗诉，或者判决、裁定发生法律效力后 6 个月内未提出抗诉的案件，没有发现新的事实或者证据的，不得为加重被告人刑罚而依照审判监督程序提出抗诉。对于提出抗诉的次数，应以两次为限。

（三）关于规范人民法院审理案件程序的立法建议

1. 废除法院发回重审、指令再审权

根据《刑事诉讼法》第 189 条、第 205 条的规定，对于人民检察院提出抗诉的或被告人不服第一审判决上诉的，第二审人民法院对于事实不清或者证据不足的案件，可以发回原审法院重新审判，或者指令下级法院再审。刑事诉讼法这些条文的设置，至少存在三个方面的缺陷与不足：一是影响了检察机关审判监督的效力。接受抗诉的法院发回重审，使案件继续由下级法院审判，而下级法院只是改变了审判人员，但是院长、庭长和审判委员会成员并没有改变，在这种体制下，使其自己改正自己的错误存在很大难度。[①] 二是滋生了奇特的"循环审判"现象。实践中一些案件发回重审后，因下级法院继续作出维持原判的决定，检察机关便多次抗诉或被告人反复上诉，如此循环往复而产生"循环审判"，最后还是以上级法院予以改判而告结。三是发回重审和指令再审制度不符合疑罪从无原则。根据《刑事诉讼法》第 162 条的规定，证据不足不能证明被告人有罪的，法院应当作出证据不足、指控的犯罪不能成立的无罪判决。而发回重审或

---

① 参见童建明、万春、高景峰：《司法体制改革中强化检察机关法律监督职能的构想（上）》，载《人民检察》2005 年第 2 期。

指令再审制度却违反了此原则。综上，笔者认为，为了避免目前在发回重审、指令再审制度运用中一系列问题的发生，应当在再次修正刑事诉讼法和制定《监督法》中明确规定，人民法院对于人民检察院提出的抗诉，接受抗诉的人民法院必须直接审理并作出裁决，不得发回重审或指令再审。

2. 废除法院内部案件报送请示制度

目前上下级法院的内部案件请示机制的不合理，已经在相当程度上制约了法律监督工作的正常开展，尤其是对一些疑难或有重大社会影响的案件。因此，当务之急是明确禁止直至废除法院内部案件请示汇报制度。一方面，应当通过立法或司法解释的形式，明确规定法院审级独立原则，明确废止法院内部案件请示汇报制度；另一方面，各级检察机关在行使法律监督权过程中，若发现法院存在内部案件请示汇报情形的，应当依法及时向地方各级国家权力机关汇报，大胆提出纠正意见，直到违法行为得以纠正。

3. 明确规定检察长应当列席同级人民法院审委会讨论抗诉案件的制度

在法律尚未明确规定之前，各级检察机关要与同级人民法院通过联合制定内部工作文件的形式，将检察长列席同级人民法院审委会讨论抗诉案件的制度从"可以"转变为"应当"，并对检察长列席审委会制度的一些具体工作程序和要求作出规定；在条件成熟时，以立法的形式将检察长应当列席审委会制度予以法定化，以进一步强化检察机关对刑事审判活动的法律监督职能。

（四）关于增强刑事审判法律监督效果的立法建议

1. 完善庭审监督的内容，赋予检察人员当庭监督的权力

对庭审活动的监督应主要包括以下内容：法庭组成人员是否合法；审判程序是否合法；当事人及其他诉讼参与人的合法权利是否得到保障；是否违反法定诉讼时限；就程序问题所作裁定或决定是否合法；有无枉法裁判，挟嫌报复或其他违反法律规定的行为；有无漏罪漏犯；裁判在认定事实、适用法律上是否正确、合法；宣判程序是否合法；其他违法问题。①

---

① 中国检察理论研究所编：《检察理论研究集萃》，中国检察出版社 2001 年版，第 240 页。

2. 增设审判监督部门，与公诉部门分别独立行使审判监督权和公诉权

现行的刑事审判监督职能主要由检察机关的公诉部门承担，而公诉人的首要职责是审查起诉和出庭支持公诉。当前，检察机关案多人少矛盾十分突出，公诉人无暇顾及审判监督工作，加之内部严密考核制度的作祟，法院判决结果直接影响到对公诉人办案质量的评判，"不想监督"、"不能监督"、"不敢监督"制约着审判监督工作的强化。我们认为，面对日益繁重的抗诉工作任务，可抽调业务能力强、工作经验丰富的检察人员专门从事刑事审判监督工作，或增设刑事审判监督专门工作机构。上述专业人员或专门机构负责二审程序、审判监督程序抗诉案件的审查、出席法庭支持抗诉以及法院开庭审理的上诉案件的出庭工作。这样不仅可以改变公诉人身兼两职而使指控与监督难以兼得的状况，还可以理顺检察人员与审判人员的诉审工作关系，避免办案人员之间为了搞好关系而疏于监督制约，同时又能及时研究审判监督工作中出现的新情况、新动态，有效促进法律监督职能的全面履行。

3. 强化二审抗诉阻却一审无罪判决的生效和执行力

《刑事诉讼法》第209条规定："第一审人民法院判决被告人无罪、免除刑事处罚的，如果被告人在押，在宣判后应当立即释放。"从该条的立法原意来看，是指只要第一审人民法院判决被告人无罪、免除刑事处罚的，无论检察院是否抗诉，一审宣判后立即生效。从保障人权和维护审判权威的角度分析，这一规定无疑是正确的。但在司法实践中，由于少数裁判确实存在错误，一些被告人唯恐自己受到法律的惩处，在法院宣判无罪或免刑之后，立即逃跑，这样，即使检察院提出抗诉，二审法院因为被告人不能到庭而无法开庭审理。基于以上理由，我们认为，有必要将《刑事诉讼法》的上述条款修改为："第一审人民法院判决被告人无罪、免除刑事处罚的，如果被告人在押，而人民检察院在法定抗诉期限内又没有提出抗诉的，应当予以释放；若人民检察院在法定抗诉期限内提出抗诉的，应当变更为取保候审。"只有这样，才能确保检察机关按二审程序的抗诉顺利进行。

法律监督权的制约机制研究[*]

湖州市人民检察院课题组[**]

检察权在我国宪法定位上是一种法律监督权，是由国家最高权力机关授权而由检察机关专门行使的，对其他权力进行专门监督的一种国家权力。我国检察权的现实状况是：检察权在实际的运行过程中因应有监督制约机制的缺失，造成部分检察权的滥用。同时检察权法律监督的特性给人以只是监督别人自身不受监督的印象，从而对检察权提出"谁来监督监督者"的质疑。因此，加强对检察权的监督制约，保障检察权的有效行使，是摆在检察机关面前的必然选择。为了保障检察权的合理运行，必须要健全对检察权的制约机制研究，以改革的思路对检察权的制约价值加以实际衡量，为今后检察制度的建设创新提供深层次的理论储备。

* 浙江省人民检察院 2009 年度重点课题研究成果（SY2009A07），发表于《河北法学》2010 年第 11 期。

** 课题组成员：吴云，湖州市人民检察院党组副书记，副检察长；屠晓景，湖州市人民检察院研究室主任；曹烨，湖州市人民检察院研究干部。

一、目前法律监督权的内外监督制约机制

（一）外部监督制约机制

1. 党的领导

党对检察机关的领导主要是政治、思想和组织上的领导，而党的领导也是支持，是对检察机关独立行使检察权的支持。强化领导、大力支持，既能体现党对检察权的行使的监督，又能充分发挥检察机关的检察权。

检察机关自觉接受党委的领导和监督，是保证检察机关公正执法的关键。在坚持党的监督的同时要注意维护检察独立的原则，并且要处理好这两者之间的关系。检察机关是国家法律监督机关，依法独立行使检察权，是检察机关活动的基本原则之一。正确认识依法独立行使检察权，要在思想上明确以下两点：其一，依法独立行使检察权不能脱离党的领导；其二，检察机关必须依法独立行使检察权。

2. 权力机关（人大）监督

在人民代表大会制度的政治体制下，我国现行宪法对检察权行使的一般原则作出了规定，构设了我国检察体制的基本框架。

人大监督检察权的具体内容主要包括：（1）审议检察机关工作报告；（2）对检察机关制定的司法解释或其他规范性文件进行审查；（3）执法检查；（4）质询；（5）人事任免；（6）对检察制度的监督；（7）司法政策的监督；（8）案件监督。

3. 公安机关、法院和犯罪嫌疑人、被告人、辩护人和被害人的制约

根据《刑事诉讼法》第7条的规定，公、检、法进行刑事诉讼，应当分工负责，互相配合，互相制约，以保证准确有效地执行法律：（1）公安机关对检察权的制约。公安机关可以对检察机关不批准逮捕的决定以及不起诉决定提起复议和复核；（2）人民法院对检察权的制约。人民法院对检察机关起诉的案件拥有最终的裁判权；（3）犯罪嫌疑人、被告人、辩护人和被害人对检察权的制约。我国法律在程序设计上赋予了犯罪嫌疑人、被告人、辩护人、被害人一定的权利，防止检察机关滥用权力以及当权力因滥用或不正当的行使侵犯了权利时，进行有效的救济。

4. 民主（政协）监督

民主监督是指参加人民政协的各民主党派、无党派爱国人士，各人民

团体和社会各界爱国人士，就国家和地方的重要事务提建议、意见和批评。民主监督在检察机关正确履行法律监督职能中发挥着重要的作用。民主监督通过了解个案办理、旁听出庭公诉、参与信访接待等途径对检察业务工作进行检查、监督和评价，不仅有利于检察人员强化职业道德意识和加强办案责任心，而且有利于促进检察人员钻研检察业务，提高办案水平，保证办案质量，注重办案效果。同时，民主监督还有利于检察人员在八小时内外严于律己，规范言行，注重保持检察干警的良好形象。

5. 舆论监督

所谓舆论监督，是指舆论界（主要指新闻界）利用媒体发表各种意见或言论，对社会的政治和文化生活进行批评，实行监督的权利，是人民群众行使民主权利的重要形式和渠道。检察活动的过程和结果有赖于新闻媒体的报道、传播，以此置司法于阳光之下，使其接受大众的监督，这也是检务公开原则的基本要求。它有利于促进司法的公正和社会效益，有利于对广大群众进行生动的法制教育和宣传。

6. 人民监督员监督

人民监督员制度是我国检察机关在现行法律规定的框架内，为落实宪法精神，为完善直接侦查案件的外部监督机制，主动接受人民监督的一项制度创新。人民监督员制度的创置目的是为了有效防止检察机关在查办职务犯罪案件中扩张和滥用权力或失职渎职，保障公民的知情权、参与权与监督权，通过以权利监督制约权力，实现检察机关查办职务犯罪案件法律效果与社会效果的统一，保障司法公正、促进社会和谐。因此，人民监督员制度是我国法制框架内的制度创新，其最根本的立法价值就是能有效地预防和抑制检察权的异化，充分体现诉讼民主的要求，使人民群众的代表能够通过有明确职责范围和严格程序保障的途径监督检察办案关键环节和重要部位，体现了对监督和制约检察权的理念及其依法正确运用检察权的价值追求。

（二）内部监督制约机制

1. 上级机关对下级机关的领导和监督制约

《宪法》第132条规定："最高人民检察院领导地方各级检察院和专门检察院的工作，上级检察院领导下级检察院的工作。"在实践中，上级检察机关对下级检察机关的领导和监督制约主要表现在：（1）请示、报告制度；（2）指令纠正制度；（3）案件调取制度；（4）案件交办制度；

（5）检查指导制度；（6）组织协调制度；（7）备案制度；（8）报批制度；（9）省级以下（不含省级）检察院职务犯罪案件审查决定逮捕权上提一级制度。

2. 检察长和检察委员会的领导和监督制约

依据我国现行人民检察院组织法，我国检察机关内部的领导机构为检察长和检察委员会，即实行检察长负责和检察委员会集体领导相结合的模式。检察长作为检察机关的首长统一领导检察院的工作，检察委员会是实行集体领导的业务领导机构，对首长负责制形成一定程度上的制约。《人民检察院检察委员会组织条例》第4条规定：检察委员会讨论决定重大案件和其他重大问题。检察委员会对检察工作的监督是全面的监督，是内部监督的重要形式。

3. 业务部门之间的分工和制约

目前，检察机关内部部门间的制约模式主要有两种：第一种是以查处违法违纪人员为中心的制约模式。制约的主体主要是检察机关内设的纪检监察部门。第二种是以案件为中心的制约模式。主要是通过各内设部门正常履行职能，发挥不同检察权间的制约作用，即控告申诉部门、公诉部门、侦查监督部门、职务犯罪侦查部门等明确划分职责权限，通过不同阶段的办理案件、移交案件物品、线索等形式对案件进行监督制约。

4. 检务督察

检务督察是指检务督察部门及其工作人员依照法律和规定对督察对象履行职责、行使职权、遵章守纪、检风检容等方面进行监督检查和督促落实。它实现了由静态监督转向动态监督，由事后监督转向事前、事中监督，由案件质量管理、检风检纪监察转向全方位的检务督察，从内容上看，主要包括以下三方面的内容：一是针对个案和一线办案人员的督察，主要体现在个案督察和个体督察；二是针对内设机构及其相互制约的督察，具体体现在对办案业务部门之间相互制衡的督察；三是针对检察机关贯彻执行上级工作部署、落实工作任务、正确履行职责等总体情况的督察。

二、法律监督权制约机制的改革方向

（一）垂直领导与双重领导体制的变迁比较与改革

检察机关的领导体制，是指检察机关机构设置和权限划分制度。新中国成立初期，我国检察机关实行的是垂直领导体制。从 1957 年开始反"右"扩大化，检察机关垂直领导被歪曲为以法抗党。1978 年重建人民检察院后，基本确立了"上级院领导，人大监督"的双重领导体制，即各级地方检察机关一方面要接受上级检察机关的领导，同时又要接受地方权力机关的领导。

从现状看，上级人民检察院的领导，很大层面上只限于业务领导，原因主要在于：上、下级检察机关的领导受到了干部管理体系和经费保障体系的横向制约，当检察机关办理的案件特别是对于职务犯罪的侦查方面，地方党委、政府一旦进行不适当的干涉，检察机关就很难抵住压力，真正独立而公正地行使检察权。

列宁认为，"主张检察机关实行'双重'领导，取消它对地方政权的任何决定表示抗议的权力，这就不仅在原则上是错误的，不仅妨碍我们坚决实行法制这一基本任务，而且反映了地方官僚主义、地方影响的利益和偏见。"[①] 但我国目前地区经济发展尚不平衡，加之国家财力有限，实行检察机关从中央到地方的垂直领导并不现实，因此，我们认为在当前情况下可以考虑省级以下实行"垂直领导"。

1. 建立检察机关财政保障机制。"如果检察权的地位和检察机关对行政权力的过分依赖，这种司法资源的供给状态在相当程度上设置、体制等不独立，处处受制于行政机关和地方势力，就不可能公正无偏地履行法律监督职责，国家法律统一正确实施也就成为一句空话。"[②] 我们认为，应尽快建立"地方足额上缴，中央统筹预算，系统层层下拨"的财政保障体制，规定每年由最高人民检察院根据全国各级检察机关的实际需要拟制财政预算，提交到全国人大常委会审议通过，经审查批准后的财政预算，由中央财政和地方财政全额划拨，将检察经费从地方财政剥离出来。

---

① 《列宁全集》（第 33 卷），人民出版社 1957 年版，第 327 页。
② 万春：《论构建有中国特色的司法独立制度》，载《法学家》2002 年第 3 期。

2. 赋予检察机关相应的人事管理权。赋予检察机关相应的人事管理权，实现检察机关人事管理的一体化。首席大检察官应由全国人大进行选举和任免；大检察官应由首席大检察官提名，全国人大常委会任免；高级以下检察官可以由相应的省级人大或其常委会任免；地方各级人民检察院的检察长和检察官由上级人民检察院提名，层报相应的省级或者全国人大常委会任命。上级检察机关对下级检察机关、检察长对本院检察官有指令监督权、惩戒处分权和人事调动权。

3. 取消书记员、法警、检察技术人员和后勤行政人员检察官待遇，对以上人员由地方参照公务员录用和任免的程序进行管理，不再列入检察机关垂直领导的范围内。

（二）独立行使检察权制度方面的改革与完善

独立行使检察权，就是检察机关在行使其检察职权时所具有的高度独立性，检察机关及其检察官只服从法律，不受其他国家机关、团体和个人的非常干涉。在现实中，影响检察权独立行使的现实制约主要表现在两方面：（1）检察权地方化，监督职权受到严重干扰（前面已做详叙）。（2）保障机制不健全，监督职能难以有效发挥。宪法、检察官法虽然都对检察官的任免、奖惩、辞退、辞职等方面作了规定，但是有关检察官切身利益的身份保障、经济保障和其他权利保障规定得十分粗浅而且难以落实。

加强对检察权的监督与保障检察权的独立行使，是一个矛盾的统一体，二者之间既有矛盾的一面又有契合的一面。中国特色的检察权作为一项特殊、专有的权力，必须有监督制约存在来确保方向正确、作用到位，才能保证不被滥用，但同时也要在保证检察机关依法独立行使检察权的总的框架下，以中国特色社会主义理论作指导，本着限权与放权相结合、到位但不越位的原则，从实际出发，努力解决检察权外部监督无序、混乱的状态，确保检察权的正确行使。

其一，要着力培育检察权独立的理念和信仰，为检察权独立行使的实现构建起扎实的精神基础。检察权独立行使某种意义上是一种精神独立和全社会的一种法治信仰，要真正实现检察权独立首要的在于检察权独立精神要素的养成。第一，要培育全社会尤其是执政党及其党员领导干部尊重司法独立、尊重检察权独立的理念和意识。牢固树立检察权独立行使不仅是执政党领导全党全社会实现依法治国的一个重要法治理想，而且能否保证检察权独立行使乃至司法独立的实现也是执政党提高自身依法执政能力的重要组成部分。第二，要着力培育检察机关尤其是检察官自我独立的意识。要注意加强对检察官忠诚法律，忠诚公平和正义等独立意识的教育，培植其对法律和正义的宗教般的信仰和虔诚，努力提高检察官在把握和处理检察与政治、检察与政策、检察与社会道德，以及在适用法律，保障人权上应具有的能力。第三，要增强检察权独立行使机制的社会亲和力和检察、社会的相互融合力，从而导引社会亲近检察、融入检察，并由此从根本上促使社会信仰检察权独立、融入支持检察权独立行使。

其二，进一步建立健全民主检察机制，实现检察权与社会权利的良性互动，通过国家和社会力量的平衡介入，抑制国家权力及其他社会主体的不当侵蚀和干涉。当前，在推进检察体制改革过程中，要把检察民主化建设作为推进检察权独立的基础性制度建设提上检察改革的重要议事日程。坚持以推行人民监督员制度为主要路径选择，全面加强检察民主化建设。

其三，建立健全检察权内外独立保障及操作层面的法律法规，依法调控内外权力的不当张力和冲突，确保检察权在法治的框架里独立而合法地运行。检察权独立行使说到底是如何处理权力与权力、权力与权利的关系。在当代法治社会中，处理这些关系，最根本的在于依法调控，用法律的形式调控权力。检察权独立的实现从技术保障而言，最根本的也在于建立保障检察权独立行使的法律调控机制，通过对检察权特殊的资源配置，限制和抵制其他权力的干涉。

基于中国检察权独立的现状，我们认为应当建立健全的法律法规主要有：

第一，明确检察机关与执政党的关系，界定执政党领导检察机关的主要原则、范围、内容及方式，规范具体案件过问的程序，接受社会监督的方式以及违背这些原则、规定的法律责任等。明确"党对司法的领导，主要是方针、政策的领导"，"各级党委要坚决改变过去那种以党代政、以言代法，不按法律规定办事，包揽司法行政事务的习惯和做法。"① 要在坚持党对检察机关领导的前提下，变同级党委的领导为上级党委的领导，把检察机关的人事权划归上级党委，提高检察机关的领导档次，加强检察机关上级对下级的领导力度，把财权、物权统一到最高人民检察院或省级人民检察院，防止地方保护主义的干预。

---

① 1979 年 9 月 9 日 64 号文件《中共中央关于坚决保证刑法、刑诉法切实实施的指示》。

第二，制定检察机关与人大、政府关系法。明确各自的职责，科学理性定位彼此的关系，责任、义务和违背这些责任义务的法律责任。对于人大的监督制约，应当在保证检察机关独立行使检察权的基础上，遵循以下基本的原则：监督一般应当在身后，不能发生在事前或事中，不能干扰检察机关法律监督的进程，但程序问题除外；监督也应实行"不告不理"，避免"事事关心"和"主动出击"，但情况紧急等特殊情况不在此限；监督的重点是程序上的违法，如超期羁押、越权办案、刑讯逼供等，尽量不介入实体；监督应实行回避制度，对涉及人大代表个人事宜的案件，人大代表不宜自行提起，而应回避。总之，人大监督应当是事后监督、被动监督、程序监督和集体监督。

第三，完善内部权力独立运行规则，按照权力属性的特殊性，有差别地科学设定权力独立行使的原则、范围和方式等相关制度。比如，关于公诉权的独立主体、范围、方式、上下级之间的关系；科学规范检察长与检察官的关系，如检察首长职务收取、职务转移权，检察官的拒绝受命权、意志自由表达权等权力与权力之间的关系；科学规范检察委员会与检察官之间的关系，防止以集体意志不适当地否定检察官正确意志；建立相应的检察官不服检察首长和检委会集体意志上级机关复议制度，特别案件提请司法审查制度，建立相应检察官依法抗命权制度，实行上级及检察首长的命令权与检察官适用法律事实判断权的分离。通过建立特别申请制度，上级复议决定制度，甚至司法审查制度等（如检察官认为有罪应允许检察官以个人的名义或与外部共同提请司法审查，但以国家的名义所采取的措施应予以同时解除等），规范和减少检察首长自由裁量权尤其是检察民主集中制所带来的弊端等。

第四，对于法定部门的监督制约，要严格落实分工负责、互相配合、互相制约的原则，加强对诉讼程序的监督、自由裁量权的监督以及变更强制措施的监督等，建立和完善公诉部门的量刑建议制度、公检法三机关的变更强制措施通报制度、法律文书质量互相监督制度以及复议、复核、抗诉案件的事前听证制度，强化制度的落实，切实把监督工作落到实处。

第五，对于媒体舆论的监督制约，要树立公开才能公正的思想，本着理性、宽容的态度，相互尊重对方的职能、特点和运作方式，以广阔的胸怀宽容媒体舆论的监督，不断加强对检察工作的媒体监督力度，达到检察工作与媒体的相对和谐、基本平衡和良性互动。

（三）内部监督制约机制上的改革与完善

法律监督权的内部监督制约主要是指从检察机关所具有的法律监督权的角度出发，涉及人民监督员制度以及对检察机关的自侦权、公诉权等诉讼活动进行监督以及上级检察机关对下级检察机关进行监督所形成的一种纵向制约机制等。

1. 检察机关内部运行机制存在的缺陷

（1）上级检察机关的监督方式具有随意性。在我国的司法实践中，上级检察机关对下级检察机关的监督，往往是口头指示的方式做出的，虽然具有灵活性，简便易行，但太过于随意，不利于对检察权的有效监督和制约。

（2）自侦案件监督机制不健全、监督力度不强。在案件的受理、管理方面，一方面，侦查部门存在自行受理线索的现象；另一方面，控告申诉部门在对案件线索初查方面还未形成有效监督，有时会造成案件线索初查工作无人过问的现象。在对初查工作监督方面，一些单位对初查活动的审查监督机制还不完备。在监督内容和方式上，主要采取"事后监督"和"静态监督"的方式，而对案件侦查中存在的问题缺乏相应的"同步监督"和"动态监督"。

（3）诉讼活动责权分离。检察机关办案体制中，普通检察官只是案件的承办人员，检察官承办案件，决定权集中检察长或检察委员会，部门负责人则有审核权，从而形成"审案的不定案，定案的不审案"的局面，导致责权分离。司法责任模糊，程序烦琐，延误办案期限，影响办案质量。

（4）监督落实情况不到位。实践中存在着重实体监督，轻程序监督；重事后监督，轻同步监督；重案件监督，轻对案件承办人监督的问题。业务审查行政化，案件的决定权在"长"，"长官意识"重于"法律意识"；缺少防患于未然的预警机制；缺乏执法环节的内部全程动态监督和管理，办案随意性大，"暗箱操作"多；业务部门横向沟通少，信息流通不畅。

（5）检察委员会的内部监督职能还有待进一步加强。从讨论事项看，检察委员会讨论决定的事项往往限于具体个案，许多职能作用如检察业务工作规定、条例和措施等远远没有得到应有的发挥，一定程度上削弱了检察委员会在对检察业务工作进行宏观指导、总结检察工作经验、建章立制、督促检察官提高办案质量和办案效率等方面的导向和监督办案的作用。从讨论的方式看，在处理重大疑难案件过程中，多数基础检察委员会委员主要靠听取承办人员汇报，经简短讨论后即对案件处理作出决定，客观上形成检察委员会"定而不审"，诉（办）检察官"审而不定"的局面，不利于办案质量的提高。

2. 检察权内部监督制约机制的完善

（1）上级检察机关对下级检察机关监督制约机制的完善。在检察系统内，奉行的是检察一体化原则，即各级检察机关、检察官依法构成统一的整体，各级检察机关、检察官在履行职权、职能中根据上级检察机关、检察官的指示和命令进行工作和活动。因此对下级检察机关的司法活动，上级检察机关有权利也有义务进行监督。这也是对加强检察权行使的监督制约机制的一个行之有效的方法。这种监督主要是通过工作报告和述职的方式进行。上级检察机关对下级检察机关开展经常性的调查研究，各业务系统加强本系统对口业务指导、监督，通过下达和执行各种业务规定，规范业务运行程序，监督下级业务进展情况。上级检察院要坚决纠正有令不行、有禁不止的现象，严肃处理检察人员的各种违法违纪行为，保障各类监督的有效性。上级检察院发现下级检察院有违法违纪行为时，可责成下级检察院纪检监察部门查处，必要时，上级检察院纪检监察部门可以直接查处。对由当地党委、政法委协调的案件，一律报上一级检察院备案审查。

（2）成立专门的检察业务监督部门，负责检察机关内部的监督事务。检察机关内部尽管各部门之间可以相互制约相互监督，但是这种监督从总体上而言，仍然比较松散和随意，没有统一的标准和程序。对此，我们认为，如果要真正建立起检察权的内部监督制约机制并使之发挥监督效力，就要成立一个专门的检察业务监督部门，由该部门统一对检察机关内部各部门职权的行使进行监督，以改变目前检察机关内部的多头监督但是监督效果并不明显的局面。

（3）将检察机关内部的行政事务和检察业务区分开来。实践中，检察长依法统一行使对行政事务和检察业务的领导权，行政事务检察长在其职权范围内可以作出相应的决定，但是，对检察业务，检察长不能一人独断，应尊重办案检察官，这就涉及对检察长和主办检察官之间权力的划分，检察业务监督部门首先应对检察权的实际行使情况进行监督，以防止行政领导权压制检察官的办案。

（4）改进检察委员会工作，切实履行内部监督制约职能。积极探索检察委员会工作对办案的监督作用，以完善检察委员会工作制度为载体，规范议事范围、议案议事程序、决定执行反馈和决定督办等制度，不断推进规范化建设。探索建立专家咨询制度，针对涉及复杂专业知识的犯罪，聘请相关专业的专家，组织专家咨询会和整体论证会，为检察委员会决策提供智力支持，提高决策质量和效率。围绕提高检察委员会议案议事的质量和效率，深化检察委员会学习制度、定期听庭制度、案件抽查评议制度和研究室案件督查工作定期汇报制度，不断拓展检察委员会决定的信息资源，使检察委员会全面掌握办案质量动态，更好地履行内部法律监督职责。

（四）人民监督员制度的深化与完善

1. 关于人民监督员的产生、组织形式和任期

让民众参与司法程序的一个共同基本理念是，把陪审制和人民监督员制度等当做国家民主制度的重要组成部分，作为国家权力的司法权力，应由作为主权者的人民来分享。考虑到我国目前民众的受教育程度、民众参与检察权中需要面对和所要解决的问题基本上是法律适用性问题等因素，可以吸取人大代表选举的经验，并把民众参与司法的人员挑选与人大代表选举结合起来，从而做到广泛性和参政议政能力两兼顾。

2. 关于人民监督员的监督范围

人民监督员参与监督，目前只适应于职务犯罪案件，公安机关侦查的案件被排除在外。同时，自侦案件往往集中于市、区（县）两级检察院，省院和最高检办理的自侦案件是极个别的，所以实际上人民监督员的实践操作大部分在市、区（县）两级，但是具体到一个基层检察院，自侦案件的年立案数一般只在 20 起左右，其中在立案后作撤案、不起诉处理的又少之又少，这使得监督范围比较狭窄。当然，人民监督员制度需要有一个逐步发展的过程，开始将监督范围限制小一点，在经过一定的实践经验后再根据需要适当扩大范围，这种逐步扩大的做法更有利于制度建设取得实效。从现实来看，可将范围扩大到检察机关立案后拟撤销、拟不起诉的案件，对其进行监督，以免徇私舞弊或渎职行为的发生。

3. 关于人民监督员行使监督权力的方式和程序

当今世界，民众行使权力的方式，可以分为民众独立、封闭审议的方式（简称"独立式"）和与职业司法官共同审议（简称"参审式"）两种。我们认为，在民众参与检察的方式上，我国应选择"独立式"。人民

监督员只需要以一般民众的是非观和认识水平对案件事实和证据加以判断即可，而如何适用法律应当由职业检察官来决定。

就实施监督的程序步骤，根据最高人民检察院《关于实行人民监督员制度的规定（试行）》的要求，对一般案件，人民监督员了解案件和法律适用情况只是通过检察机关介绍，只有在必要时才能采取旁听讯问、询问以及听取本案律师意见等方式了解案件的有关情况。这样规定使得人民监督员对案件的了解主要来源于案件承办检察官的介绍情况。这种做法可能妨碍监督员"兼听则明"。为此，可以做两点改进：一是规定人民监督员可以查阅有关的卷宗材料，以作出合理的判断。二是规定原则上应当采用"兼听"意见的方式，也可以采用一种比较简易的听证方式，如不起诉听证程序。①

此外，从监督的时间上看，应从事前监督向事后监督的转向，以保证给人民监督员充足的时间，有利于提高监督的质量；从经费而言，其活动经费应由财政单独列支，确保监督的正常开展。在条件成熟时，可制定《人民监督员法》。

---

① 不起诉听证程序，是指受不起诉决定影响的直接关系人，在充分收集证据的基础上，利害双方对拟作出不起诉决定相互举证、质证，由听证人对不起诉适用是否适当作出评判的程序。具有准司法性的不起诉制度应当包括：兼听、直接、质询三方面的内涵。由于不起诉决定具有准司法性，因此，一方面应对拟作出不起诉决定的听证案件范围作出明确界定；另一方面应遵从比例与救济两项重要法理原则。另外，对于检察机关直接受理侦查的职务犯罪案件，需要作不起诉处理的，如需要进行公开听证、公开审查的，可与人民监督员监督程序相衔接运用。

民事督促起诉职能的实践与发展[*]

傅国云[**]

一、推行民事督促起诉工作的背景

我国正处于经济体制转轨与社会结构转型的特殊时期。由于体制、机制不够健全和完善，加之少数国有资产主管部门及监管人员监管不力或不到位，在部分国有资产受到损害后，往往没有主体主张权利，从而得不到有效的法律救济或司法保护，致使本应处于强势的国家利益和公共利益反而处于弱势，出现了法律救济的盲区。

基于此背景，浙江省检察机关积极探索民事公诉，即在国有资产受到损害而无人主张权利予以救济的情形下，检察机关代表国家以原告身份对侵害者提起民事诉讼，要求返还、偿还国有资产或赔偿损失，以达到保护国有资产的目的。2002年浙江省浦江县检察院提起公诉的浦江县良种场

---

  * 浙江省人民检察院2009年度重点课题研究成果（SY2009A08），发表于《人民检察》2010年第14期。

  ** 浙江省人民检察院检委会专职委员、民事行政检察处处长。

拍卖案即是我省首例民事公诉案。法学界高度关注检察机关的这一创新之举，同时也引发了激烈的争论。在理论上形成了肯定说①、否定说②和折中说③。其中，折中说认为，首先应该提出司法建议，要求国有资产监管部门或上级主管部门依法查处，履行监管职责。如果监管、主管部门确实置国家利益于不顾，穷尽了救济手段仍然没有办法，检察机关依照宪法有关保护国家财产、国家利益的精神，提起民事诉讼也是可以理解的。

检察机关作为民事公诉的原告显然缺乏具体的法律依据，只是原则引用宪法关于检察机关保护全民所有制财产的规定。浦江县检察院作为原告起诉，捍卫国有资产，赢得了社会各界绝大多数的支持。但司法实践中，法院方面对检察机关提起民事公诉予以质疑，认为检察机关充当原告缺乏法律依据，检察权作为公权力应当有明确的法律边界，否则会导致对私法领域的不当干预，从而对检察机关提起的公益诉讼持排拒的态度，往往以无法律依据为由拒绝受理检察机关提起的民事公诉。此后，检察机关提起民事公诉案件寥寥无几，这种监督工作无法有效开展。

然而，面对大量的国资流失问题，检察机关不能无所作为。自 2003 年开始，浙江全省的房地产行业开始火爆，随之而来的是国有土地出让交易非常频繁。由于国有土地监管制度不够完善，有关国土监管部门监管不到位等多方面原因，国有土地出让交易让不少国有资产成为房地产老板觊觎的"美餐"。有些开发商一点一点地蚕食作为国有资产的土地，签署交易合同后，先交一部分钱，后面的以各种借口拖着不给。不少地方企业占地开发、经营，却迟迟不付土地出让金，恶意拖欠，而政府部门为了吸引企业投资，追讨土地出让金不力。又如低价出让国有土地，往往通过签订合同形式进行。在现实中，损害国有资产的情形会时常发生，往往缺乏权利的主张者，尤其是行政监管部门对此消极、懈怠，甚至存在某种利益驱动或利害关系，使得本应优位的国家利益出现了救济的缺位。国有资产监

---

① 参见江伟、段厚省：《论检察机关提起民事诉讼》，载《现代法学》2000 年第 6 期；张晋红、郑斌峰：《论民事检察监督权的完善及检察机关民事诉权之理论基础》，载《国家检察官学院学报》2001 年第 3 期；常英、王云红：《民事公诉制度研究》，载《国家检察官学院学报》2002 年第 4 期；谭闻：《检察机关提起民事公益诉讼研究》，载《西南政法大学学报》2005 年第 1 期；陈桂明：《谈检察机关介入公益诉讼》，载《国家检察官学院学报》2005 年第 3 期。

② 参见陈兴生：《民事公诉制度质疑》，载《国家检察官学院学报》2001 年第 3 期；赵颖、巴图：《民事公诉抑或行政公诉——兼论检察监督之重新定位》，载《法律适用》2005 年第 7 期。

③ 参见孙慧、李兵、罗钟炉：《拍卖背后的黑幕》（下），载 http：//www. cctv. com/life/lawtoday/20021105/bqnr/bqnr. html，最后访问日期：2010 年 6 月 12 日。

管的缺失既损害了国家利益和公共利益，影响社会稳定和经济发展，又容易引发新的社会矛盾，甚至会诱发有关监管人员的职务犯罪。浙江省检察院认为，检察机关作为宪法规定的专门法律监督机关，负有保护国有资产的职责，理应承担起督促有关国资监管部门认真履行监管职责、保护国有资产的责任。省检察院领导带领民行检察干部多次深入基层，对基层检察院积极采取检察建议或支持国有单位起诉等方式，挽回国有资产损失的做法进行调研，并进行理论上的论证与提升，最后形成了专题调研报告，提出了"民事督促起诉"的设想，即针对遭受损害的国有资产或社会公共利益，监管部门或国有单位不行使或怠于行使自己的监管职责，可通过民事诉讼获得司法救济的，检察机关以监督者的身份，督促有关监管部门或国有单位履行自己的职责，依法提起民事诉讼，保护国家和社会公共利益。自 2003 年开始，我省检察机关的民事督促起诉工作率先在土地出让领域取得突破，并取得显著的成效。此后这项监督工作又在国有资产拍卖、变卖、财政专项资金出借等领域全面铺开。

二、民事督促起诉工作已取得的成效

（一）办理了一大批有影响的案件，挽回了巨额国有资产损失

据统计，2004 年以来，我省三级检察机关共办理民事督促起诉案件2000 余件，经过诉讼和诉前追讨，避免和挽回国有资产损失共计约 30 亿余元。

（二）赢得社会各界的大力支持

我省检察机关开拓创新，锐意进取，积极履行保护国有资产和公共利益的职责，受到社会各界的普遍欢迎，也得到政府有关部门的理解和支持。新华社、中央电视台、法制日报、检察日报等几十家报刊、媒体对我省检察机关的民事督促起诉工作进行了报道，法律界对我省的这一创新之举也表示高度赞同，认为这项创新工作充分体现检察监督到位而不越位，符合宪法对检察权的定位。最高人民检察院在全国性的相关会议上专门介绍、推广我省开展民事督促起诉工作的经验做法。

（三）有利于社会矛盾纠纷的化解，促进社会和谐稳定

大量的国有资产流失，日益引起人民群众的不满。我省检察机关在开展民事督促起诉工作中明确将老百姓普遍关注的国有土地交易、房地产开发作为监督重点，根据群众的来信、来访，积极组织力量排查，一旦发现违法出让土地、拖欠土地出让金等情形，及时调查核实，并向有关国土部门发出民事督促起诉书，有效防止国有资产流失。对房地产开发商拖欠巨额土地出让金现象，老百姓极为不满，有的多次到有关部门上访，但往往得不到及时有效的处理。对此，检察机关运用法律监督职能，督促国土部门通过民事诉讼途径收回土地出让金，健全土地监管机制，缓和政府部门与人民群众之间的对立情绪，平息其中蕴涵的矛盾和纠纷。

（四）有力地促进社会管理创新，推动公正廉洁执法

实践表明，检察机关民事督促起诉工作对于抑制国有资产流失、促进国有资产的有效管理和使用、落实党的十七大所提出的完善国有资产管理制度的要求，具有积极意义，也是从源头上预防腐败发生的重要举措，对廉政勤政建设是一种制度上的尝试。浙江省检察院与省国有资产管理委员会联合会签了《关于积极运用检察民事督促起诉，保护企业国有资产的意见》，我省检察机关和国有资产监管部门通过建立信息交流机制，定期或不定期召开联席会议，适时通报交流各自的工作情况，共同分析保护国有资产工作中存在的问题，研究具体对策，帮助国有企业建章立制、堵塞漏洞，建立健全国有资产保护机制。

三、完善督促起诉工作的建议

基于检察监督的重心是对公共权力的监督，民事督促起诉在相当程度上是对国家利益、公共利益监管权的监督。然而，民事督促起诉作为我省检察机关的一项创新，需要不断深入探索和完善。当前检察机关应当从以下几个方面进一步加强和完善这项工作。

（一）规范民事督促起诉的范围与程序

由于民事督促起诉是一项职能创新，全国各地尚在探索之中，少数地方检察机关将集体经济损失也列入民事督促起诉的范围，督促村民委员

会、农村信用社等单位提起民事诉讼。还有的地方检察院督促金融机构、国有公司通过民事诉讼维护正常的债权等。这些做法已经超越检察监督的定位，浪费有限的检察资源，与民法意思自治原则相悖。如果民事交易活动中不存在有关监管部门监管不力的情形，属于一般民事活动，则不属于督促起诉的范围。因此，对于一般的国有公司、国有控股公司正常的民事活动，应当严格按照公司法的有关规定，遵循意思自治、契约自由的原则，检察机关的公权力不宜介入。同时，还应当注意国家利益、公共利益受到损害必须直接发生在民事活动中，如果直接发生在行政管理领域，行政主管部门通过具体行政行为可以直接挽回国有资产损失，如国土资源管理部门可依法收回长期被抛荒的土地，而不需要通过民事诉讼解决的，则不属于民事督促起诉的范围。当国土部门不履行职责，经检察机关督促其作出具体行政行为，而国土部门超过法定期限仍不履行的，从法理上讲，应当提起行政公诉，由法院判令其履行，而不是通过民事督促起诉来解决。

按照检察权的宪法定位，结合多年来的检察实践，我们认为民事督促起诉的范围是：

1. 国企改制中的国资流失

在社会转型过程中，各种利益交互、冲突，使得利益呈现出多元化的格局，其中的私益进犯公益也成为必然现象，各种私益主体通过权力寻租，违反正当程序或与监管部门暗中勾结，以合法的形式掩盖其侵吞巨额国资的目的。如在国有资产转让时，违反法律政策规定无偿或以大大低于市场的价格转让给组织或个人，造成巨额国资流失。此时国有资产管理部门又往往出现懈怠或滥用职权，检察机关督促其履行监管职责就成为一种现实的必要。

2. 国有资产拍卖、变卖过程中的民事违法导致国资流失

如国有资产拍卖未经国资管理部门审批、未经评估或拍卖中出现串标等违法情形，损害国家利益，而监管部门又监管不力的，检察机关应督促监管部门履行监管职责。监管部门应及时责成被监管单位通过诉讼，确认拍卖无效，挽回国资损失。如果监管部门主管人员、工作人员涉嫌渎职的，检察机关应当依法查处。

3. 土地出让、开发中的不法行为，损害国家和社会公共利益

不少地方企业占地开发、经营，却迟迟不付土地出让金，恶意拖欠，而政府部门为了吸引企业投资，追讨土地出让金不力。又如低价出让国有

土地，往往通过国有单位签订合同形式进行，国有监管部门可以责令国有单位通过民事诉讼，请求法院确认合同无效，挽回国资损失。当国有单位已注销或解散时，监管部门可以自己名义起诉。如果监管部门不履行或怠于履行职责，检察机关应当督促其履行。

4. 公共工程招标、发包过程中的违法行为

如政府机关将桥梁修建工程发包给不具有建筑资格的单位或个人，检察机关可以通过督促政府机关提起民事诉讼，请求法院确认合同无效，以维护国家利益、公共利益。

5. 其他因有关监管部门监管不力或滥用职权，造成损害国家利益、公共利益的民事违法行为发生的

如财政部门将相关经费出借，使用该项资金的单位长期不还，而财政部门又放任不管，财政资金面临流失的危险。

（二）建立健全与行政监管部门的外部协作机制

保护国有资产需要加强与国有资产行政监管部门的配合协作，通过建立健全案件线索移送、信息交流、工作协作、联席会议等制度，发现国有资产监管中的漏洞，查处相关违法违规行为，并帮助有关国有单位建章立制，增强国有资产监管力度，完善国有资产监管制度。目前，浙江省检察院已与省国资委正式会签了文件，在建立健全与行政监管部门的外部协作机制上迈出了第一步。下一步，省检察院将努力与其他相关部门加强联系沟通，不断完善协作机制。建立民事督促起诉与预防、查办职务犯罪工作的内部衔接机制。事实表明，重大国有资产流失案件背后往往还隐藏着贪污、贿赂、渎职等职务犯罪，有的监管人员滥用职权、玩忽职守，造成国家财产及社会公共利益的重大损失，有的甚至直接进行"权力寻租"，牟取私利。通过建立民事督促起诉与职务犯罪预防及侦查的衔接机制，既可以增强民事督促起诉工作的实效，又能够推动职务犯罪预防和查处工作的开展，做到相互促进、相得益彰。对于经督促起诉后，有关监管人员仍怠于履行职责致使国有资产遭受严重损失，构成犯罪的，检察机关应当依法追究有关主管人员和直接责任人员的刑事责任。

（三）加强对民事督促起诉的调查研究，为立法提供有力的理论支撑

民事督促起诉工作对于加强国有资产监管、完善中国特色检察制度也

有积极的意义。近年来，民事督促起诉已引起全国法律界的高度关注，也受到有关专家、学者的青睐。最近，浙江省政协部分委员联名提案，要求省人大通过地方立法专门对民事督促起诉进行明确规范，规定被督促的国有资产监管部门、国有单位有配合协作的义务，以及如果对检察机关的民事督促起诉置之不理，造成后果的应当承担相应的法律责任。并要求省政府制定有关规章，支持、配合检察机关的民事督促起诉工作，为这项职能创新提供效力保障。浙江省检察院将积极配合最高人民检察院和有关部门开展包括民事督促起诉在内的有关公益诉讼的立法调研工作，及时提供实践素材和依据，为检察机关民事督促起诉工作真正纳入立法、确立为制度创造条件。

（四）探索民事督促起诉与民事公诉相衔接的机制

民事督促起诉与民事公诉并不矛盾，民事公诉与检察权定位并无冲突。在西方行政机关作为公共利益的代表，检察权属行政权，故其可以代表公共利益。因此，有学者认为只有行政权才可以代表公益，法律监督权就不能代表公益，只有行政机关才能充当公共利益的代表。① 这种观点在逻辑上难圆其说。在三权分立的政体下，唯有政府代表公共利益，启动诉讼程序，不可能由立法机关对涉及公益的个案提起诉讼，更不可能由行使裁判权的法院去代表公益，自行起诉自行判决，自己做自己案件的法官，这是分权制衡的公理。因此，三权中只有行政权才可以代表公益并行使诉权。而且西方检察机关（检察官）不同于其他行政机关，它一般不对外行使具体管理职能，其行使的主要职能为检控（公诉），从而民事公诉权是由检控职能引申出来的，一般的行政机关是不可能拥有这个权力的，也不可能引申出具有检控性质的公诉权。在我国没有像西方检察机关那样的行政机关。我国检察机关作为法律监督机关，由其履行宪法、法律有关保护国有资产和公共利益职责，有实体法上的权源。同时在程序法上检察机关具有检控职能，特别是在刑事公诉中，检察机关对涉及国家利益损失还可以提起附带民事诉讼。而行政机关却不具有检控职能，行使公诉权也缺乏法理依据。显然，在我国由检察机关代表国家利益、公共利益，行使民事公诉权，理论上是成立的，实践中也是可行的，需尽快通过修订民事诉

---

① 参见张利兆：《督促起诉——检察机关介入民事公益诉讼途径探究》，载《浙江检察》2003 年第 8 期。

讼法来解决。

从制度设计看，检察机关督促有关监管部门依法履行职责的程序是民事公诉的前置程序，检察机关根据公民、法人或其他组织的控告、举报，以及检察机关自行发现的线索，依法立案，调查取证，查明因有关监管部门违反监管职责（包括作为或不作为违法），导致有关民事活动损害国家利益、社会公共利益的事实后，应当向该监管部门发出《民事督促起诉书》，要求其在规定的期限内履行监管职责，通过民事诉讼维护国家和社会公益。同时，将已调查取得的相关证据一并移送给该监管部门，以增强其诉讼中的举证能力。如果监管部门已履行职责，实现了公力救济的目的，整个监督程序终结。这种前置程序的意义主要体现在以下两方面：

一是有利于充分发挥监管部门的自主性和能动性。有关国家利益、公共利益的监管部门，特别是行政主管机关精通相关的专业、技术，懂得公共政策，对复杂多变的社会事务具有应变能力，而且政府决策具有针对性强和便捷快速等特点，能有效地应对瞬息万变的事务管理的需要，这是司法机关无法替代的。而且检察机关通过建议、督促有关监管部门履行职责，体现为一种协作性的监督，监管部门对具体履行情况享有较大的裁量权，体现为相当的自主和能动，是一种积极法律救济行为。

二是有利于节省诉讼成本，提高监管效率。一旦提起民事公诉，检察机关势必为诉辩、举证、质证投入大量的成本和资源，这些资源的耗费最终会外化为社会成本，从而增加社会的负担。因此，督促起诉程序在监督公共权力、维护国家利益方面可以实现成本最小化、效益最大化，实属公力救济的上策。

当国有资产和公共利益监管部门受到检察机关民事督促起诉书后，拒不履行职责，如果不及时提起民事诉讼，将会导致巨额的国有资产损失，此时，检察机关有权代表国家利益和公共利益，以民事公诉人的身份，向人民法院提起民事诉讼，请求法院依法作出判决，追回国有资产，保护国家利益、公共利益不受损害。

浅析我国刑事救济
法律监督制度的完善[*]

章元珍　郑金金[**]

伴随司法公正与人权保障日益成为一个全人类社会普遍关注的重点问题，刑事救济作为刑事司法活动中维护保障人权、促进司法公正的一种重要措施应运而生。无救济则无权利，无监督亦无救济。如何对刑事救济进行必要的法律监督，保障受害人合法的权利成为一个日益突出的问题，也是检察机关监督的重点问题之一。为了保障人权和社会良好秩序，惩治犯罪，有必要通过国家立法，确定法律监督的地位，特别是检察机关法律监督地位和权威，确保在刑事诉前、诉中、诉后刑事救济等方面的措施实施到位，达到良好的社会效果。本文试图从以下几个方面对完善措施进行阐述。

---

　*　浙江省人民检察院 2009 年度重点课题研究成果（SY2009A09），发表于《河北法学》2010年第 10 期。

　**　章元珍，浙江省富阳市人民检察院副检察长；郑金金，浙江省富阳市人民检察院侦查监督科助理检察员。

一、完善救济程序法律监督立法

（一）制定救济程序法律监督法规或者完善现有法律规定

检察机关作为国家的法律监督机关，主要职责是代表国家对各种违法行为进行法律监督，其权利应当是具有强制性的，因此对于监督权应有具体的规定。但从我国目前涉及检察监督的刑事救济监督法律规定看，不仅立法内容少，而且有关立法也过于原则、空泛，没有规定具体措施，缺乏可操作性。多年来，法律监督工作特别是刑事救济法律监督工作在整个国家管理工作中没有引起足够的重视，没有发挥出应有的作用，与我国有关法律监督的立法过于分散、没有形成一套系统完整的法律监督体系有很大关系。因此，立法机关应尽快研究制定一部符合中国国情的《法律监督法》或由权威部门对检察机关的法律监督权作一个具体、细化的规定。在该部法律中就刑事救济法律监督存在的问题从监督的主体、内容、途径、手段、程序等方面加以详细规定，使检察机关的刑事救济法律监督权以立法的形式得以确认和完善。同时，要修改完善人民检察院组织法和三大诉讼法。上述几大法律对刑事救济法律监督的内容规定明显滞后于我国的司法实际。所以，应尽快修订有关内容，扩大检察机关的刑事救济监督范围，明确规定检察机关对立案程序、侦查程序进行监督的职权以及监督的具体程序、监督主体的权利和义务关系，增强监督的保障措施，赋予检察机关对不接受监督造成后果的人和事的处置权，维护法律监督的严肃性和权威性，使检察机关的法律监督真正成为刚性监督。①

（二）立法赋予检察机关知情调查权

检察机关只有在全面了解掌握被监督对象真实情况的基础上，才能进一步对其行为实施有效地监督，对于刑事救济工作也才能开展，为了弥补现阶段检察机关书面审查制度和监督信息渠道不畅的缺陷，建议通过立法将侦查机关的立案和侦查情况主动置于检察机关的监督之下，赋予检察机关对立案和侦查活动的知情调查权，实现真正意义上的"法律监督权"。在检察权中配置知情调查权，国外已有立法先例。如俄罗斯《联邦刑事

---

① 陈伟：《浅论人民检察院在诉讼中的法律监督职权》，载《法制与社会》2009 年第 4 期。

诉讼法典》第 37 条规定，检察长有权向任何调查机关调取刑事案件并将案件移送给侦查员，在调查过程中，可以向有关人员了解情况，也可以调阅案卷有关材料包括诉讼卷宗等。[①] 我国可以借鉴国外的立法经验，在立法上明确赋予检察机关在刑事立案程序和侦查程序救济法律监督中享有知情调查权。规定检察机关可以依法调取、查阅案卷材料的权利以便检察机关能够有针对性地提出监督意见。具体措施包括：一是建立健全监督的报备案制度。建议要求公安机关向检察机关备案发案登记表、立案决定或不立案决定书、撤案决定书等文书材料，使得检察机关从源头上把握立案监督有法可依，使检察机关及时掌握公安机关的发案、立案、结案、撤案等情况。二是建立专门的监督跟踪制度，检察机关应主动加强与公安机关的联系协调，对立案和侦查中的问题通过定期或不定期的交流沟通，形成融洽的监督与配合监督的工作关系，变事后监督为同步监督，被动监督为主动监督，使监督工作真正落到实处。

（三）增加检察机关对刑事自诉案件审判活动的监督措施

根据我国刑事诉讼法规定，检察机关无权参加法院刑事自诉案件的审判活动，因而无法发现和监督法院的审判活动是否违法，出现检察机关诉讼监督的缺失。因此，应当完善刑事诉讼法的规定，增加检察机关对自诉案件审判活动的监督措施。实践中，被害人行使起诉权主要针对的是检察机关作出的裁量不起诉的决定，因此，可以从自由裁量权的角度完善我国的公诉转自诉制度，在相互冲突的价值间寻求平衡。具体是：首先，全面认识检察机关自由裁量权的积极意义和可能被滥用的倾向，扩大自由裁量权在审查起诉中的适用范围，对于特定性质的犯罪、犯罪嫌疑人特殊且犯罪情节轻微的案件、犯罪情节较轻且具有免除刑罚情节的案件，应从诉讼经济的角度，允许检察机关作出不起诉决定后被害人不能直接行使自诉权。其次，在被害人自诉救济制度中增设过滤机制，即被害人不能直接提起自诉，对检察机关的不起诉决定不明的，可向人民法院提出申诉，人民法院经审查认为不起诉决定不当的，由法院指定律师担当公诉，检察机关应当将自己掌握的证据材料和必要的诉讼材料移送至法院，对于不起诉决定适当的法院应当裁定驳回申请，对于这一裁定，被害人可以进一步向上一级法院提出上诉，这一程序的设置可以实现在审查起诉中赋予检察机关

---

① 李梁钰：《我国侦查监督现状分析及完善》，载《法制与经济》2009 年第 4 期。

自由裁量权的立法意图，也可以对不适当的不起诉加以制约，有利于自由裁量权冲突双方价值的平衡。最后，检察机关在公诉转自诉案件中仍应加强法律监督，确保自诉权的充分实现。在自诉案件的审理实践中，检察机关并不介入，使得自诉缺乏有效的制约和监督；同时，由于审理程序的简便、结案方式的较大灵活性，被害人又可以采取自行和解、撤回起诉、拒不到庭等方式对案件予以处分，致使在某些情况下案件的公正性大打折扣。因此，检察机关仍应对自诉案件整个审判过程进行实体和程序监督，确保自诉人自我救济权利的充分实现。

（四）确认检察机关对刑事强制措施的批准权和决定权

"检察机关是中国审前程序特别是侦查程序控制的相对最好的司法机关。"[①] 也因为 "历史告诉我们不可能有什么只有优点、没有弊端的完善制度。如果一旦看到一个制度有弊端，就要予以废除，恐怕世界上过去、现在乃至将来可能建立的任何制度都没有理由存在。"[②] 所以在我国采用检察审查制度是保障在刑事侦查过程中受害人权益较好的措施，而不是采用法院审查制度。所谓检察审查制度或检察控制模式，是指在侦检分立的前提下，对侦查强制措施，如拘传、拘留、取保候审、逮捕、搜查、扣押等的采用，由检察机关批准或决定。在紧急情况下，公安机关可以先行采取必要的措施，但必须立即、主动将有关情况报告检察机关，是否有必要或继续采取相应的措施，由检察机关审查批准或决定，其中，犯罪嫌疑人被逮捕后是否有必要继续羁押也由检察机关定期审查并作出决定，公安机关应当按检察机关的批准或决定执行。在这些审查过程中，检察机关既要审查公安机关认定事实和适用法律是否正确，还要高度关注公安机关和（或）公安人员是否有侵害犯罪嫌疑人及其他诉讼参与人诉讼权利的违法行为，一经发现应当立即予以纠正。[③] 同时，除了通过立法强化检察机关对侦查程序刑事救济的法律监督外，作为一种有效的刑事救济，在立法上应规定被采取拘留等强制措施的当事人及其近亲属、律师有权向检察机关提出申诉，使刑事强制措施的采用置于检察机关的监督下。通过申诉，检察机关经审查后，认为确属不当的，有权决定予以撤销并通知公安机关

---

① 左卫民：《侦查监督制度的考察与反思》，载《现代法学》2006 年第 6 期。
② 苏力：《送法下乡》，中国政法大学出版社 2000 年版，第 93 页。
③ 杨小华：《检察机关对公安机关侦查监督的问题与对策》，湘潭大学 2007 年硕士论文。

执行,公安机关应当执行。

(五) 完善刑事赔偿救济程序的检察监督职能

国家赔偿法修正案审议稿中,添加了一条引人关注的规定:"最高人民检察院对各级人民法院赔偿委员会作出的决定,上级人民检察院对下级人民法院赔偿委员会作出的决定,发现违反本法规定的,应当向同级人民赔偿委员会提出意见,同级人民赔偿委员会应当在两个月内重新审查并依法作出决定。"该规定试图通过立法的形式,明确检察机关在国家赔偿活动中的法律监督地位,使检察机关可以参与到本身非赔偿义务机关的赔偿程序中去,在国家赔偿活动过程中对赔偿义务机关、赔偿决定机关以及赔偿执行机关的行为是否合法进行监督。尽管国家赔偿法修正案尚未通过,但是检察机关对刑事赔偿的监督职能已经是趋势所向,那么该如何设置并细化监督措施呢?对此,不妨从监督范围与监督方式两个角度出发来分析。

1. 关于监督范围的思考

云南省人民检察院李定达副检察长在《规范国家赔偿工作中检察监督的几点建议》一文中提出修正案草案限于对人民法院赔偿委员会已经生效的决定进行事后监督,范围过于狭窄,建议可以将监督的范围扩展到对公安机关和人民法院对赔偿案件不立案情况的监督。该观点很具有借鉴意义。因为据国家赔偿法规定,当赔偿义务机关是人民法院和公安机关时,检察机关既无权监督其案件的立案与否,也无权对其办理情况进行同步法律监督。当其有案不办时,检察机关却无法进行监督,显然使不利于赔偿请求人得到救济,从而与追求公正的目标背道而驰,可惜的是修正案草案未对此加以明确。

2. 关于监督方式的思考

根据修正案草案的规定,检察机关对刑事赔偿程序进行监督通过建议权实现。该建议权主体的设置类同于再审抗诉权主体,由最高人民检察院和上级人民检察院享有,一旦行使同级人民法院赔偿委员须重新审查,因此实际上具有了抗诉的程序性功能,却舍弃了"抗诉权"的名称,体现了刑事赔偿程序的特殊性。根据草案第30条,人民法院赔偿委员会作出赔偿决定,应当将赔偿决定书送达赔偿请求人、赔偿义务机关和同级人民检察院。赔偿请求人、赔偿义务机关对赔偿决定有异议的,可以申请上一级人民法院赔偿委员会重新作出赔偿决定,上一级人民法院赔偿委员会经审查认为异议理由成立的应当重新审理并作出赔偿决定;同级人民检察院对赔偿决定有异议的，向上一级检察院提起建议，由上级检察院向同级法院提出意见，由其在两个月内重新审查。该条文表述与再审程序启动十分相似，赋予了赔偿请求人的申诉权利，又规定了人民法院内部的纠错程序，还设置了检察机关的建议权，多头启动的后果也将会出现滥用申诉权利，赔偿义务机关规避监督，架空监督的情况，因此限制启动方式，集中于检察监督应当是相对合理的选择。关于公安、法院对刑事赔偿不予立案的情形，则可赋予赔偿请求权人向检察机关提出申诉权，由检察机关向赔偿义务机关发出书面建议，监督有关赔偿义务机关根据不同情形作出正确处置。

二、加强职务犯罪救济程序法律监督

侦查是刑事诉讼的基础，"中外刑事诉讼的历史已经反复证明，错误的审判之恶果从来都是结在错误的侦查之病枝上的"，[①] "再完美的审判制度，往往也挽救不了侦查方向偏差所造成的恶果"。侦查也是公民权利与国家权力这对刑事诉讼中的基本矛盾冲突最尖锐的所在，侦查行为是实现侦查目的的手段，是刑事诉讼中行使国家权力的重要方式，如果运用得当、约束有度，则为社会安全和公民安定的重要保障；反之，操作失范、滥用无度，则必成为公民权利的梦魇。为避免侦查权被滥用，侦查行为必须被约束，侦查机构必须被监督。对于职务犯罪侦查的监督，应由内部监督、机关制衡、当事人权利制约和社会参与四管齐下，以实现职务犯罪侦查的规范合法。

（一）加强检察机关内部救济法律监督

内部监督通常会遭遇"自己监督自己"的疑问，但其自查自纠的作用依旧不可忽视。一是系统监督。通过工作报告和述职等方式加强检察机关系统内部自上而下的监督。上级检察机关和对口的业务部门要对下级检察机关和业务部门进行指导监督，对相关的职务犯罪侦查程序进行监督。完善检察机关内部监督存在的问题。下级检察院要及时报送上级检察院备案，上级检察院应及时审查，监督案件办理的情况，坚决纠正有令不行、有禁不止的现象，严肃查处检察人员各种违法违纪行为，保障各类监督的

---

① ［英］丹宁勋爵：《法律的正当程序》，法律出版社 1999 年版，第 109 页。

有效性。对存在的相关危害犯罪嫌疑人的违法违纪行为及时的查处纠正，必要时启动刑事犯罪程序。二是部门制约。侦查监督部门对侦查部门的侦查监督应贯穿于整个案件侦查的全过程，实现即时监督，而不应仅仅停留在侦查终结以后的事后监督上，这样才能保证监督制约的效果。审查起诉部门要强化审查力度，保证侦查权行使的合法。三是制度创新。实行案件线索跟踪制度，强化举报中心的监督作用，举报中心应专门从事对举报、控告的受理、登记、审查、分流以及对举报线索的跟踪管理和监督。承担侦查的人员应当将案件办理情况及时通知举报中心，举报中心负责将查处的情况回复举报人，对重要线索可以对侦查人员进行督办、催办。

（二）强化参与，保障当事人权利

参与性是程序的本来特征。为保障当事人合法权益，实现侦查时的公正，有学者提出了构建中国的参与式侦查的设想，① 侦查行为事关当事人重大权益，当事人及其代理人参与到程序进程之中能更好地维护当事人的利益，更大程度上查明真相。为保障对侦查程序的参与，以便在参与中制约侦查行为，应强化侦查机关的告知义务，落实被羁押人同其律师的会见权，完善被追诉方的知情权，为追求正当目的，避免相对人正当权益受损。为此，必须赋予被侵犯人权利救济手段，以纠正、防止违法的侦查行为。

（三）完善人民监督员的社会监督作用

"为了加强对人民检察院查办职务犯罪案件工作的监督，提高执法水平和办案质量，确保依法公正履行检察职责，维护社会公平和正义"，最高人民检察院于 2003 年 10 月 1 日开始试点人民监督员制度。随着试点的进行，最高人民检察院于 2004 年颁布了《关于实行人民监督员制度的规定（试行）》（以下简称《规定》），2005 年颁布了《最高人民检察院关于人民监督员监督"五种情形"的实施细则（试行）》，人民监督员重要职责之一便是监督职务犯罪的侦查。根据前述规定，检察机关直接受理侦查案件中拟撤销案件的、拟不起诉的应听取人民监督员的意见，这有利于消除执法的随意性、不确定性，达到用人民权利制约检察机关带有终局性质的自由裁量权的目的。但是现在的人民监督员制度存在法律依据不足、

---

① 刘计划：《参与式侦查程序改革研究》，载《法商研究》2006 年第 3 期。

监督效力不够的问题，为此，应对现行人民监督员制度进行改造。人民监督员问题应上升到国家法律规定的高度，把人民监督员的工作机制改成人民监督员委员，组成人民监督员委员会集体行使监督权。然后赋予人民监督员的意见以法律约束力，当侦查部门不同意人民监督员意见时，须说明理由并获得人民监督员半数以上的同意，否则不能生效。

三、强化起诉程序中刑事当事人权利救济法律监督

（一）保障审查起诉阶段辩护权的充分行使

首先，对检察机关审查起诉案件听取犯罪嫌疑人的程序进行规范。审查起诉阶段犯罪嫌疑人最有效的权利救济手段就是自我辩护，检察机关应该足够地重视犯罪嫌疑人的自我辩护，特别是对影响定罪量刑的重要事实要从制度上建立审查起诉听取犯罪嫌疑人意见制度，防止提审犯罪嫌疑人走过场。其次，为改变我国审查起诉阶段辩护权保障不力的状况。有人主张，应将我国刑事诉讼法关于法律援助的规定提前到审查起诉阶段，由检察机关为确有经济困难、年龄未满 18 周岁及可能被判处死刑等情形的犯罪嫌疑人指定承担辩护职责的律师。本文组认为，该做法有欠妥当。因为，由承担控诉职能的检察机关为犯罪嫌疑人指定辩护律师可能会给社会公众和犯罪嫌疑人造成公诉人和辩护人事先互相沟通默契的印象，从而使犯罪嫌疑人对指定的律师难以产生信任，甚至不予配合，这显然不符合法律援助制度的初衷和宗旨。为此建议，对确实无力委托律师的犯罪嫌疑人，规定检察机关有义务去告知其可以申请法律援助。在押的犯罪嫌疑人如果没有亲属代办手续的，其法律援助申请应由检察机关代为向法律援助中心转交，由法律援助中心决定是否给予援助和指派援助律师。[①]

（二）建立对被害人及其委托人意见的听取制度

由于我国刑事诉讼法明确规定了犯罪嫌疑人可以委托辩护人介入诉讼及他们在此阶段的权利与义务，因此我们要解决的便是如何听取被害人及

---

① 林顺根、陆而启：《审查起诉阶段应确立指定辩护制度》，载《人民检察》2002 年第 3 期。

其委托人意见的问题。对此，可以考虑在我国刑事诉讼法及相关司法解释中规定，检察机关在审查案件过程中，应当告知被害人及其委托人有向检察机关陈述意见的权利。被害人可以以口头或书面的形式向检察机关陈述其对案件事实、对犯罪嫌疑人定罪量刑等问题的看法，当被害人口头陈述意见时，其委托的律师可以在场，对被害人的陈述予以补充或纠正。对被害人及其委托人的陈述，检察机关应制作笔录。检察机关如果没有履行上述义务，就应当承担相应的程序性后果。例如，若检察机关没有履行告知义务，则所进行的程序无效；若检察机关没有制作笔录，法院有权要求其限期补正。

（三）落实不起诉程序中当事人权利的保障

由于不起诉决定是由检察机关内部程序自行决定的，整个过程被害人、被不起诉人都没有参加，易产生强加于人的感觉，也不利于疏导被害人的情绪，使自诉程序被启动的可能性增加。为了避免上述情况的发生，应适时地提高当事人对案件处理的参与程度，听取双方当事人的意见，作出积极的解释、处理。同时，可以借鉴德国的刑事不起诉情况的检察机关和法院审查的双重裁量权，通过以上两方面的改进，使作出的不起诉决定能尽量公正，在双方当事人的心目中有一个合理的预期，以减少救济程序的启动，避免不必要的司法开支。在我国可以采取的措施主要是：首先，扩大被不起诉人申诉的范围。对证据不足不起诉的案件，法律应当明确授予被不起诉人申诉权。这是因为，案件因证据不足而不起诉并不表明被不起诉人无罪，只是因为在证据问题上暂时存在疑问，检察机关根据疑罪从无原则作出了不起诉决定。一旦找到了新的证据，检察机关很有可能再次提起公诉，被不起诉人实际上还处于被追诉的状态，这将给其工作和生活带来极大的不便。为了改变被不起诉人的这种处境，应赋予其不服证据不足不起诉决定的申诉权。其次，提高被不起诉人申诉的级别。被不起诉人因不服证据不足不起诉决定或轻罪不起诉决定向原检察机关提出申诉后，如果原检察机关作出维持不起诉的决定，而被不起诉人仍不服的，有权请求上一级检察机关对案件进行复核。这实际上是检察机关系统内部设置的一个自我纠错程序，由上一级检察机关来纠正下一级检察机关错误的不起诉决定。最后，对被不起诉人因不服"犯罪情节轻微，依照刑法规定不需判处刑罚或免除刑罚"不起诉决定而申诉的，原检察机关或上一级检察机关如果发现被不起诉人没有犯罪行为或者犯罪事实并非被不起诉人所为，应本着实事求是的原则和精神，作出撤销案件的处理，以从根本上纠正错误。而对于被害人不服人民检察院不起诉决定提出申诉或者直接向人民法院起诉的，检察机关虽然作为已经作出处理一方，也应当积极配合人民法院受理后相关程序的履行，以积极的态度促成法院的顺利审理。

四、构建审判程序刑事救济法律监督制度

（一）明确检察长列席审委会制度的范围和效力

检察长列席审委会制度可以让检察机关及时发现刑事审判中的问题，及时从法律监督机关的角度救济刑事当事人的权利。我国《人民法院组织法》第 11 条规定："各级人民法院审判委员会由院长主持，本级人民检察院检察长可以列席。"该条规定的检察长列席审委会制度，是检察机关对法院审判进行监督的有效方式。然而，在实践中，检察长列席审判委员会的情形很少，主要原因是法律的规定具有随意性、列席的任务不明、缺乏列席的必要程序规定。因此，完善检察长列席审判委员会制度可以从立法和司法实践两方面进行。一方面，在立法的层面，将"授权性规范"改为"强制性规范"，在刑事诉讼法和人民检察院组织法中，应增设检察长或受检察长委托的副检察长列席法院审判委员会会议的有关规定，使其具有法律效力和依据，使检察机关可以理直气壮地行使审判监督职能。另一方面，在司法实践层面，对检察长列席审判委员会的范围、列席的方式和监督内容以及由此产生的法律效力作出明确规定。首先，需要明确案件范围，根据当前的实践情况，可以规定重大疑难案件、检察机关自行侦查的案件、在本辖区有重大影响的案件、拟判无罪的案件、下级检察院提出抗诉上级检察院支持的案件系需要检察长列席的。其次，需要对检察长列席审判委员会的方式和监督内容进行制度化：关于列席审判委员会的时间，应在审判委员会召开前 3 日，以书面的形式通知检察机关；关于列席审判委员会的人员范围，应为检察长、受检察长委派的副检察长，必要时，可以带一名主办检察官作为助手；关于审判委员会会议的发言顺序和检察机关监督的内容，会议由法院院长主持，先由法院办案人汇报案情，再由列席审判委员会的检察长阐明检察机关的意见。在证据采信方面，检察机关提及到而法院汇报人未提及的证据，由审判委员会委员综合案情发

表意见，最后以少数服从多数的原则确定案件的结果。最后，在行使监督职能的过程中，列席审判委员会的检察长还应对案件管辖、送达期限、提交程序、审判委员会的组成、到会人数、审理和表决程序、回避制度的执行等进行监督，检察机关监督的意见应记录在审判委员会记录中。

（二）重视庭审监督，确保"诉督并举"

庭审监督制度是公诉人代表检察机关依法当庭向法庭及审判人员提出违法纠正意见的一项庭审监督制度。我国《刑事诉讼法》第 169 条规定："人民检察院发现人民法院审理案件违反法律规定的诉讼程序，有权向人民法院提出纠正意见。"该条规定明确了人民检察院对人民法院的庭审监督权。公诉人在出庭支持公诉的过程中，既代表国家指控犯罪，又对法院的庭审活动进行法律监督，对违背刑事当事人权利保障的行为及时进行纠正。公诉人及时行使庭审监督权，有利于及时纠正违反诉讼程序的审判活动，确保公诉案件的正确审理，从而避免审理后"返工"和侵害当事人权利的发生。从这一点来看，庭审监督显然优于事后监督。因此，我们认为，检察机关应当重视庭审监督，公诉人在庭审中应确立监督执法理念，充分履行法律赋予的监督权，变"重诉轻督"为"诉督并举"。在当前实践中，在法庭审理之外，还普遍存在着法官审阅案卷、庭外调查取证等活动，并且普遍存在着法庭根据法官对案卷审阅情况和庭外对证据的调查核实情况进行定案的现象。这些不仅使庭审活动成为形式，严重违背了我国庭审改革的宗旨，而且不利于刑事当事人权利救济的宗旨，漠视刑事当事人对影响定性定罪证据的自我救济权利。因此，检察机关应加强对庭审活动的监督，杜绝这种现象，以保持法庭审判的中立性，实现庭审的实质化。庭审监督的具体方式是：公诉人发现审判程序严重违法，可能侵害当事人的合法权益，影响公正判决的，应当及时以口头方式向法庭指出违法问题，依法提出纠正意见，要求法庭予以纠正。如果法庭对公诉人当庭提出的纠正意见不予采纳时，应建议法庭休庭，以便及时向本院检察长汇报后，决定是否制作法律文书，以书面检察意见的形式正式向法院提出纠正意见。

（三）运用抗诉程序纠正权利失衡

刑事抗诉程序是刑事诉讼中对有失实体公正或程序公正的案件进行最后的救济，系检察机关防止权利失衡、维护公平正义，针对法院判决进行专门监督的有效手段，然而抗诉权的行使也需要监督。首先，完善人大对抗诉的监督机制。最高人民检察院为了加强抗诉工作，曾发文要求提出抗诉的检察机关，在将抗诉书送达法院的同时，还应将抗诉书副本及时报送同级人大。但对其中的一些重要内容，如同级人大对抗诉决定有不同意见时检察机关应采取何种措施等，法律却缺乏相应的规定。为此，我们认为，最高人民检察院可以通过发布司法解释的方式对这些问题作出明确具体的规定，确保该制度良性运行，防止抗诉权的滥用。其次，针对抗诉请求审查程序中存在的问题，我们认为，可考虑建立不抗诉听证制度，从另一个方面加强对检察机关抗诉权行使的监督与制约。通过对抗诉请求的公开审查，将检察机关作出抗诉与否决定的依据和过程暴露在"阳光"下，在一定程度上保证了检察机关依法公正地行使抗诉权，也保护了被害人的合法权益。

（四）检察机关统一行使再审启动权

重构审判监督程序，在现有的再审制度下，取消法院的决定再审权，将启动程序的权利由检察院统一行使。具体措施建议如下：首先，为了维护法院裁判的稳定性和权威性，保证启动再审主体具有客观中立地位，使再审的启动能够体现司法公正和"控审分离"原则，应取消人民法院主动提起刑事审判监督程序的权力，将所有启动再审监督程序的权力交由检察机关统一行使。其次，统一再审裁判的效力和监督方式。由于再审是一种特殊的救济措施，它审理的侧重点和需要解决的问题不同于一审和二审，具有其特殊性，如果按照一审或二审程序进行再审，再审后的裁判又具有不同的效力，对再审裁判采取不同的监督方式，则不仅忽视了再审的特殊性，而且也会造成拖延诉讼，浪费资源，不符合诉讼效率和经济原则。因此，有必要对目前再审程序、再审裁判的效力和监督方式进行统一，即确立再审一审终审制，对再审裁判只能采取抗诉和申诉的方式进行监督。最后，完善再审申请审查程序。为了增强当事人自我权利救济的效果，发挥其监督刑事裁判的作用，应当完善当事人再审申请的审查程序，可以通过立法或者司法解释，明确规定对当事人再审申请的审查原则、审查方式、审查范围、审查内容、审查期限以及具体如何答复申请人等内容。①

---

① 郑中华：《浅论我国刑事审判监督程序的缺位与再思考》，载《巢湖学院学报》2007年第9期。

　　由此，检察机关对再审程序发挥监督作用主要在两个环节：一是前期的刑事申诉工作；二是再审抗诉过程。完善监督职能也需分别从此两方面入手：关于刑事申诉工作，关键是要通过立法建立有限申诉制度，对申诉的时限、主体和次数作适当的限制，明确上访申诉时限性与明确刑事申诉时效性，以防止反复申诉，避免使检察机关和其他司法机关陷入大量的重复劳动和无效劳动之中，节约司法成本，提高司法运行的效率，使申诉部门集中力量及时处理那些确实冤错的申诉案件。同时要增强检察人员特别是控申干警的责任感，积极对待、认真审查当事人申诉，对于审查后无法启动再审的，要特别做好息诉息访工作，通过司法救助等方式，妥善处理"法理之外，情理之中"案件，化解申诉人激动情绪，消除误解，防止申诉人向上访老户转化，争取做到首次申诉即解决问题。关于再审抗诉工作，检察系统要自我解缚，在不改变由上级检察院抗诉的条件下，上一级检察院要严格审查案件，对于拟作出不抗诉决定的案件，将理由告知提抗的基层检察院，听取其意见，对于争议突出了，由上级检察院的检委会再次讨论，不轻易拍板。对此，也有学者提出不经市级检察机关审查，由省级检察院统一受理抗诉审查申请，同意抗诉的则向省级法院抗诉，或有借鉴意义。对于最高人民检察院《关于刑事抗诉工作的若干意见》规定了14种不宜提出抗诉的情形的制约问题，建议从申诉人的角度考虑予以修正，不预先给自己履行监督职能设置枷锁，也防止申诉人因不抗诉对检察机关产生非议。总而言之，在刑事非常救济程序中，检察机关要充分履行监督职能，把好申诉关，使确有错误的裁判得以进入再审程序，使审判机关要公正地重新裁判，真正发挥这最后的救济的积极功用，实现公平正义。可喜的是，2009年最高人民检察院启动了刑事审判监督专项检查活动，彰显了对履行好审判监督职能的信心和决心，相信在不久的将来，这项工作将呈现出积极发展的良好形势。

　　刑事救济固然主要依靠于法有据的监督来实现，这也是本文着重阐释的内容。在研究中，有一个现象值得注意，那就是在当前出现了舆论监督、信访告状等各种社会力量介入刑事诉讼，以多样化的方式期待维护自身利益。这种广义上的救济，在带来积极影响的同时，也带来了负面效应，甚至干扰了正当刑事诉讼程序的进行。如杭州胡斌案中，新闻媒体的舆论引导下公众严惩罪犯的呼声，给司法机关处置添加了压力。因此，尽可能地发挥其他救济方式的正面作用，也需要一种监督权力加以规范和制约。检察机关以检察建议向新闻主管单位的形式纠正不当舆论，以建立敏感案件办理过程信息通报制度，维护报道客观性或是寻求舆论监督与检察监督双剑合璧，共同实现社会公平正义的途径所在。对于其他的救济方式，引入检察监督同样具有重要意义，待有识之人研究探讨。

检察公信力建设的重要意义[*]

王荣彪^{**}

检察公信力是检察机关在长期履行法律监督职能的过程中，得到社会公众信任、拥护和普遍服从的一种外在表现。公信力不足是检察工作脱离人民群众的最突出表现，也是检察事业发展中最危险的信号。抓好公信力建设，就抓住了检察机关法律监督能力建设的关键，就抓住了落实执法为民理念的根本。公信力建设的重要意义可以从四个方面阐述：

一、公信力建设是新时期对检察工作的新要求

当前，社会结构、利益格局发生深刻变化，特别是受国际金融危机影响，社会矛盾更加凸显、更加复杂，各种不稳定因素增多，保持社会和谐稳定压力增大，检察工作面临着新的挑战和考验，也对检察工作提出了更

　＊　浙江省人民检察院 2009 年度重点课题研究成果（SY2009A10），发表于《人民检察》2009年第 20 期。

　＊＊　浙江省绍兴县人民检察院检察长。

高的要求和期待。在这样的形势下，检察执法不仅要求案件的依法处理，更大程度上要化解矛盾纠纷，协调利益关系，促进社会和谐，赢得群众信任。同时，在信息日益公开透明的今天，社会舆论对检察工作的关注度越来越高，特别是在社会转型期，各种矛盾容易激化，公众心理比较脆弱，一些个案的处置不当，加上媒体的炒作，极易造成大范围的负面影响，从而严重削弱人民群众对检察工作的信任，这需要我们更加迫切地关注公信力建设这个课题。

二、公信力建设是社会主义法治建设的重要组成部分

依法治国基本方略的确立，是我们党治国理念和执政方式的重大转变，开启了我国社会主义民主法治建设的新阶段。基层检察院作为法律监督机关的主要力量，作为检察机关联系人民群众的主要窗口，能否履行好职责，做到维护稳定，促进廉政，保障人权，实现公正，服务大局，能否在人民群众中树立司法公信力将直接关系到社会主义法治建设的成败。基层检察院处在执法办案的第一线，同人民群众接触最直接、最广泛，基层检察工作做好了，人民群众就会感到犯罪受到了打击，腐败得到了惩治，司法公正有了保障。反之，如果基层检察院工作做得不好，形象不佳，人民群众就会对检察机关失去信心，甚至影响到对司法制度、对党和国家的信心。因此，我们必须清楚地认识到公信力建设是社会主义法治建设的重要组成部分，坚决贯彻"立检为公、执法为民"的本质要求，在检察工作中大力加强公信力建设。

三、公信力建设是推进检察工作科学发展的内在要求

公信力建设是一项综合工程，需要转变观念，提高工作的标准和要求，确保执法办案"三个效果"的有机统一。如果仅仅以过去的标准来衡量办案质量，以过去的要求评价执法水平，以过去的方式执法办案，就可能落后于时代要求，跟不上形势的发展，最终导致检察机关的边缘化，就没有发展可言，也没有公信力可言。同时，检察工作在个别地方、个别方面、个别案件中确实存在执法不公、不严、不文明或者违法办案的现象。这些情况的存在，导致检察工作整体虽有显著改善但公信力没有相应提高，不能得到社会各界和人民群众进一步拥护和支持，最终制约了检察

工作自身的可持续发展。要改变这种状况，就要从小事做起，从个案抓起，以公信力建设为标准和龙头，提升检察工作整体水平，公信力建设的过程就是推动检察工作科学发展的过程。

四、公信力建设是实现"人民满意"目标的有效途径

"人民满意"是检察工作的最高标准和目标。人民群众对检察工作日渐满意的过程，就是公信力建设不断推进的过程。要实现这一目标，就要把检察工作置于人民群众的评判之下，把人民高兴不高兴、满意不满意、认可不认可作为衡量检察工作得失成败的标准；就要适应新形势的变化，不断满足人民群众对检察工作的新要求、新期待；就要转变工作方法，抓住关键环节，加大法律监督的工作力度。当前，安居乐业是人民群众的最大心愿，稳定是最大的民生工程。检察机关必须顺应人民群众这一意愿，严厉打击严重刑事犯罪，维护社会治安大局稳定、保障人民群众生命财产安全。要立足检察职能，抓住关系民生的突出问题加大法律监督力度，切实维护好人民群众最关心、最直接、最现实的利益。要依法惩治发生在群众身边、损害群众利益、群众深恶痛绝的职务犯罪案件，拉近检察机关与人民群众的距离，满足人民群众对检察工作的新期待，赢得人民的信赖与认同。

附录：新闻报道

我认为制定法律监督法条件基本成熟[*]

——对话全国人大代表陈云龙

记者　孙继斌

记者：陈检，您准备在即将开幕的人大会议上提出关于制定《中华人民共和国法律监督法》的议案，这是出于什么样的考虑呢？

陈云龙：宪法和人民检察院组织法明确规定：人民检察院是国家的法律监督机关。检察机关法律监督的基本定位和授权规定已经明确。但检察机关法律监督缺乏统一立法，有关具体规定主要散见于三大诉讼法，而且规定比较原则，具体监督程序和保障性措施等操作性规定相对缺乏，与实践需求不相适应，严重制约和削弱了检察机关法律监督职能的有效发挥，导致宪法对检察机关法律监督的宏观定位和基本赋权在实践中难以充分实现。

记者：具体表现是什么？

陈云龙：比如，就法律监督的规定来看，许多法条只有行为模式的内

＊　载《法治周末》2010 年 2 月 25 日第 8 版。

容，而没有设定被监督者不履行义务时的法律后果，严重削弱了法律监督的权威性和实际效果。

如《刑事诉讼法》第224条规定："人民检察院对执行机关执行刑罚的活动是否合法实行监督。如果发现有违法的情况，应当通知执行机关纠正。"

这个条文缺乏被监督者不履行义务时法律后果的规定，使得实践中检察机关的法律监督行为以及发出的纠正违法通知书等法律监督文书不具有强制性和执行力。我们检察机关法律监督中碰到过这样的案例。

2005年年底，浙江省检察机关在对某监狱的执法监督中，发现不具备假释条件的服刑人员程某某被提请假释并获得湖州市中级人民法院裁定通过。经调查，程某某在监狱服刑期间故意殴打同监室服刑人员麻某，致其眼部外伤出血，经医院缝合三针。程某某的行为严重违反监规。

根据刑法、《浙江省减刑、假释工作会议纪要》的规定，程某某不具备假释的法定条件。我省湖州市人民检察院于2006年1月向湖州市中级人民法院发函建议撤销对程某某的假释裁定。湖州市中级人民法院认为，虽然程某某殴打他人的行为证据充分，但因南湖监狱在对程某某提请假释时，没有上报程某某殴打他人的事实材料，难以认定对程某某的假释裁定有错误，采纳检察建议撤销该假释裁定的法律依据不明确。之后在浙江省人民检察院的努力下，经省高级人民法院督促，湖州市中级人民法院才撤销了假释裁定，程某某被重新收监服刑。发生这种案例的一个原因，就是检察机关法律监督的具体法律规定刚性不够，制约不够有力。

记者：您认为目前立法条件成熟了吗？

陈云龙：我认为，制定法律监督法当前各方面的条件基本成熟。首先从政治、法律条件看，党中央很早就提出建设政治文明，中央政法委近期在具体部署法制建设和司法体制改革工作时，也明确提出加强权力监督制约的问题。各级人大常委会监督法的出台和人大监督职能的明确化，进一步引发了党委、人大、检察机关和社会各界对落实人大监督法、加强专门性监督的共同预期，也推动了检察机关的法律监督工作。

从经济、社会条件看，近年来，随着经济社会的快速发展，社会转型期的矛盾态势发生变化，公共权力的社会公信力受到挑战，民众对加强法律监督、维护公平正义的要求更加强烈。因此，新的形势下应当更加重视加强对执法权力行使的法律监督，加强对涉及执法权力纠纷的司法解决过程的法律监督，以便最大程度地在诉讼环节化解矛盾，增加社会和谐因素。

从地方人大立法实践看，有关法律监督专门立法已逐步走向成熟。自2008年9月以来，北京、四川、湖北、辽宁、上海、黑龙江等省、市人大常委会先后通过了有关加强检察机关法律监督工作的决议、决定，有力推动了法律监督工作。少数省市人大常委会根据社会各界呼吁和检察机关的直接请求或建议，制定了体例规范、条款项目齐备的"条例"，比如2003年10月银川市人大常委会通过的《银川市检察机关法律监督工作条例》、2006年3月包头市人大常委会通过的《包头市检察机关法律监督工作条例》等。2009年8月宁夏回族自治区人大常委会对《宁夏回族自治区检察机关法律监督工作条例（草案）》进行了审议。

记者：制定法律监督法的基本原则是什么？如何处理与人大监督的关系？

陈云龙：制定法律监督法的基本原则有三条。

一是准确定位、有限监督原则。就是法律监督法无论其具体内容如何设置，在监督范畴上都不能逾越、侵及人大监督权的范畴。人大监督是权力监督，是就关系到宪法和法律实施中的重大问题，从宏观上、权源上进行监督；而检察机关的法律监督只能在法律授权的范围内，按照法律规定的程序，对已经发生的具体违法行为进行监督，表现为具体的、个案的、程序性的法律处理活动，也可以说是人大监督权的一种延伸载体和落实渠道，其对象外延不能无限延伸。

二是协调整合与充分授权相结合原则。就是立法中应着力解决现行有关法律监督的法律体系缺乏全面性、系统性、协调性的问题和监督缺乏法律保障的问题。做到法律规范对所有应监督对象的充分覆盖，力求基本条文之外各种程序条文的清晰、明确，实现全部法律监督规范之间的整体性和协调一致性；并从保障性角度出发，对法律监督的职责、权限、程序、方式进行必要的授权，明确被监督机关的法律责任，实现法律监督过程中各种权利义务的具体、到位。

三是科学、可行原则。就是法律规范制定的理性化和可执行性。法律监督法应在立法和结果中贯穿科学发展观。立法文本应慎用、少用原则性、倡导性、宣教性的语言，多用、善用程序指引性、行为模式性、法律后果性的立法语言，以及授权性、禁止性、准用性等具体明确的法律规范，确保法律规范实质要件和形式要件的统一。

记者：如何处理法律监督法与其他相关法律的关系？

陈云龙：法律监督法的主要任务是按照监督对象的类别，规定相应、完备的监督程序、监督权限、监督手段和法律责任。凡适宜在法律监督法中具体规定的程序内容和监督方式，都应在法律中予以明确；那些适宜在具体的诉讼法典中加以规定的与常规诉讼程序密切关联的具体监督程序和监督方式（如职务犯罪侦查、对法院裁判的抗诉等），则可以通过明确的授权规范和准用规范，同时修改完善相关法律，以避免过多的规范重叠和可能的法律冲突。

记者： 能够提前透露一下议案的立法体例和框架结构吗？

陈云龙： 可以。法律监督法的立法是一项庞大、复杂的工程，非一人可为，非一时可为，我只是作了初步的设想。

鉴于宪法对法律监督的定位和人民检察院组织法对检察机关职权范围的规定，建议全国人大制定独立的、专门的《中华人民共和国法律监督法》。拟设总则、分则和附则三大部分。分则又分为：刑事立案与侦查活动监督、刑事审判活动监督、刑罚执行和监管活动监督、民事审判与行政诉讼监督、行政权监督、法律责任六部分，是基于检察机关法律监督的职能来考虑立法框架。

"制定统一的法律监督法，
时机成熟！"[*]

记者　庄永廉

在 3 月 5 日十一届全国人大三次会议召开前夕，十一届全国人大代表、浙江省检察院检察长陈云龙向记者透露，他将联名其他代表向大会提交《关于制定法律监督法的议案》。他说，这是他多年的心愿，这次他将在充分论证的基础上，郑重提出这份议案。

陈云龙为何如此看重这份议案？为什么在今年的全国人代会上要提交这份议案？在"两会"召开前夕，陈云龙接受了本报记者专访。

缘起：为什么要提出这样一份议案

记者：我国宪法规定，人民检察院是国家的法律监督机关。在人民检察院组织法中，又重申了这一规定，为什么还要特别提出单独制定一部法

───────────────

＊ 载《检察日报》2010 年 3 月 1 日第 5 版。

律监督法？

陈云龙：的确，宪法、人民检察院组织法都明确了"检察机关是国家的法律监督机关"的性质与定位。但不能回避的是，由于长期以来立法层面并未就检察机关法律监督进行统一的立法，有关检察机关法律监督的具体规定相当分散——主要散见于三大诉讼法中，而且现有的规定也比较原则，具体监督程序和保障性措施等操作性规定相对缺乏，与实践需求不相适应，从而严重制约和削弱了检察机关法律监督职能的有效发挥，导致宪法对检察监督的宏观定位和基本赋权在实践中难以充分实现，所以，有必要单独制定一部法律监督法。

记者：为什么是现在而不是更早时候提出这个意见？

陈云龙：这个问题问得好。现在建议制定法律监督法，是因为各方面条件更为成熟。

从政治、法律条件看，胡锦涛总书记强调，要加强对诉讼活动的法律监督，切实解决执法不严、司法不公的问题。周永康同志指出，检察机关要切实承担法律监督使命，忠实履行法律监督职能，着力增强法律监督能力。党中央的要求进一步引发了社会各界对加强专门性监督的共同预期。曹建明检察长多次指出，一定要按照中央要求，以对党、对人民、对宪法高度负责的态度，全面强化对诉讼活动的法律监督，维护司法公正。

从经济、社会条件看，在经济社会快速发展转型的同时，我国社会的内部矛盾发展也到了一个新的阶段，执法权力与社会公众的冲突事件呈现多发态势，某些过去习惯使用的处理方式特别是在法律上有争议的处理方式，在事件解决过程中效果不佳，公共权力的社会公信力受到挑战。因此，新的形势下应当更加重视从制度上探索完善社会治理的结构和方式，高度重视司法公正的特殊意义，努力将执法权力纳入依法、规范行使和便于进行司法救济的渠道；加强对执法权力行使的法律监督和对涉及执法权力纠纷的司法解决过程的法律监督；切实发挥位于社会矛盾解决系统"终端"位置的司法诉讼机制的"疏导器"、"减压阀"作用，以便最大程度地在司法诉讼环节化解矛盾，增加社会和谐因素。

另外，从理论实务界的研究以及各地人大的探索来看，立法的条件和时机都已成熟。

记者：您是全国人大代表，同时又是省级检察院检察长，提出这样一份议案，不怕有人说您在为检察机关"争权"吗？

陈云龙：正因为我是检察长，我更能深切地体会到建设和谐社会对加强检察机关法律监督职能的迫切需要。正因为我是人大代表，我有责任就司法工作中发现的问题，提出建设性意见、建议。

这不是在为检察机关争权，单独制定一部法律监督法，是对宪法法律的规定，党的要求、人民群众期待的一个积极回应，更是完善司法工作机制、加强法律监督、保障社会公平正义的需要。

检察机关法律监督对保障社会公平正义具有独特的价值和功能。因为在全社会实现公平与正义是发展中国特色社会主义的重大任务，也是检察机关履行法律监督职能的宗旨和目标。公平正义不仅是社会主义和谐社会的本质特征，也是最为核心的价值理念，没有公平正义就没有和谐社会。法律监督在实现与保障社会公平正义的政治、经济、文化体制中，具有独特的地位，其主要通过对权力的监督制约和对权利的司法救济，通过维护国家法律的统一正确实施来保障在全社会实现公平和正义，检察机关履行好法律监督职能对于保障在全社会实现公平正义具有独特的价值和功能，法律监督在未来只能也只会日益加强和规范。

记者：如果全国人大单独就检察机关法律监督立法，是否会在检法两家出现厚此薄彼的情况？

陈云龙：我国建设政治文明的特殊复杂性与循序渐进性，决定了现阶段适应发展稳定要求和社会改革呼吁的当务之急是，加强和完善政体内的监督力度。而政体内监督最具实效的是司法色彩浓厚的检察机关法律监督，因为检察机关作为国家法律监督机关，其职权行为具有法定性、主动性、诉讼性和公开性，司法色彩浓厚，因此也最具个案实效，最便于直接回应社会对具体事件与个案的公正期待。而且，我国宪法权力结构模式，决定了现阶段推动国家治理平衡发展的核心是适度约束行政权、改革规范审判权，强化和完善检察机关的法律监督权，也决定了只有加强检察机关法律监督，才能真正实现人大监督职能的有效延伸和具体落实，才能巩固和完善中国特色社会主义司法制度体系。

记者：我们从网上了解到，不少网友有这样的疑问：检察机关是监督别人的，那么谁来监督检察机关？

陈云龙：这也正是建议制定法律监督法的重要目的之一。检察机关的法律监督权也需要规范，而完备的法律监督立法是加强和规范检察机关法律监督的重要前提。

法律作为社会关系规范准则的本质特征，决定了法律监督立法是检察机关开展法律监督工作的首要条件。法律监督是运用国家权力实施的，其必须受到国家权力分配的严格限制，检察机关履行法律监督职责须谨守"监督法定"原则，监督的范围、手段、程序、规则、后果都应有法律明文规定。一方面，检察机关严格依据法律规定的程序行使监督权；另一方面，法律监督权的作用对象在接受监督时可以有章可循，对检察机关的法律监督起到反监督作用。同时，我国的成文法律传统也决定了明确完备的法律体系是推动检察机关法律监督权有效运行的必要条件，无论是推动检察机关自身加强法律监督工作，还是促使或强制其他公共权力更加顺利地接受法律监督，都需要由全国人大作出完备的法律监督立法。

记者：提出这样一份议案可能引起一些非议或质疑，对此，您有压力吗？

陈云龙：没有压力。有非议或者质疑，不见得是坏事，表明人们关注这些问题，或者在研究这些问题，许多共识就是在不断探讨和碰撞中达成的。

调研论证：寻找解决问题的钥匙

记者：对议案的内容，您从什么时候开始着手调研论证的？

陈云龙：我们有一个课题组，由 6 人组成，从 2009 年 6 月开始深入调研，进行研究、论证。而研究这个问题的想法早就有了，是在检察工作中逐渐累积起来的。

记者：课题组确定了怎样的研究路径？

陈云龙：法律监督到底是怎么一回事？司法实践中遇到过哪些具体问题？有哪些制约瓶颈？以及法律监督法的理想模式、现行立法的情况、问题等等，课题组思路明确，进行了大量的实证研究，在实践的基础上再作论证。

记者：在反复的研究和论证当中，您认为法律监督法应该解决哪些关键问题？

陈云龙：两个"缺位"一个"缺失"。首先要解决的是"核心法律概念的缺位"。

我们知道，"法律概念是认识法律与表达法律的认识之网上的纽结"，是法律规范形成和运行的基础，立法时必须对相关法律概念予以明确规定。但是，现行法律在"法律监督"的概念上出现了问题。我国有关法律监督的所有立法都未对"法律监督"作出明确界定，这导致理论界以及实践中人们对检察机关具体监督行为性质理解上的争议，进而影响法律监督功能的有效发挥。

记者：另一个"缺位"指什么？

陈云龙：指"有关法律后果规定"的缺位。一个完整的法律规范应当包括适用条件、行为模式和法律后果三部分，这是"良法"的形式要件之一，否则会影响法律规范的有效执行。但从我国关于法律监督的法律规范来看，许多条文仅有适用条件和行为模式的内容，而无法律后果的设定。

记者：请您举例说明。

陈云龙：比如《刑事诉讼法》第87条有关立案监督的规定："人民检察院应当要求公安机关说明不立案的理由。人民检察院认为公安机关不立案理由不能成立的，应当通知公安机关立案，公安机关接到通知后应当立案。"又如《刑事诉讼法》第169条关于审判监督的规定："人民检察院发现人民法院审理案件违反法律规定的诉讼程序，有权向人民法院提出纠正意见。"这些条文虽然具备适用条件和行为模式的规定，但却没有关于被监督者不履行义务时的法律后果的规定。类似的法律规范还见于《刑事诉讼法》第224条关于检察机关对刑罚执行监督的规定。

法律后果规定的缺位使法律监督在实践中丧失必要的权威和效力。在立案监督中，检察院在发出立案通知书后，有的公安机关不立案，检察机关往往束手无策；在审判监督和执行监督中，检察机关向被监督机关发出纠正违法意见书或通知书时，被监督机关既不提出异议，也不执行，检察机关同样无可奈何。这些都严重削弱了实践中法律监督的权威性和实际效果，严重影响了法律监督效果的正常发挥。

记者：您说的一个"缺失"指的是什么？

陈云龙：概括地说指法律监督规范体系的缺失。这个不难理解，只要研究一下现有的法律监督规范便会发现，从宪法到人民检察院组织法，再到三大诉讼法，没有一部法律以专编、专章或专节的形式对检察机关法律监督整体或者法律监督的某个具体职能程序进行系统规定，整个法律监督规范体系散乱而且薄弱，缺乏全面性、系统性和协调性，难以形成合力，这导致现有的法律监督规范远不能满足纷繁复杂的司法实践的需要。

记者：是的，民事诉讼法总共有268条，但关于检察监督的规定仅有5条。

陈云龙：我们还可以查一查行政诉讼法，75条的法律条款中关于检察监督的规定仅有 2 条。在目前各种民事（海事）、行政纠纷不断上升的情况下，如此简单而抽象的监督条款已经不能与民事、行政审判的公正要求相适应。

再如，刑事诉讼法仅仅把立案监督、侦查监督的对象规定为公安机关，而没有把同样具有刑事立案、侦查职能的国家安全机关、检察机关、监狱、海关等规定在内，而且对自诉案件的法律监督规定也是空白。在监督方式上也多为静态的、事后的监督，没有规定法律监督的知情权和调查权，实践中无法进行同步的、动态的监督。

这些问题都需要解决，而解决的最好办法是立法，通过立法集中把问题厘清。

记者：还有一个困惑，法律监督这个概念，并非检察机关独有，有时候人大也提法律监督，这两个法律监督如何区分？

陈云龙：两者是不同的。法律监督是一种专门性的监督，作为国家权力的一部分，由检察院专门行使；法律监督的手段是专门的，是由法律特别规定的。如对职务犯罪立案侦查、对刑事犯罪提起公诉，以及对诉讼过程中违反法律的情况进行监督等，都是只有检察机关才有权使用的监督手段，因而它不同于其他一切社会活动主体都能进行的一般性监督。

人大法律监督主要是全国人大及其常委会、地方人大及其常委会对本级行政机关、审判机关、检察机关及下一级国家权力机关违反宪法和法律的行为进行监督，监督的形式主要包括：听取和审议执法工作汇报；提出质询和罢免案；执法检查等。应该说，人大监督是一种权力监督，是就关系到宪法和法律实施中的重大问题进行宏观上、权源上的监督，所以，现在惯用的提法是"人大监督"。

地方探索：积累较为成熟的经验

记者：据了解，目前有 9 个省级人大出台了加强诉讼监督或法律监督的决议。

陈云龙：从地方人大立法实践看，有关法律监督专门立法已逐步走向成熟。自 2008 年 9 月以来，北京、四川、湖北、辽宁、上海、江西、黑龙江、山东、宁夏等省（市、自治区）人大常委会先后通过了有关加强检察机关法律监督工作的决议、决定，充分体现了地方人大常委会对检察机关法律监督工作的高度重视。

记者： 各地人大出台的决定或决议的名称都不一样，有的叫加强诉讼监督，有的叫加强法律监督，为什么名称上不作统一？

陈云龙： 名称不同，侧重点也不同，但核心的内容是一样的。这些决议、决定不仅指明了检察机关加强对诉讼活动的法律监督的工作重点、工作措施，而且明确了侦查机关、审判机关、刑罚执行和监管机关、行政执法机关应当依法自觉接受检察机关法律监督的义务，还规定了有关方面要为检察机关法律监督工作创造良好的环境。

少数省市人大常委会根据社会各界呼吁和检察机关的直接请求或建议，制定了体例规范、条款项目齐备，完全符合"行为模式＋法律后果"规范逻辑模式的"条例"，如 2003 年 10 月银川市人大常委会通过的《银川市检察机关法律监督工作条例》、2006 年 3 月包头市人大常委会通过的《包头市检察机关法律监督工作条例》等。

记者： 这对制定统一的法律监督法有什么样的助益？

陈云龙： 各地的探索先行一步，可以为全国人大制定法律监督法积累经验。从名称、内容到结构，全国人大立法时，都可以借鉴。说明一点，法律监督权是国家宪法设定的，并与国家几部大法相统一的，应该由一部国家法律来统一规范，增强法律监督权的权威性和严肃性。

记者： 最近，最高人民检察院也印发了《最高人民检察院关于进一步加强对诉讼活动法律监督工作的意见》。

陈云龙： 加强对诉讼活动的法律监督，是检察机关贯彻中央司法体制改革部署的一个重大举措。最高人民检察院发布的这个意见，是对今后一个时期诉讼监督工作作出的部署，对于全面强化法律监督，维护社会主义法制的统一、尊严和权威，促进公正廉洁执法，维护社会公平正义、促进社会和谐稳定具有重要意义。

最高人民检察院和各地检察机关进一步加强对诉讼活动法律监督的司法实践，将为法律监督立法提供丰富的素材。

记者： 目前，有没有拟出一部比较成型的草案文本？

陈云龙： 还没有。目前主要侧重研究立法的必要性、实践中遇到的"瓶颈"问题，以及这部法律所要解决的核心问题。待进入立法程序后，必将涉及司法体制的改革、具体法律条文的修改和具体章节、法条的细化。

法律监督立法是一项庞大、复杂的工程，非一人可为，非一时可为，我只是作了初步的设想。鉴于宪法的"法律监督"定位和现行检察院组织法对检察机关职权范围的规定，建议法律监督法设总则、分则和附则三大部分。分则又分为：刑事立案与侦查活动监督、刑事审判活动监督、刑罚执行和监管活动监督、民事审判与行政诉讼监督、行政权监督、法律责任六部分。

记者：如果这份议案最终没能启动立法程序，您会感到失望吗？

陈云龙：当前法律监督立法已经明显滞后于我国经济社会发展的现实和人民群众的期待，检察机关法律监督能力的"产出"和社会公众对司法公正需求之间的差距，也已经形成越来越大的矛盾张力。在地方人大就法律监督立法工作进行的探索尝试日益积累经验、逐渐走向成熟的基础上，适时由全国人大开展全国性的法律监督立法活动，已显得十分紧迫。

我相信，对法律监督立法，是一个趋势，如果暂时没有列入立法计划，我们会继续研究论证，更多地积累经验，直至推动法律监督法最终出台。

陈云龙代表：从法律层面解决监督难问题[*]

记者 范跃红

　　"去年，企业和社会对浙江检察机关给予了积极评价，浙江省委、最高人民检察院领导多次批示肯定。对此，我难以忘记。"全国人大代表、浙江省人民检察院检察长陈云龙说。

　　陈云龙告诉记者，去年，面对国际金融危机对浙江经济社会带来的冲击，浙江检察机关把保障经济平稳较快发展作为服务大局的首要任务，以贯彻落实省检察院提出的"十五条意见"为重点，以开展服务企业专项行动为抓手，紧密结合实际，制定实施相关意见措施，充分发挥打击、保护、监督、预防等职能作用，为经济发展提供了有力的司法保障。

　　提起去年累倒在工作岗位上的宁波市检察院检察长陈长华，陈云龙有些动情："陈长华的事迹被人们广为传颂，浙江省委书记赵洪祝还把他列为全省党员领导干部廉政教育的正面典型，由此可见，只要我们尽心为民

* 载《检察日报》2010年3月3日第4版。

履职，党和人民是不会忘记的。"

问及今年"两会"最关注的事情，陈云龙说：作为一名来自检察机关的全国人大代表，每年的全国"两会"关注最多的自然是国家的民主法治建设。今年也不例外。记者问道："您准备提什么议案？"陈云龙回答："《关于制定〈中华人民共和国法律监督法〉立法》的议案。"

陈云龙进一步解释说，依法治国进程的加快和人民民主法治意识的提高，给司法机关带来新的挑战，提出了更高的要求和希望，尤其是作为法律监督机关的检察机关，迫切需要法律给予更多的支持。"自从我到检察机关工作后，一直考虑如何进一步提高法律监督能力，真正发挥检察机关法律监督职能。去年我领衔的一个课题组对此进行了系统调研，形成了这一议案，着眼于从法律层面真正解决目前检察机关监督难、难监督等问题。"

陈云龙期待，2010年浙江检察机关办案质量能够更高，更好地完成中央部署的社会矛盾化解、社会管理创新、公正廉洁执法三项重点工作任务，为浙江省经济社会平稳较快健康发展提供更加有力的司法保障。

结束采访前，记者问陈云龙："您最想说的一句话是什么？"

陈云龙坦然答道："做坦诚的人，做实在的事。"

陈云龙代表：建议制定法律监督法[*]

记者 周 斌

　　记者与全国人大代表、浙江省人民检察院检察长陈云龙谈到检察机关法律监督地位这一问题时，他拿出厚厚的一叠材料，是一份制定法律监督法的建议，他说目前已联合多位全国人大代表，将提出制定该法的议案，"以着力解决现行有关法律监督的法律体系缺乏全面性、系统性、协调性和监督缺乏法律保障等问题"。

　　陈云龙告诉记者，当前我国法律监督立法存在"体系散乱"的结构性问题，除宪法、人民检察院组织法和检察官法的原则规定外，涉及检察机关法律监督的法律规定主要散落在三大诉讼法中，且三大诉讼法均没有也无法以专章或专节形式规定检察机关的法律监督权；同时，还存在法律监督概念缺位、法律监督权限设定薄弱和手段不足、法律后果规定缺位等问题。这些问题严重制约和削弱了检察机关法律监督职能的有效发挥，导致宪法对检察机关法律监督的宏观定位和基本赋权在实践中难以充分实现。

---

　　* 载法制网 2010 年 3 月 5 日，中国人大网转发。

他举例说，比如《刑事诉讼法》第 87 条有关立案监督的规定："人民检察院认为公安机关不立案理由不能成立的，应当通知公安机关立案，公安机关接到通知后应当立案。"第 224 条关于刑罚执行的规定："人民检察院对执行机关执行刑罚的活动是否合法实行监督。如果发现有违法的情况，应当通知执行机关纠正。"这些条文都没有对被监督者不履行义务所产生法律后果作相应规定，导致在立案监督、侦查活动监督、刑事审判监督和刑罚执行监督实践中，检察机关对发出立案通知书后公安机关不立案或者立案后不予侦查的情形、对发出纠正违法通知书后法院、监狱等单位不予执行的情形束手无策。在民事诉讼法关于民事审判监督、行政诉讼法关于行政诉讼监督等相关规范中，也未对被监督对象的消极行为、抵制现象加以制裁的规定。再如，在近几年广为社会关注的民事裁判执行领域，由于法律规定不明确，检察机关往往面对当事人的申诉却因法律无明文监督依据而难以作为。

鉴于上述现状，陈云龙建议制定一部专门的法律监督法，以加强检察机关法律监督，促进严格执法和公正司法。

陈云龙建议，出台的法律监督法应明确监督对象和范围，加强七项监督，包括加强对立案的监督，着力防止和纠正应当立案而不立案和不应当立案而立案，以及立而不侦、侦而不结等问题；加强对侦查活动的监督，着力防止和纠正违法取证、违法采取扣押冻结等强制措施和刑讯逼供等问题；加强刑事审判监督，着力防止审判活动中的程序违法和徇私舞弊、违法裁判等问题；加强对刑罚执行的监督，着力防止和纠正违法减刑、假释、暂予监外执行等问题；加强对监管工作的监督，着力防止和纠正超期羁押等侵犯被监管人合法权益的问题；加强对民事审判和行政诉讼活动的监督，预防和纠正审判程序不规范、裁判不公正等问题；加强对检察机关自侦案件办理的监督，把人民监督员、职务犯罪案件批准逮捕上提一级等制度加以明确规定。并拓展对行政执法的监督，督促有关行政机关正确履行职责，纠正行政违法行为，防止行政权的异化。

陈云龙坚信，法律监督法的出台，将更有力地保障司法公正，满足人民群众对法律监督维护公平正义的迫切需求。

浙江省人民检察院检察长陈云龙
代表：建议制定法律监督法[*]

记者　毛　磊　顾　春

我国现有立法均未明确界定"法律监督"，对其应含的内容没有明确的阐述。理论界和司法实务界对"法律监督"的内容一直争论不休，给检察机关在依法实施法律监督的实践带来种种困难。

鉴于宪法的"法律监督"定位和现行检察院组织法对检察机关职权范围的规定，建议全国人大制定独立的、专门的《中华人民共和国法律监督法》，该法设总则、分则和附则三大部分。分则又分为：刑事立案与侦查活动监督、刑事审判活动监督、刑罚执行和监管活动监督、民事审判与行政诉讼监督、行政权监督、法律责任六部分。

法律监督法的基本内容根据检察机关法律监督职能定位，把握我国司法改革走向，回应当前人民群众对加强法律监督的强烈呼声。法律监督法应明确规定法律监督的核心概念、基本范畴和基本原则，基于常规性的法

＊　载《人民日报》2010年3月11日第10版。

律监督内容创制法律监督的程序结构和监督方式，并提出相应的职权保障措施，以此形成一个比较完整、系统的立法构架。

在地方人大对法律监督立法日益积累经验、逐渐走向成熟的基础上，适时由全国人大开展全国性的法律监督立法活动，条件已基本成熟。

浙江检察院检察长：
制定法律监督法条件基本成熟[*]

记者　柴燕菲

　　"制定统一的法律监督法条件已经基本成熟"，全国人大代表、浙江省人民检察院检察长陈云龙今天表示，建议由全国人大调研制定专门的《中华人民共和国法律监督法》，让检察机关"如虎添翼"。

　　陈云龙表示，这些年来检察机关法律监督工作取得了较大的成效，但与党和国家的期望、人民群众的要求还存在很大的差距。"究其原因，首先是立法上有关法律监督概念缺位。其次，法律监督权设定薄弱，手段不足。最后，有关法律后果规定缺位。现行有关法律监督的一些法律条文，只是规定了行为模式，而没有规定被监督者不履行义务时的法律后果，导致检察机关的法律监督行为不具有强制性和执行力。"

　　"除宪法、人民检察院组织法的原则规定外，其他有关法律监督的规定主要散落在三大诉讼法中，而且三大诉讼法都没有也无法以专章或专节

---

　　* 载中国新闻网，2010 年 3 月 12 日，凤凰资讯转发。

形式规定检察机关的法律监督权。"陈云龙告诉记者，对诉讼活动以外一些违法行为，如何进行法律监督，都没有法律规定。"因此，仅仅修改三大诉讼法无法解决现行法律监督立法体系散乱的结构性问题，无法满足社会发展对法律监督的实际需要。"

陈云龙告诉记者，当前制定统一的《中华人民共和国法律监督法》条件基本成熟。"中央高度重视法律监督作用，胡锦涛总书记多次强调，要加强对诉讼活动的法律监督，切实解决执法不严、司法不公的问题。自2008年9月以来，北京、四川、湖北、辽宁、上海、黑龙江等省市人大常委会先后就加强检察机关法律监督立法进行了有益的尝试，多数已经作出了加强检察机关法律监督工作的决议、决定，有力地推动了检察机关法律监督工作。"

陈云龙建议最高人民检察院在调研、论证的基础上，向全国人大提出立法建议，由全国人大调研制定专门的《中华人民共和国法律监督法》。"新形势下，制定一部统一的法律监督法，在宪法和三大诉讼法之间架起枢纽桥梁，促进法律监督的协调统一运行，具有紧迫性和现实性。"

陈云龙代表：建议制定法律监督法让检察机关敢监督会监督[*]

记者　岳德亮　黄深钢

全国人大代表、浙江省人民检察院检察长陈云龙建议，全国人大调研制定专门的《中华人民共和国法律监督法》，让检察机关敢监督、会监督腐败问题。

这些年来检察机关法律监督取得了较大的成效，但与人民的期望还存在很大的差距。陈云龙代表认为，究其原因，主要是立法上有关法律监督概念缺位。法律监督权设定薄弱，手段不足。有关法律后果规定缺位。现行有关法律监督的一些法律条文，只是规定了行为模式，而没有规定被监督者不履行义务时的法律后果，导致检察机关的法律监督行为不具有强制性和执行力。现有法律规定缺乏全面性、系统性和协调性，"体系散乱、规定零散"。

此外，对诉讼活动以外的一些违法行为，如何进行法律监督，都没有

---

* 载新华网，2010 年 3 月 12 日。

法律规定。

陈云龙代表认为，当前，制定统一的《中华人民共和国法律监督法》的条件基本成熟。在今年的浙江省"两会"上，多个代表团在审议检察工作报告时，明确要求检察机关加强法律监督，改善不敢监督、不善监督、不会监督等"三不"问题。

据了解，自 2008 年 9 月以来，北京、四川、湖北、辽宁、上海、黑龙江等省市人大常委会先后就加强检察机关法律监督立法进行了有益的尝试。

陈云龙：制定法律监督法[*]

记者　周咏南　毛传来等

　　"要努力改变检察机关不敢监督、不善监督、不会监督的问题，必须制定统一的国家法律监督法。"陈云龙代表在审议"两高"工作报告时大声疾呼。

　　陈云龙代表说，这些年来检察机关法律监督工作取得了较大成效，但与党和国家的要求、人民群众的期望还存在很大的差距。究其原因，主要是立法上有关法律监督概念缺位，法律监督权设定薄弱，手段不足，现有法律规定缺乏全面性、系统性和协调性，"体系散乱、规定零散"。现行立法未授予检察机关充分的知情权和调查权，检察机关知情权和调查权的缺乏、纠问权的模糊和追查权的薄弱，与刑事诉讼、民事诉讼和行政诉讼以及行政执法等过程的法律监督需求远远不相适应。实践中，检察机关不仅无法全面、及时掌握违法情况，而且即使发现违法线索，也无法及时有效进行调查处理。仅仅修改三大诉讼法无法解决现行法律监督立法体系散乱的结构性问题，无法满足社会发展对法律监督的实际需要。

＊ 载《浙江日报》2010 年 3 月 14 日第 2 版。

　　陈云龙代表说，我国处于经济社会快速发展时期，社会内部矛盾上升到一个新的阶段，群体性事件呈现多发态势。新的形势下，应当更加重视探索完善社会治理的结构和方式，高度重视司法公正的特殊意义，努力将执法活动纳入依法、规范的渠道，加强对执法活动的法律监督。要在加强检察机关法律监督职能的同时，制定一部全国统一的国家法律监督法。

让手中权利在阳光下使用
用手中的权利服务于民生[*]

陈云龙

一、提出"制定《中华人民共和国法律
监督法》立法议案"的由来

我国《宪法》第 129 条和《人民检察院组织法》第 1 条明确规定：人民检察院是国家的法律监督机关。据此，检察机关法律监督的基本定位和授权规定较为明确。法律监督是中国检察制度的根本性质和理论基础，检察机关以法律监督为职责。

改革开放 30 多年来，我国检察机关适应经济社会发展的需要，认真履行法律监督职能，对维护公正执法和司法、保障全社会实现公平正义发挥了积极作用。近年来，随着经济社会的快速发展、社会矛盾态势的变化和公众权利意识的觉醒，民众对加强法律监督、维护公平正义的要求更加

---

* 载《文汇报》（香港）2010 年 4 月 14 日第 A7 版。

强烈。2008 年年底，中共中央转发了《中央政法委关于深化司法体制和工作机制改革若干问题的意见》，着重强调了对具体权力的监督制约问题，努力从司法制度完善和体制机制改革层面上，强化作为社会矛盾"终端"解决系统的司法诉讼机制的作用，以最大程度地化解矛盾，促进社会公正与和谐。

然而，同形势与任务不相适应的是，检察机关法律监督尚缺乏统一的立法，有关具体规定主要散见于三大诉讼法，而且规定比较原则，实践中缺乏可操作性的具体监督程式，严重制约和削弱了检察机关法律监督职能的有效发挥。

综观当前法律监督立法，主要存在以下问题：

一是法律监督概念缺位，导致基本认识模糊。我国有关法律监督的所有立法都未对"法律监督"作出明确界定，对其应含的内容没有明确的阐述，导致理论界和司法实务界对"法律监督"一词及其内容一直争论不休，这必然会影响检察机关宪法地位的巩固和中国社会主义司法制度的完善，也必然给检察机关在依法实施法律监督的具体实践带来种种困难，严重影响法律监督的有效实施。

二是法律监督许可权设定薄弱，手段不足，直接影响法律监督效能的发挥。知情权和调查权是监督权本身的组成部分，是实施法律监督的重要手段之一，是纠正违法行为的前提和基础，法律监督的成效在很大程度上取决于能否及时发现违法、查明违法。然而，现有关于检察机关法律监督的立法并未授予检察机关充分的知情权和调查权，检察机关不仅无法全面、及时掌握违法情况，而且即使发现违法线索，由于没有监督中的调查权，也无法及时有效判断查处。实践中检察机关向被监督者调阅相关材料，常常因法律依据不足遭到被监督方的抵制，使得检察机关丧失监督的主动性，无法进行全面的、主动的、同步的监督。比如，我国刑事诉讼法对检察机关的立案监督权，只规定了"要求说明不立案理由"的质询权和"认为不立案理由不能成立时通知公安机关立案"的通知纠正权，导致检察机关事先根本不能全面掌握刑事发案、受案、立案活动情况，更无法主动对刑事受案、立案活动全过程进行法律监督。又如，在近几年广为社会关注的民事裁判执行领域，由于法律规定不明确，检察机关往往面对当事人的申诉却因法律无明文监督依据而难以作为。检察机关知情权和调查权的缺乏、纠问权的模糊和追查权的薄弱，与刑事诉讼、民事诉讼和行政诉讼以及行政执法等过程的法律监督需求远远不相适应，严重制约了法律监督的有效开展。

三是法律后果规定缺位，严重削弱了法律监督的权威性和执行力。我国关于法律监督的许多法律条文只规定了适用条件和行为模式的内容，而没有规定被监督者不履行义务时应承担的法律后果。比如，《刑事诉讼法》第 169 条关于审判监督的规定："人民检察院发现人民法院审理案件违反法律规定的诉讼程序，有权向人民法院提出纠正意见。"第 224 条关于刑罚执行的规定："人民检察院对执行机关执行刑罚的活动是否合法实行监督。如果发现有违法的情况，应当通知执行机关纠正。"这些条文都没有对被监督者不履行义务所产生法律后果作相应规定，导致在立案监督、刑事审判监督和刑罚执行监督实践中，检察机关对发出立案通知书后公安机关不立案或者立案后不予侦查的情形、对发出纠正违法通知书后法院、监狱不予执行的情形束手无策。在民事诉讼法关于民事审判监督、行政诉讼法关于行政诉讼监督等相关规范中，也往往未对被监督者的消极行为，甚至抵制现象加以制裁性规定。法律后果规定的缺位，使得法律监督缺乏法律刚性保障，实践中检察机关的法律监督行为以及发出的立案通知书、纠正违法通知书等法律监督文书不具有强制性和执行力，严重影响了法律监督的实际效果。

四是现有法律规定缺乏全面性、系统性和协调性，导致法律监督的立法远不能满足实践的需要。当前我国法律监督立法存在的主要问题是"体系散乱"的结构性问题，整个法律规范体系缺乏统一性和完整性。除宪法、人民检察院组织法和检察官法的原则规定外，涉及检察机关法律监督的法律规定主要散落在三大诉讼法中，以及看守所条例、监狱法、海关法和人民警察法等相对孤立的原则性规定。三大诉讼法均没有也无法以专章或专节形式规定检察机关的法律监督权，其中民事诉讼法总条款共达268 条之多，关于检察机关法律监督的规定仅有 5 条，行政诉讼法 75 条法律条文中，关于检察机关法律监督的规定仅有 2 条，在目前各种民事、海事、行政纠纷不断上升的情况下，如此简单而抽象的监督条款已经不能适应民事、行政案件公正审判的要求。刑事诉讼法对监督对象的规定很不全面，把立案监督、侦查监督的对象仅规定为公安机关，而没有把同样具有刑事立案、侦查职能的国家安全机关、检察机关、监狱、海关规定在内，导致实践中对这些单位的立案、侦查监督缺少法律依据。对于社会各界强烈反映的行政违法行为，检察机关也因法律授权不足而无法进行法律监督；检察机关正在探索试点的民事督促起诉、行政执法与刑事司法相衔接制度、人民监督员制度等改革举措，因缺乏明确的法律依据而无法发挥其应有的效果。法律监督无法在三大诉讼法和相关法律中形成一个完整的监督体系，而且对诉讼外的法律监督没有法律规定，因此，仅仅修改三大诉讼法无法解决现行法律监督立法体系散乱的结构性问题，无法满足社会发展对法律监督的实际需要。

由此，我想到了应该由全国人大制定一部统一的《中华人民共和国法律监督法》，在宪法和三大诉讼法之间架起枢纽桥梁，促进法律监督的协调一体运行，提高法律监督的应有效果。为此，我们还成立了课题组，以《法律监督立法研究》为选题，进行了深入调研和论证，在此基础上提出了本立法议案。

二、推动制定《中华人民共和国法律 监督法》的条件基本成熟

第一，从政治、法律条件看，胡锦涛总书记强调，要加强对诉讼活动的法律监督，切实解决执法不严、司法不公的问题。中共中央政治局常委、中央政法委员会书记周永康同志指出，检察机关要切实承担法律监督使命，忠实履行法律监督职能，着力增强法律监督能力。最高人民检察院检察长曹建明多次提出，一定要按照中央要求，以对党、对人民、对宪法高度负责的态度，全面强化对诉讼活动的法律监督，维护司法公正。党中央的要求进一步引发了社会各界对加强专门性监督的共同预期，有力地推动了检察机关法律监督。

第二，从经济、社会条件看，在经济社会快速发展转型的同时，当前我国社会的内部矛盾发展已经到了一个新的阶段，以群体性事件为代表的执法权力与社会公众的冲突事件呈现多发态势，公共权力的社会公信力受到挑战。因此，新的形势下应当更加重视从制度上探索完善社会治理的结构和方式，高度重视司法公正的特殊意义，努力将执法权力纳入依法、规范行使和便于进行司法救济的渠道，加强对执法权力行使的法律监督和对涉及执法权力纠纷的司法解决过程的法律监督，最大程度地在司法诉讼环节化解矛盾，增加社会和谐因素。

第三，从理论、实务界层面看，加强法律监督、制定统一的法律监督法已成共同的呼声。早在 1999 年的全国两会上，就曾有近 200 名人大代表提出 5 个议案，呼吁全国人大完善立法，尽快解决民事行政诉讼监督机

制薄弱，维护司法公正不力的问题。2004 年十届全国人大二次会议上，又有四川省检察院检察长陈文清、河南省检察院检察长王尚宇、吉林省检察院检察长索维东、北京市检察院一分院检察长方工等代表领衔的 100 多名全国人大代表，联名呼吁"完善立法，强化检察机关的法律监督职能，发挥其保障法律统一正确实施的作用"。一些法学专家教授已经在提出加强检察机关法律监督职能的同时，呼吁制定一部统一的法律监督法。

第四，从地方人大立法实践看，法律监督立法已积累了一定的经验。自 2008 年 9 月以来，北京、四川、湖北、辽宁、上海、黑龙江、浙江等省市人大常委会先后就加强检察机关法律监督立法进行了有益的尝试，多数已经作出了加强检察机关法律监督工作的决议、决定，有力地推动了检察机关法律监督工作。这些决议、决定不仅指明了检察机关加强对诉讼活动的法律监督的工作重点、工作措施，而且明确了侦查机关、审判机关、刑罚执行和监管机关、行政执法机关应当依法自觉接受检察机关法律监督的义务，还规定了有关方面要为检察机关法律监督工作创造良好的环境。少数省市人大常委会根据社会各界呼吁和检察机关的直接请求或建议，制定了体例规范、条款项目齐备的"条例"，如 2003 年 10 月银川市人大常委会通过的《银川市检察机关法律监督工作条例》、2006 年 3 月包头市人大常委会通过的《包头市检察机关法律监督工作条例》等。2009 年 8 月宁夏回族自治区人大常委会对内容包含 7 章 29 条的《宁夏回族自治区检察机关法律监督工作条例（草案）》进行了审议。

因此，制定《中华人民共和国法律监督法》是当前各方面条件成熟的必然结果，在地方人大对法律监督立法工作日益积累经验、逐渐走向成熟的基础上，应适时由全国人大开展全国性的法律监督立法活动。

三、制定《中华人民共和国法律监督法》 的主要内容和预期效果

基于宪法对检察机关法律监督职能定位、我国司法改革走向以及当前人民群众对加强法律监督的强烈呼声，我建议由全国人大本着准确定位有限监督原则、协调整合与充分授权相结合原则、科学可行原则，制定一部独立的、专门的《中华人民共和国法律监督法》，该法的主要内容可包含以下 4 个方面：一是明确法律监督核心概念和基本范畴，准确把握检察机关职能定位。二是明确法律监督的对象范围，切实加强检察机关对刑事诉

讼、民事审判和行政诉讼的监督，拓展对行政执法的监督，强化检察机关自身监督，促进公正廉洁执法，同时防止检察权的滥用。三是规范监督方式、完善监督程式及监督保障措施，健全检察机关法律监督制度，切实提高法律监督实效。四是明确监督制约机制，促进检察机关自身建设，防止检察权滥用。

该法可设总则、分则和附则三大部分。分则又分为：刑事立案与侦查活动监督、刑事审判活动监督、刑罚执行和监管活动监督、民事审判与行政诉讼监督、行政权监督、法律责任六部分，由此形成一个比较完整、系统的立法构架。

由全国人大制定统一的法律监督法，能解决现有法律监督立法体系散乱问题，使其具有全面性、系统性和协调性，促进法律监督的协调一体运行。同时，该法具有被侦查机关、审判机关、刑罚执行机关和行政执法机关普遍认可和遵循的效力，能从根本上解决检察机关在开展法律监督工作中所遇到的共性问题，强力破解检察机关法律监督效力弱的难题，充分实现宪法对检察机关法律监督的基本定位和授权。

让法律监督回归宪法本位[*]

记者　王　健

1982 年，检察机关是国家法律监督机关被正式写入宪法。

"法律监督权"的入宪并没有让检察机关的"腰杆挺起来"。发生在侦查活动中的违法情况，诉讼活动中的冤假错案和执行难等妨害司法公正的行为一直难以得到及时纠正，"不敢监督、不善监督、监督不到位的现象仍然存在"。

从 1999 年开始，几乎每年的全国两会上，都有人大代表提出议案，呼吁全国人大完善法律监督立法。在今年的两会上，数十位人大代表再次向大会提交了"关于制定法律监督法的议案"。加强法律监督、制定统一的法律监督法已成共同的呼声。

与此同时，最高人民检察院下发了《关于进一步加强对诉讼活动法律监督工作的意见》，强化诉讼监督工作。

种种迹象表明：制定统一的法律监督法，时机已经成熟。

3 月的北京，春寒料峭，乍暖还寒。备受世人关注的一年一度的全国

---

　　* 载《民主与法制》2010 年第 7 期。

"两会"在这里隆重召开。十一届全国人大代表、浙江省检察院检察长陈云龙这一次感到肩上的担子沉甸甸的。

在这次"两会"上，陈云龙联名其他人大代表向大会郑重提交了"关于制定法律监督法的议案"。"这个议案我思考了将近一年时间，我们太需要这么一部法律了。"陈云龙说。

一部怎样的法律，让一位省级检察院的检察长如此看重？在这份议案的背后，是检察机关法律监督能力的"产出"和人民群众对司法公正需求之间不断扩大的差距。"制定一部法律监督法，迫在眉睫！"

国家法律监督机关的"监督难题"

虽然事情已经过去两年多了，但回忆起桐乡市胜利丝厂283名下岗工人保险纠纷案，陈云龙至今记忆犹新。

俞柏荣等283人为原桐乡市胜利丝厂职工。1998年4月，因该厂濒临破产，保险公司解除了该厂1995年为俞柏荣等人投保的保险合同，从退保金中直接扣除了借款余额75万元及利息。同年6月，胜利丝厂以余款重新在该保险公司投保职工养老保险，由于所交保险费减半，从而导致职工在退休后应获保险金被减半。

俞柏荣等283人分别向桐乡市人民法院起诉，要求判令保险公司按1995年保险合同确定的标准支付保险金，被法院驳回诉讼请求。败诉后，案件当事人四处上访，问题一拖多年未能解决。

俞柏荣等人向检察机关提出申诉后，嘉兴市检察院调查后认为，法院作出的283份民事判决均存在认定事实主要证据不足、适用法律错误等情形，遂提起抗诉。

按理说检察机关对错误的民事、行政判决提出抗诉，要求法院依法纠正，已经履行了法律监督职能。然而，嘉兴市检察院的检察官们却依然忧虑重重。

陈云龙告诉记者，法律赋予了检察机关抗诉监督权，但是检察机关行使监督权抗诉权时同样面临诸多不畅。"抗诉后再审，诉讼过程长，诉讼效率低，很容易陷入抗诉—维持原判—再抗诉—再维持原判的怪圈。即便法院纠正了错误判决，也存在判决能否如期执行的问题。"

陈云龙的说法不是杞人忧天。在浙江省就发生过一起检察机关多次行使法律监督权，法院审理了14年才结案的案件。

俞明达是平湖师范农场特种养殖场场长。1991 年 4 月他开始从事美国青蛙的养殖和育种工作。1993 年冬，养殖场取水河道被河道上游嘉兴市步云染化厂、步云染料厂、步云化工厂、向阳化工厂和高联丝绸印染厂 5 家企业的工业废水污染。1994 年 4 月，养殖场存育的美国青蛙蝌蚪和 270 多万尾正在变形的幼蛙开始死亡，到了 9 月养殖场内青蛙几乎全部死亡。按当时的市场价计算，养殖场因此而遭受的直接经济损失高达 48.3 万元。

为了讨回公道，俞明达以养殖场的名义将这 5 家企业告上了法庭。然而，平湖市法院以不能证实青蛙、蝌蚪死于水污染，无法确定原告损害事实与被告污染环境行为之间存在必然的因果关系为由，驳回诉讼请求。

俞明达对此判决不服，遂于 1997 年 8 月向平湖市人民检察院提出申诉。平湖市检察院检察官通过实地考察、走访相关人员、查阅大量案卷后，发现法院判决认定事实错误、适用法律不当，遂提请嘉兴市人民检察院向嘉兴市中级人民法院提出抗诉，嘉兴市中级人民法院审理后判决驳回抗诉，维持原判。

此后，2000 年，嘉兴市人民检察院又提请浙江省人民检察院向省高级人民法院提出抗诉，浙江省高级人民法院再审后又作出维持原判的终审判决。

经过浙江的三级检察院以不同意见两度提出抗诉，而三级人民法院均以证据不足，判决俞明达败诉。最终，最高人民法院受理了俞明达的申诉，改判 5 家企业赔偿养殖场经济损失 48.3 万元及利息，并承担连带清偿责任。而此时，距离俞明达第一次提起诉讼已经过去了 14 年。

法律缺失让法律监督机关"心有余而力不足"

在今年的"两会"上，最高人民检察院曹建明检察长的工作报告在讲到检察工作存在的问题时指出："法律监督职能作用发挥得还不充分，不敢监督、不善监督、监督不到位的现象仍然存在。"

为什么法律监督职能难以充分发挥出来？陈云龙认为主要是法律缺失问题造成的。

陈云龙指出，现行法律在"法律监督"的概念上出现了问题。我国有关法律监督的所有立法都未对"法律监督"作出明确界定，这导致理论界以及实践中人们对检察机关具体监督行为性质理解上的争议，进而影响法律监督功能的有效发挥。

"更重要的是，'有关法律后果规定'的缺位。"陈云龙说，一个完整的法律规范应当包括适用条件、行为模式和法律后果三部分，这是"良法"的形式要件之一，否则会影响法律规范的有效执行。但从我国关于法律监督的法律规范来看，许多条文仅有适用条件和行为模式的内容，而无法律后果的设定。

陈云龙举例说，比如《刑事诉讼法》第87条有关立案监督的规定："……人民检察院应当要求公安机关说明不立案的理由。人民检察院认为公安机关不立案理由不能成立的，应当通知公安机关立案，公安机关接到通知后应当立案。"又如，《刑事诉讼法》第169条关于审判监督的规定："人民检察院发现人民法院审理案件违反法律规定的诉讼程序，有权向人民法院提出纠正意见。"这些条文虽然具备适用条件和行为模式的规定，但却没有关于被监督者不履行义务时的法律后果的规定。类似的法律规范还见于《刑事诉讼法》第224条关于检察机关对刑罚执行监督的规定。

"法律后果规定的缺位使法律监督在实践中丧失必要的权威和效力。"陈云龙说，在立案监督中，检察院在发出立案通知书后，有的公安机关不立案，检察机关往往束手无策；在审判监督和执行监督中，检察机关向被监督机关发出纠正违法意见书或通知书时，被监督机关既不提出异议，也不执行，检察机关同样无可奈何。

"这些都严重削弱了实践中法律监督的权威性和实际效果，严重影响了法律监督效果的正常发挥。"陈云龙说。

我国民事诉讼法总共有268条，但关于检察监督的规定仅有5条。行政诉讼法共75条，但是法律条款中关于检察监督的规定也仅有两条。陈云龙认为，在目前各种民事（海事）、行政纠纷不断上升的情况下，如此简单而抽象的监督条款已经不能与民事、行政审判的公正要求相适应。

2009年9月16日，上海发生一居民因搭载自称胃痛路人被指非法运营的"钓鱼执法"事件。事后，有人问陈云龙："你们检察机关为什么不介入查一查？"这让陈云龙感到很尴尬。

事实上，刑事诉讼法仅仅把立案监督、侦查监督的对象规定为公安机关，而没有把同样具有刑事立案、侦查职能的国家安全机关、检察机关、监狱、海关等规定在内，而且对行政机关的具体执法活动、自诉案件的法律监督规定也是空白。在监督方式上也多为静态的、事后的监督，没有规定法律监督的知情权和调查权，实践中无法进行同步的、动态的监督。

制定统一的法律监督法　时机已经成熟

事实上，加强法律监督、制定统一的法律监督法早已成共同的呼声。

早在1999年的全国"两会"上，就曾有近200名人大代表提出5个议案，呼吁全国人大完善立法，尽快解决民事行政诉讼监督机制薄弱、维护司法公正不力的问题。

2004年十届全国人大二次会议上，又有四川省检察院检察长陈文清、河南省检察院检察长王尚宇、吉林省检察院检察长索维东、北京市检察院一分院检察长方工等代表领衔的100多名全国人大代表，联名呼吁"完善立法，强化检察机关的法律监督职能，发挥其保障法律统一正确实施的作用"。其次，近年来有不少知名法学专家、教授在提出加强检察机关法律监督职能的同时，呼吁制定一部统一的法律监督法。

对这项工作，各级人大给予了大力支持。2008年9月，北京市人大常委会作出了《关于加强人民检察院对诉讼活动的法律监督工作的决议》，在全国开了先河。

全国人大代表、北京市人大常委会主任杜德印表示，这是人大通过检察院加强对诉讼活动的监督，来推动司法公正，有利于发挥中国特色社会主义司法制度的内在优势。

一年来，四川、湖北、辽宁、上海、黑龙江、江西、山东、宁夏等省级人大常委会先后作出关于加强检察机关对诉讼活动的法律监督的决议或决定，除港澳台外，几乎占到全国的1/3。

"地方人大常委会的决议，在加强检察机关对诉讼活动进行法律监督的同时，对其他司法机关也提出了要求，使检察机关和其他司法机关的认识统一起来。"全国人大代表、北京市检察院检察长慕平说，这个效果，是我们自己，包括上级检察机关"自拉自唱"所难以达到的。

和陈云龙一样，全国政协委员、中国人民大学诉讼法学教授汤维建也认为，强化检察机关的诉讼监督还须从法律制度层面解决问题。检察机关履行法律监督职能的有关规定散见于有关法律，法律监督的事项、程序等规定不明确，这在实践中给检察机关履行职能带来了障碍。

在今年的"两会"上，汤维建建议最高人民法院和最高人民检察院尽快联合出台司法解释，明确检察机关对法院行使法律监督权的范围、程序，以确保司法公正。全国人大代表、广东省检察院检察长郑红和全国人大代表、广西壮族自治区人民检察院检察长张少康还分别建议全国人大常委会作出立法解释，明确检察机关有权对民事执行活动进行法律监督。

就在全国"两会"召开前，最高人民检察院下发了《关于进一步加强对诉讼活动法律监督工作的意见》，强化诉讼监督工作。曹建明检察长在工作报告中郑重承诺，今年检察机关将进一步加强对诉讼活动的法律监督，促进廉洁执法。

"你为什么登山？"

"因为山在那里。"

登山者对这个经典对话耳熟能详；同样，对于法律监督者而言，因为法律在那里，所以要履行法律监督的职责。

陈云龙说，对于检察机关来说，之所以用极大的决心去做一件"容易得罪人"的工作，只有一个目标，那就是：通过法律监督，让司法公正离人民群众的期待近些、再近些。

陈云龙：法律监督存在制度缺位[*]

记者　陈东升

【背景】法律监督是宪法赋予检察机关的职责，随着人民群众对司法公正和社会公平的要求不断增长，检察机关的法律监督职能也需要不断强化。但很多检察官认为强化法律监督还需要更多的制度性保障，对此，陈云龙检察长有如下看法。

我国法律监督的渊源形成了以宪法为根本，以人民检察院组织法、检察官法和三大诉讼法为主体，以部分单行法为补充的规范体系，表明我国法律监督的立法体系初步建立，并具有较高的法律位阶，但是相当多的规定过于原则，程序不够完善，机制不够健全，缺乏可操作性。主要表现在以下方面：一是核心法律概念缺位，导致实践中一些基本认识模糊。我国有关法律监督的所有立法都未对"法律监督"作出明确界定，核心法律概念的缺位，导致理论界对法律监督概念的纷争，也导致实践中人们对检察机关具体监督行为性质理解上的争议，进而影响法律监督功能的有效发

　＊　载《法制日报》2011 年 3 月 23 日第 7 版。

挥。二是有关法律后果规定的缺位，严重削弱了实践中法律监督的权威性和实际效果。例如，《刑事诉讼法》第 87 条有关立案监督的规定、第 169 条有关审判监督的规定、第 224 条有关刑罚执行监督的规定，均没有赋予检察机关对于拒不执行监督意见的相关部门以强制性措施的权力，导致法律监督缺乏应有的权威和效力。三是现有法律规定缺乏全面性、系统性和协调性，导致法律监督的立法远不能满足实践的需要。民事诉讼法总条款共达 268 条之多，关于检察监督的规定仅有 5 条；行政诉讼法 75 条法律条款中，关于检察监督的规定仅有 2 条。在目前各种民事、海事、行政纠纷不断上升的情况下，如此简单而抽象的监督条款已经不能与民事、行政审判的公正要求相适应。再如，刑事诉讼法仅仅把立案监督、侦查监督的对象规定为公安机关，而没有把同样具有刑事立案、侦查职能的国家安全机关、监狱、海关等部门规定在内，而且对自诉案件的法律监督规定也存在空白。在监督方式上多为静态的、事后的监督，缺乏规定法律监督的知情权和调查权，实践中无法进行同步的、动态的监督。

由于立法的不完善，一方面，使得检察机关法律监督的权限、范围、机制、程序、对象、手段等诸多方面存在局限性，不敢监督、不善监督、监督不到位的问题还不同程度的存在，以至于法律监督职能没有能够充分发挥；另一方面，使得有关机关、人民群众对检察机关法律监督工作的重要性认识模糊，自觉接受监督的意识不强，配合、协调不力，甚至一定程度上存在抵触情绪，这也制约了检察机关法律监督权的有效行使。

制度缺失引起制度需求。现阶段，以《关于加强人民检察院法律监督的决议》的形式强化检察机关的法律监督职能，明确法律监督的概念，监督的手段、方式，以及相应的程序和保障措施，并对有关部门支持、配合法律监督的相应义务提出明确要求，将为检察机关积极开展法律监督实践提供法律依据和制度框架。通过不断的探索实践，总结经验做法，在条件成熟之际，推动法律监督法的制定。